RUSTELOZE REIZEN

Eerder verschenen
Adieu adieu sweet bahnhof
en
Gewoon omdat ik ging

DE BESTE REISVERHALEN VAN 1989

RUSTELOZE REIZEN

bijeengebracht door Rudi Wester

1990 *Uitgeverij* Contact Amsterdam

Copyrights berusten bij de respectievelijke auteurs
© samenstelling Rudi Wester
Omslagontwerp Pieter van Delft, ADM International bv, Amsterdam, met dank
aan alle postzegelontwerpers waarvan een ontwerp op het omslag is afgebeeld
in de collage.
Typografie Wim ten Brinke, bNO

CIP-GEGEVENS KONINKLIJKE BIBLIOTHEEK, DEN HAAG

Rusteloze reizen: de beste reisverhalen van 1989 /
bijeengebr. door Rudi Wester. – Amsterdam: Contact
ISBN 90 254 6811 X
UDC 82-992 NUGI 470
Trefw.: reisverhalen.

INHOUD

AZIË

AUSTRALIË

INLEIDING

Het jaar 1990 is nog maar koud begonnen, of daar verschijnen al: een vuistdik nummer van het literair tijdschrift *Maatstaf* met reisverhalen, *de Volkskrant* met een bijlage 'Van de wereld', een reisspecial van het weekblad *De Tijd*. Maar tegelijk met het verschijnsel dat reisliteratuur kennelijk zo langzamerhand in Nederland *geaccepteerd*, ja zelfs populair wordt, neemt het gemor toe. 'Als ik ergens een hekel aan heb gekregen, dan is het aan de literaire reisreportage en het literaire reisboek,' zo bekent de honkvaste Amsterdamse journalist Theodor Holman.[1] Om vervolgens de Engelsman O'Hanlon te parodiëren: 'Oei, jongens, het was zo link. Er waren daar pipi-zoemi-vliegen die de gewoonte hebben je pisbuis op te peuzelen... en oei, je komt daar ook nog wilde boxi-apen tegen die erom bekendstaan dat ze een mensenhoofd er in een keer afrukken en dan leeg slurpen.' Nu moet gezegd worden dat het pisbuisverhaal van O'Hanlon al zo uitentreuren naverteld is, dat het inderdaad lachwekkende vormen begint aan te nemen: het reisverhaal als medicijn tegen castratieangst. Maar het opvallende is dat bij de Nederlandse en Vlaamse reisverhalenschrijvers dergelijke roekeloze angstreizen niet uit de pen komen. Tenminste, niet in het jaar 1989, het jaar waarin de verhalen verschenen die in deze bundel opgenomen zijn. Wat opvalt, is juist vaak het *zorgelijke*, de ingebouwde mislukking, het teruggrijpen naar vertrouwde situaties thuis. Bob den Uyl, die er maar niet in slaagt gewoon Bamberg *of all places* te bereiken. Frans Pointl, die met zijn Trabantje strandt in Arras. Of Wiecher Hulst, die bij zijn voettocht over de Himalaya mijmert: 'Hier kwam mijn wadloperservaring goed van pas.' Adriaan van Dis ten slotte overkwam wat menige reiziger overkomt die iets origineels uit het bezochte land mee terug wil nemen: er zit achteraf een stempel met *Made in Belgium* op. Opvallend is ook dat in 1989 veel minder reizen 'in het voetspoor van...' (een bekend schrijver meestal) gemaakt werden, alleen Carolijn Visser reist de koopman Johan Nieuhof na. Zijn de bekende schrijvers op, of is het geld op? In elk geval werd er meer per boot gereisd, een van de goedkopere vormen van vervoer – Bas Heijnes mooie, malicieuze beschouwing over het verschijnsel cruise daarbuiten gelaten.

7

Linda Polman trotseerde kakkerlakken en de kapitein ('Verstekelingen, par example, gooi ik nooit zomaar overboord') tijdens de tocht van Kinshasa naar Kisangani, en Frank van Dixhoorn zakte de Mississippi af: 'Mannen waren het, echte mannen, die hem hun levensverhaal vertelden of een reis lang zwegen als de volle maan boven de rivier.'

Filosofisch, spannend, springerig, erudiet en geestig: veelzijdig zijn de labels waaronder het goede reisverhaal schuilgaat en waarbij namen passen als Kees Ruys, Jan Blokker, Herman Vuijsje en Simon Vinkennoog, hier broederlijk verenigd. En natuurlijk ontbreken ook de drie schrijvers niet die het reisverhaal in Nederland groot hebben gemaakt: Lieve Joris, Carolijn Visser en Cees Nooteboom. Iedereen gaat tegenwoordig maar op reis en iedereen schrijft er maar over, zo mopperen afgunstige buitenstaanders verder. Maar John Jansen van Galen, in deze bundel op de fiets gesignaleerd, constateerde al hoeveel troep er zit onder de zes à zeven reisverhalen die hij als hoofdredacteur van de *Haagse Post* per week toegestuurd krijgt: 'Als je die stukken leest, dringt het eigenlijk pas tot je door hoe moeilijk het genre is.'[2] Hij constateert het, ik beaam het. Je kunt, met Carolijn Visser, overpeinzen: 'Al je ervaringen lijken langer te duren. De dingen lijken helderder, alles is intensiever als je onderweg bent,'[3] maar die ervaringen zo onder woorden te brengen dat de lezer betrokken mee geniet (of mee lijdt), is slechts aan de ware schrijver voorbehouden.

Rudi Wester
Amsterdam, februari 1990

1. *Het Parool*, 10 februari 1990
2. *Avenue*, augustus 1989
3. *de Volkskrant*, 27 januari 1990

BOB DEN UYL

HOE BAMBERG TE BEREIKEN?

Mijn voorgenomen reis naar Bamberg begon eigenlijk al verkeerd. Het was drukkend heet, de hondsdagen van augustus, meer het weertype om rustig thuis te blijven. Maar je hebt de plannen gemaakt, iedereen op de hoogte gesteld, de dagen vrijgehouden, en dan ga je toch, tegen beter weten in. Bij drukkend weer met een hoge vochtigheidsgraad heb ik altijd last van een dof gevoel in het hoofd, een gevoel dat mij onder meer verhindert snelle besluiten te nemen, een faculteit die je op reis hard nodig hebt. Alles werkte tegen, maar zoals een op gang gebrachte massa door blijft rollen als bepaalde krachten haar niet tegenhouden, zo ging ik op reis, naar Bamberg. Dat reisdoel was natuurlijk op zichzelf al twijfelachtig, wie wil er nou naar Bamberg? Maar goed beschouwd is het ene reisdoel niet beter of minder dan het andere, dus waarom Bamberg niet. Uit voorzorg – zo dof was mijn hoofd toch nog niet – kocht ik op het station geen retour Bamberg, maar begon ik voorzichtig met een enkel Venlo, ook al omdat het door allerlei hinderlijke regelingen van zaken en onnodige telefoontjes al laat in de middag was geworden en ik Bamberg niet meer in één ruk zou kunnen halen. Ik had natuurlijk de reis een dag kunnen uitstellen, maar ik voelde wel aan dat uitstel hier afstel zou betekenen. Ook had ik een retour Bamberg kunnen nemen en de reis in Venlo kunnen onderbreken, maar twijfel of ik ooit in Bamberg terecht zou komen weerhield me hiervan. Ik zou de reis in kalme etappes doen; een hele dag in een trein met dit weer trok me niet aan.

Venlo dus, waar ik overnachtte in een motel even buiten de stad. Uit het taxiraam zag ik vlak bij het motel een bushalte. Eenmaal uitgestapt stelde ik me op de hoogte van de vertrektijden naar Venlo station, rekende tevreden uit hoeveel de bus goedkoper was dan een taxi en liep het motel binnen. De volgende ochtend om half elf zou de bus stoppen om mij voor een gering bedrag naar het station te vervoeren.

Maar de volgende ochtend versliep ik me, iets wat mij zo zelden overkomt dat ik het nooit nodig acht een wekker te stellen; die radiowekkers op hotelkamers zijn trouwens van een ondoorgrondelijke ingewikkeldheid. Ik kon nog juist mijn ontbijt van het buffet vergaren voordat het in ijltempo werd leeggeruimd, en overwoog onder het pellen van een koud ei dat er om half twaalf weer een bus ging, zodat er eigenlijk niets aan de hand was. Wel zou ik nu in Venlo een uur langer moeten wachten op de trein naar Keulen, maar wachten op een station vind ik een aangename bezigheid, waarbij ik de tijd vul met wat lezen en vooral rondkijken. Wachtende mensen op een station hebben altijd een zekere, sombere gespannenheid of juist een nerveuze opgeruimdheid – hoe dat zij, in ieder geval vertonen ze een licht afwijkend gedrag dat de moeite van het bekijken waard is.

Na het ontbijt liep ik de weg op naar de bushalte, een transparante abri met een bankje waar ik best drie kwartier zou kunnen doorbrengen. Eenmaal gezeten zag ik schuin aan de overkant ook zo'n huisje. Ik ging erheen en zag op het vertrektijdenbord dat hier over enkele ogenblikken een bus naar Nijmegen zou passeren. Snel besloot ik naar Nijmegen te gaan, ik kon daar immers ook een trein naar Keulen nemen en nog wel een aardige boemel. Jammer was wel dat ik mijn spoorboekje niet had meegenomen vanwege het gewicht, zodat ik maar moest gokken op een redelijke aansluiting. Ik ging nog even in de nog niet broeierige zon zitten en moest weer constateren dat veel autorijders en mede-inzittenden vol belangstelling kijken naar iemand die eenzaam in een abri op een bus zit te wachten. Voor de zoveelste keer nam ik me voor eens een autorijder te vragen welke motieven hier achter steken. Schriftelijke inlichtingen zijn ook welkom. Even later kwam de bus en na een uur stond ik op het station van Nijmegen.

De boemel naar Keulen was al weg en de volgende zou pas om half drie gaan, een tijdsspanne die zelfs voor een grage wachter als ik te veel was. Eerst maar eens op mijn gemak koffie gedronken in het gezellige schouwburgcafé op vijf minuten van het station. Toen weer terug en de trein naar Arnhem genomen om daar te wachten op de intercity uit Amsterdam naar Keulen die om de twee uur rijdt. Dit was niet de gelukkigste dag van mijn leven, want toen ik in Arnhem aankwam bleek dat ik meer dan een uur op die trein zou moeten wachten. Het uur bracht ik buiten het station op een terras door, kijkend naar het komen en gaan van de Arnhemmers en overwegend dat ik eigenlijk net zo goed weer terug kon gaan naar Nijmegen om die boemel te pakken.

Terug op het perron kwam al gauw de trein naar Keulen binnengelopen. Tot mijn schrik zag ik dat deze trein overvol was en dat er veel minder mensen uitstapten dan erin wilden. Ik liep de trein van voor naar achter langs, maar zag nergens een rustige zitplaats, de eerste klas was, als zo vaak, nog voller dan de tweede. Dit was duidelijk mijn trein niet en met een opkomend gevoel van malaise zag ik hem vertrekken.

Weer twee uur wachten, die ik op hetzelfde terras doorbracht dat ik nu al aardig begon te kennen. Gelukkig had ik een flinke trek ontwikkeld, zodat ik aardig wat tijd kon kwijtraken aan een maaltijd. Terug op het perron kwam al gauw de trein naar Keulen binnengelopen. Geheel verslagen zag ik dat deze nog voller zat dan die van twee uur terug. Ook deze trein nam ik niet.

Nog eens twee uur wachten had geen zin, het was intussen al laat in de middag. Keulen zou morgen ook nog wel bestaan, en ik nam weer de trein naar Nijmegen omdat ik in Arnhem nog nooit een behoorlijk hotel heb kunnen ontdekken. Op het Nijmeegse station noteerde ik de vertrektijden van de boemel naar Keulen en nam een kamer in het hotel vlak bij het station, een onderdeel van een internationale hotelketen, zodat men hier gevrijwaard is van het Nederlandse ondernemerschap op hotelgebied. Aan de bar bedacht ik dat ik nu al haast twee dagen bezig was met het wel en niet op treinen stappen zonder Keulen te bereiken, wat in deze tijd toch een record mocht heten. Ik wilde de barjuffrouw op de hoogte stellen van mijn wederwaardigheden, maar bedacht me. Mijn verhaal zou slechts bevreemding wekken.

De volgende ochtend zat ik tijdig en uitgeslapen aan het ontbijt, waarvan ik in alle rust kon genieten om toch nog op tijd te zijn voor de stoptrein over Kranenburg naar Keulen. Deze dag begon aanzienlijk beter dan de dag ervoor, dat gaf me vertrouwen in de toekomst. De trein bestond uit een rangeerlocomotief en één oude wagon, wat een onwerkelijke indruk maakte – hiermee viel Keulen niet te bereiken. Maar in Kranenburg moest ik als enige passagier overstappen in een echte trein, wat ik toen wel weer jammer vond. Het was weer drukkend warm en naast het doffe gevoel in het hoofd diende zich nu ook een licht oorsuizen aan; door zo stil mogelijk te blijven zitten wist ik een en ander binnen de perken te houden.

Ik had nu zonder verdere ongemakken Keulen kunnen bereiken, als ik niet in Neuss het idee had gekregen uit te stappen en deze stad eens te bekijken. Dit alles kwam voort uit de plotseling invallende gedachte dat ik nog nooit in Neuss was geweest. Ik liep door een tunnel – later bleek dit het hele station te zijn, er was niet meer – en stond in Neuss. Ik liep een paar straten door en begreep dat ik een grote fout had gemaakt. Neuss is niet bezienswaardig en kan het best gemeden worden. Om het oponthoud toch nuttig te gebruiken ging ik in het postkantoor vast Duitse marken inslaan, dan hoefde dat in het drukke Keulen niet meer te gebeuren. Om mijn cheques in te wisselen moest ik bij het telefoonloket zijn, een eigenaardige regeling waarin ik eerst een valstrik vermoedde. Maar de man achter het loket greep zakelijk naar de cheques die hij herkende – er moesten dus al eerder Nederlanders in Neuss zijn geweest, mogelijk net als ik zonder erg eens uitgestapt – en keerde het geld uit, ondanks de zweetdruppelvlek op één der cheques.

Terug in het station zag ik dat de eerstvolgende gelegenheid naar Keulen de s-Bahn was; een echte trein ging pas uren later. Dit wekte mijn wantrouwen, die s-Bahnen hebben de neiging na verloop van tijd ondergronds te gaan en daar houd ik niet van, de kans is groot dat ik dan last krijg van claustrofobe gevoelens en vanzelfsprekend streef ik ernaar dat te vermijden. Toen de trein reed vroeg ik aan een tegenover mij zittende vrouw, die al kauwgom kauwend diep over haar tijdschrift zat gebogen, of de trein ondergronds ging. Ze richtte zich op en liet enige klanken horen, maar omdat ze tegelijkertijd nee schudde was ik toch gerustgesteld. Het was een knappe vrouw, zag ik, met wat onverschilligs over zich, iets nonchalants, wat denkelijk werd veroorzaakt doordat ze in deze hitte een regenjas droeg die precies de juiste graad van smoezeligheid had bereikt. Ik stelde me voor hoe ze al kauwend en tijdschrift lezend en mét regenjas de liefde zou bedrijven, met mij bijvoorbeeld, en dat had toch wel iets. Toen de conducteur de kaartjes kwam controleren bleek dat zij met een tweedeklaskaartje eersteklas zat, terwijl het kaartje geen recht gaf op een reis naar Keulen maar ergens anders heen. Het enige dat meeviel was dat ze überhaupt een kaartje had. Grote opschudding en verbazing, ook bij de passagiers. Om in Duitsland nonchalant te zijn in een smoezelige regenjas, daar moet je lef voor hebben. Ze verdween uit de trein bij het eerstkomende station, al lezend en kauwend, mensen keken haar hoofdschuddend na, en ik had eigenlijk wel met haar mee willen gaan. Ik bleef zitten, met een weer opkomend wantrouwen. En inderdaad, ineens schoot de trein de grond in, het aangaan van de verlichting was al waarschuwing genoeg geweest. Ik besloot het te negeren en rustig te blijven zitten, doende alsof er niets aan de hand was. Maar na een paar stations kreeg ik het toch te benauwd, die trein kon best wel eens tot in het station van Keulen ondergronds blijven. Bij het volgende station holde ik opgelucht de trein uit; daar was ik nog genadig van afgekomen.

De roltrap bracht mij in een buitenwijk of voorstad van een zo aangrijpende troosteloosheid, boomloze autowegen waarlangs grauwe betonnen torenflats stonden met balkons in zieke kleuren, dat ik me voornam voortaan alles op dit gebied in Nederland mooi te vinden, wetend dat het altijd nog erger kan. Op zoek naar een buslijn die me naar het centrum van Keulen zou brengen ontdekte ik dat die er niet was; natuurlijk niet, daar was nu juist die s-Bahn voor. Een kwartier lang

dwaalde ik wanhopig rond in deze moderne, niet voor mensen aangelegde woonwijk, en ik voorzag met paniek de mogelijkheid dat ik hier
nooit meer uit zou kunnen komen. Nog nooit ben ik zó blij geweest bij
het zien van een taxi. Ik wenkte fanatiek, met een uitnodigende zwaai
langs de trottoirband stopte hij voor me, ik stapte in en was definitief
op weg naar Keulen. Weliswaar zat ik nogal op de tocht, maar een ver-
koudheid was van later zorg.

Eindelijk bereikten we de stad en ik liet me gelijk naar het Kom-
merzhotel brengen, een futuristisch bouwwerk in rood en blauw aan
de achterkant van het Centraal Station. In een lauw bad gezeten kwam
ik weer wat bij, en toen ik smakelijk had gegeten bij Uncle Joe aan de
Oude Markt viel er eigenlijk niets bijzonders aan me te zien. Gewoon
iemand die even een treintje naar Keulen had genomen. Maar dat was
al zo'n opgave gebleken, dat Bamberg halen me onmogelijk leek.

CHRIS VAN DER HEIJDEN

TUSSEN SCYLLA EN CHARYBDIS

De bibliothecaris doet wat bibliothecarissen in zo'n geval doen: hij krabt achter het oor. 'Dat is inderdaad vreemd,' zegt hij en drukt met twee handen zijn omvangrijke lichaam omhoog. 'Laten we eens kijken of we de reden kunnen achterhalen.' Hij verlaat de ronde balie die midden in de leeszaal van de Biblióteca Nacional staat en loopt zwabberend – te veel buik boven te korte benen – in de richting van de catalogusruimte. Halverwege – te midden van lange, schuine tafels met een opstaand randje zodat de werken niet naar beneden glijden, tussen donkere kasten waarin naslagwerken, onder het gedempt geluid van pagina's die omgeslagen worden en van lezers die schuifelen in hun stoel – draait hij zich om en kijkt of ik volg. Hij grinnikt, want weet dat ik het weet: dat hulp bieden niet de voornaamste reden voor hem is zijn standplaats te verlaten; het gaat om de sigaren, zeven knoepers van sigaren die in een hardleren etui onder de uitleenbalie liggen; alleen daar kan hij tenslotte doen wat in de studiezaal verboden is: roken.

En inderdaad, als eerste pakt hij het etui en haalt een half opgerookte bolknak te voorschijn. Opnieuw grinnikt hij, als hebben we een onderonsje met de duivel. 'Voor vandaag heb ik er nog drie,' zegt hij en trekt zo hard aan het ding dat de lucifervlam als zijn gezicht zo lang wordt. 'Waarom zeven?' had ik hem ooit gevraagd. 'Een heilig getal,' was het antwoord geweest. 'De schade van de nicotine wordt op deze wijze door de zegen van de hemel ongedaan gemaakt.' Maar zijn ogen verrieden dat hij hiervan geen letter meende. Na dit ritueel pakt hij een groot boek waarin nummers en trefwoorden. Hij bladert er langzaam in en zuigt ondertussen hard aan zijn stok. Uiteindelijk schudt hij het hoofd en herhaalt dat het vreemd is. 'Wacht even,' zegt hij, legt een papiertje tussen de bladzijden en loopt met het boek naar een aangrenzende ruimte om met een collega overleg te plegen. Knikkend keert hij even later terug. 'Ceuta en Melilla liggen tenslotte in Afrika.' 'Dat weet ik ook wel,' zeg ik. 'Maar ze horen bij Spanje.' 'Hetgeen betekent...'

'Dat geografische criteria voor de catalogisator belangrijker waren dan de politiek,' vul ik aan. 'Laten ze het op Binnenlandse Zaken niet horen.'

De bibliothecaris knikt en begint een discussie die – zo weet ik uit ervaring – zo lang zal duren als een halve sigaar. Alle baliemedewerkers worden erin betrokken. De vrouw van de tafelnummering vindt dat 'we' Ceuta en Melilla al lang aan Marokko terug hadden moeten geven. De knecht van de Afrikazaal beweert dat 'we' die arme Marokkanen zo tenminste nog een beetje kunnen helpen. Zijn collega van afdeling I + jeugd (in het afgelopen jaar heb ik ze stuk voor stuk leren kennen, familieproblemen incluis) schampert dat Spanje zelf nog een derde-wereldland is. De man die de boeken overhandigt zegt dat het Marokko veel beter ging toen het onder Frans en Spaans protectoraat viel. Een ander heeft een oom... Zo keren alle argumenten uit de literatuur in versimpelde vorm terug. De bibliothecaris rookt en zorgt dat iedereen aan het woord komt. Wanneer de sigaar zijn vingers brandt, concludeert hij dat het probleem onoplosbaar is en keert met waggelende tred naar zijn standplaats terug. Ik begeef me opnieuw naar mijn geliefde plekje – tafel 320 in de historische en geografische hoek – en lees verder over de twee Spaanse enclaves aan de Afrikaanse noordkust.

Ceuta en Melilla, zo weet iedere schrijver te vertellen, zijn Spaans als het vasteland waartoe ze behoren. 'Van een onverwoestbare Spaansheid.' 'Al sinds de Romeinen verbonden met het Iberisch schiereiland.' 'Europese parels in donker Afrika.' Geen tekst die iets anders beweert. Ik pak de atlas en kijk opnieuw naar de twee speldeknopjes aan de rand van een veelkleurige kaart. Achter de namen staan letters die aan de Bosatlas van de lagere school herinneren, aan die kaart met maar enkele kleuren die de meester tegen het bord hing: Fr., Sp., Port., Eng. Op het Afrikaans continent zelf zijn die afkortingen nergens meer te vinden – nergens anders dan achter Ceuta en Melilla. In de veronderstelling dat het dus wel zal kloppen wat de boeken over de Spaansheid van deze steden beweren ('zelfbeschikkingsrecht' was tenslotte *het* motto van de dekolonisatie), rijd ik enkele dagen later naar het meest zuidelijke puntje van het Europese vasteland. Vandaar, van 36 graden noorderbreedte, vertrekt de boot naar de overzijde. Maar al in de haven van Algeciras begin ik te twijfelen aan mijn denkbeelden. Op de boot beleef ik de eerste desillusie. En na een week weet ik het opnieuw: dat voorstellingen en herinneringen zelden of nooit de ervaring dekken. Banaal, maar waar.

Het is Noordeuropees druk in de haven van Algeciras. Op de paar honderd meter tussen schip en douanehok schuiven honderden Nederlandse, Franse en Belgische auto's. Optrekken en stilstaan. Optrekken en stilstaan. In de moordende zon is het funest. De gevolgen zijn ernaar. Aan de vrije kant van de grens staat een onevenredig aantal oude vehikels met de motorkap omhoog, onder het chassis een vochtige plek. Twee, drie mannen turen met sombere gezichten naar de wirwar van buizen, schroeven en doppen. Een vrouw houdt een jerrycan met water gereed. Tegen het achterwiel zit grootmoeder, in doeken gehuld. Ze wacht.

'Waar zijn jullie geweest?' vraag ik een paar donkere kinderen die rond zo'n gestrand voertuig 'de maan is rond' spelen en elkaar daarbij in het Nederlands toeroepen.

'Rabat, Marrakech, Fès, overal,' antwoordt een meisje van een jaar of dertien in vlekkeloos plat Amsterdams.

'Bij familie?'

'Even. Bij ooms en tantes. Maar verder gewoon Marokko eens zien.'

'Wat vond je ervan?'

Het meisje slaakt een veelzeggend 'pfoeh'; wappert met haar rechterhand als wil ze zich koelte toewuiven of een vlieg verdrijven en holt achter een van haar broertjes aan. Ik meng me onder een groepje motorstarende mannen en verkondig enige wijsheden over de temperatuur van kokend water en het weerstandsvermogen van verhit ijzer. Als de scheepshoorn klinkt, ren ik de loopbrug op. Even later verdwijnt de haven met haar hoogbepakte vehikels uit het zicht.

Als Algeciras al zo Marokkaans is, zo vraag ik me af, hoe zal Ceuta dan niet zijn? Tijd om een antwoord te zoeken, heb ik echter niet. In de anderhalf uur van de oversteek zijn er belangrijker zaken te doen. Ik loop van bakboord naar stuurboord, van links naar rechts en terug. Aan de ene kant ligt de Middellandse Zee waarin de rotsen van Gibraltar. Aan de andere kant begint de Atlantische Oceaan, duizenden kilometers lang. Een paar weken varen, pal west, en je botst tegen Long Island. Waar precies vermengen zich binnenzee en oceaan? Hier, bij de zuilen van Hercules, zoals men traditioneel beweert? Je zou het toch moeten kunnen zien: het water van de Oceaan kan zo vervuild niet zijn als dat van de Middellandse Zee; het moet harder stromen, feller zijn, kouder. Maar hoe ik ook speur, ik zie slechts water dat op zichzelf lijkt en zich in niets onderscheidt van de plas aan de andere zijde van de boot. Dat valt tegen, ik had me erop verheugd de scheilijn der zeeën onverbiddelijk te kunnen vastleggen.

Maar de dolfijnen dan? Lang geleden heb ik bijna dezelfde tocht –

van Gibraltar naar Tanger – gemaakt. Gedurende die oversteek had een school dolfijnen het schip gevolgd. Ze hadden een onuitwisbare indruk achtergelaten, sprongen en duikelden en leken zich kostelijk te amuseren met de verticale wezens die zich op hun beurt weer met hen vermaakten. Een broederlijk verschijnsel waaraan men halverwege twee kibbelende continenten behoefte heeft. Maar in Algeciras is van deze dieren geen spoor en voorbij Gibraltar zijn ze er nog altijd niet. Midden op zee – Afrika noch Europa te zien – toont het water nog steeds niets anders dan zichzelf. Ik stap over een ketting, klop aan de stuurhut en vraag waar de dieren gebleven zijn. Zeevervuiling? Dolfinaria? Ingeblikt? Een man met strepen snauwt me toe dat het verboden is in zijn omgeving te komen. 'Maar de dolfijnen?' roep ik. De streep blaft in een microfoon. Even later bonjouren twee matrozen mij naar de juiste kant van de afrastering. Op mijn vragen geen antwoord.

Augustus neigt naar zijn eind; de vakantie is afgelopen. Rijen Peugeot's 504 in break-uitvoering, Ford Transit-busjes en een enkele oude Mercedes wachten tot er een plekje op de boot vrijkomt. Van onrust geen sprake. Afrikaanse gelatenheid, resultaat van eeuwen te veel zon en te weinig perspectief, heeft de haven in bezit genomen. Op een kleed voor een Nederlandse bestelbus roostert een tienkoppige familie wat worstjes. Onder de buurauto slaapt een man. Tegen het achterwiel zit net zo'n oma als in Algeciras. Ze wacht. Ik neem een bus naar het centrum en stap uit op de Plaza de la Constitución, het plein van de grondwet waaraan men de duizenden militairen (twaalfduizend op een bevolking van zes keer dat aantal) beter dagelijks kan herinneren. Want niemand is vergeten dat de burgeroorlog ooit in Noord-Afrika – Melilla, daarna Ceuta – begon.

Vanaf dat plein begin ik een wandeling over de Calle Real, de koningsweg die als een ader door het stadje loopt. Winkel na winkel, kilometers lang. Horloges, transistors, haardrogers, rekenmachines, fototoestellen, typemachines, tv's, computers, t-shirts, grammofoons, spijkerbroeken, donzen dekbedden, scheerapparaten, speelgoedauto's met afstandbediening, walkie-talkies. Al zijn blinkend afval heeft het Westen over belastingparadijs Ceuta uitgestort. De blik van de mensen die zich in drommen langs de etalages bewegen, is dezelfde als in Andorra of de grensplaats van Brazilië die in ieder geval tot voor kort de naam van de voormalige Paraguayaanse dictator droeg: gretig. Het merendeel van de kopers is van Marokkaanse komaf. Maar er lopen ook vele Spanjaarden tussen, een dagje overgestoken om geld te verdienen. Want dat is de filosofie van de koper, een wezen dat me altijd aan een

Vlaamse vriendin van mijn moeder doet denken. In de tijd dat de Belgische *solden* nog niet veel voorstelden, kwam ze tijdens de Nederlandse uitverkoop onveranderlijk op bezoek. Aan het eind van de dag kregen we dan te horen wat ze verdiend had en dat kon soms wel tot enkele honderden guldens oplopen. Dat ze een meervoud daarvan uitgegeven had, deed niet ter zake. De koper rekent naar zichzelf toe en onderscheidt zich in zoverre niet van de man aan de andere kant van de toonbank. Het is aan de gezichten te zien: iedereen verdient. Iedereen gelukkig.

Op een plein halverwege de Koningsstraat spelen tientallen kinderen met de zopas aangeschafte waren. Hun ouders ontdoen de koop van zijn kartonnen of papieren omhulsel en stouwen hem in linnen zakken, omslagdoeken of tassen op wieltjes. Opdat de douane maar niet denken zal dat het spul nieuw is en daarom invoerrechten heft. Aan het eind van de dag bestaat het stadje nog slechts uit dozen. Duizenden en nog eens duizenden dozen die door andere Marokkanen weer op karretjes worden geladen en naar een kartonstad aan de rand van de zee gebracht.

Op een bankje aan het plein zitten twee mensen die onder zoveel kooplust en uitbundigheid uit de toon vallen. Vader en zoon. Het jochie huilt omdat de afstandbediening van zijn supersonische Cadillac ter waarde van een maandsalaris het nu al begeven heeft. De man vloekt, zweert wraak en roept afwisselend de omstanders en Allah aan. Aan de rand van de fontein bewerkt een puber zijn kroeshaar met een krultang op batterijen. Enkele meisjes besmeuren zich met lipstick en oogschaduw. De kleuren vloeken bij hun kleren en hun huid. Ik draai mijn hoofd van deze passanten weg en probeer mijn aandacht te vestigen op de inwoners van het stadje. Maar al snel ontdek ik dat ze als verkopers op een vliegveld zijn: geen passagiers maar evenmin gevestigden. Ceuta lijkt geen hart, geen ziel, geen bevolking te hebben. Alleen koopwaar en handen die deze van eigenaar doen wisselen.

Het enige behoorlijke hotel is vol. 'Iedere dag, al om twaalf uur,' zegt de eigenaar. 'Voor negentig procent Spanjaarden, de rest zijn rijke Arabieren.' Er blijft me niets anders over dan een rondgang langs de pensions. De entree ervan wordt vuiler naarmate ik verder van het centrum kom. De eigenaar of beheerder begint steeds meer op een dronkelap of verslaafde te lijken. Het enige dat deze logementen gemeen hebben is het bordje *completo* dat tegen de toegangsdeur gespijkerd is. Het ziet er zo onbeweeglijk uit dat iedereen toch aanbelt om vervolgens toegesnauwd te worden door een wezen in zwembroek of soepjurk dat vermanend naar het opschrift wijst. Wanneer ik helemaal

aan het eind van de straat uiteindelijk iets vind, moet ik over een trap
die door ijzerdraad bijeen wordt gehouden naar mijn bed klauteren.
Bij iedere beweging vliegen schuimrubberen vlokken uit het matras.
De spiraal raakt op enkele centimeters na de grond. De afvoer van de
wastafel bestaat uit een plastic vuilnisemmer. 'Zelf leeggooien,' staat
op een papiertje naast de spiegel. 's Nachts word ik door neukende me-
degasten, pubers op brommers en zuipende buurtbewoners uit mijn
slaap gehouden.

De volgende ochtend heb ik me ongewild redelijk aangepast aan de atmosfeer van het stadje: ik ben gedecimeerd tot een zombie. Mijn eerste
gang is naar boekhandel en toeristeninformatie. Op de eerste plek koop
ik een *Historia de Ceuta* van Preb. don Lucas Caro, de heruitgave van
een negentiende-eeuwse studie van een priester. Bij de vvv krijg ik een
folder waarvan mijn haar recht overeind gaat staan. Daarin wordt natuurlijk verteld dat Ceuta een van de twee zuilen van Hercules is en
door Homerus Charybdis genoemd werd (Gibraltar zou de andere zuil
en dus Scylla zijn); dat het door de Romeinen, Vandalen en Moren
veroverd werd; en dat het in 1415 ten slotte door de Portugezen ingepikt
werd en zo in Spaanse handen kwam.

Wanneer de folder zo ver gevorderd is, verandert de tekst zijn toeristische toon en wordt politiek, zelfs agressief. 'Het oude Calpe [d.i.
Gibraltar] werd met geweld aan Spanje ontnomen. Het wereldse Abyla
[d.i. Ceuta] heeft nooit tot Marokko behoord. Bovendien heeft Marokko herhaalde malen de Spaansheid van Ceuta erkend, ook al weigert
men dat nu toe te geven. [...] Overziet men de geschiedenis van Ceuta,' (een aaneenschakeling van territoriale ruzies), 'dan moet de onverwoestbare Spaansheid van de stad wel duidelijk worden. Dat neemt
niet weg dat situaties als in het verleden heel goed nogmaals zouden
kunnen ontstaan.'

Het is duidelijk waarop hier, bij gebrek aan bezienswaardigheden,
gedoeld wordt: nu Marokko een zekere mate van stabiliteit heeft bereikt en in de kwestie van de Spaanse Sahara redelijk succesvol is gebleken, richt het met steeds meer felheid de aandacht op de twee enclaves
aan de noordkust. Het belangrijkste argument daarbij is Gibraltar, dat
de Spanjaarden van Engeland claimen. Oog om oog, land om land,
luidt de Marokkaanse redenering.

Het Spaanse antwoord kan maar twee kanten op. Ten eerste beweren dat de vergelijking niet opgaat: de (Hollands) Engelse bezetting
van Gibraltar dateert pas van 1704 en toen bestond er al meer dan tweehonderd jaar zoiets als een Spaanse natie; de bezetting van Ceuta en

Melilla daarentegen dateert van het eind van de vijftiende eeuw, toen nog niemand van Marokko had gehoord. Een bewijsgrond die vermoedelijk geen stand zal houden wanneer het eropaan komt. Dan zal alleen het andere argument gelden: het zelfbeschikkingsrecht van de inwoners. Vandaar dat er in alle Spaanse teksten zo gehamerd wordt op de Spaansheid van de stad; vandaar dat de 'officiële bevolking' in 1985 massaal de straat opging om van haar liefde voor het moederland te getuigen; vandaar dat regeringscijfers (de laatste die ik kon achterhalen dateren van 1982) zeggen dat van de 78 234 inwoners maar liefst 65 264 de Spaanse nationaliteit hebben.

Officieel zullen die wel kloppen. Officieus is Ceuta echter een geheel andere stad dan boeken en folders willen doen geloven. Net als in Melilla, zij het wellicht minder opvallend, is de 'schildpaddenmars' (*Marcha de la tortuga* noemt specialist Angel Ballesteros het in zijn recente *Estudio diplomático sobre Ceuta y Melilla*) er in volle gang.

Aanvankelijk was ik van plan over land van de ene stad naar de andere te gaan, maar het ontbreken van een knullig stempel in mijn paspoort verplicht me terug te keren naar Algeciras. Eenmaal daar besluit ik naar Málaga te reizen en daar de nachtboot naar Melilla te nemen. De reis duurt zeveneneenhalf uur. Driehonderd kilometer over de Middellandse Zee.

Het verschil is aan de passagiers meteen te merken: gaat tussen Algeciras en Ceuta ieder zijn gang, tussen Málaga en Melilla is de behoefte aan praatjes en kliekjes opvallend groot. Zo ontmoet ik Pedro Alcovar met zijn vrouw. Hij is een wegenbouwer uit Alcalá de Henares (net als Alfonso Tiburón de Mendoza uit de roman *In Nederland* van Cees Nooteboom, denk ik, maar de verschillen zijn reusachtig: echte wegenbouwers spreken als doeners; alleen in romans doen ze als schrijvers). Pedro en zijn vrouw werden geboren in Melilla. Twintig jaar geleden verlieten ze de stad om in het noorden een ander leven te beginnen. Nu keren ze terug, voor het eerst. Zij zijn nerveus en praten honderd uit: over hun jeugd, de schoon- en witheid van hun geboortegrond, de markt van het nabijgelegen Marokkaanse stadje Nador, de stranden en het Middeleeuwse fort. Ze verheugen zich erop oude vrienden weer te zien.

Dan vertelt Alcovar over de voormalige kapitein van de boot tussen beide continenten. Op een dag halverwege de jaren zestig zag de man bij de afvaart op de kade van Melilla een joods meisje van verbluffende schoonheid staan. 'Zo mooi als mijn vrouw,' zegt hij en wijst naar zijn eega die er ondanks haar vijftig jaren en half dozijn kinderen inderdaad mag zijn. Donkere ogen, een vlecht tot op de billen. 'Dat was haar zusje,' voegt Alcovar toe. Luidkeels roepend nodigde de kapitein het meisje bij zijn terugkeer voor een etentje uit. Ze zweeg en keek naar haar voeten. De kapitein hield woord en zocht haar op. Een keer, twee keer, tien keer. Uiteindelijk vroeg hij haar ten huwelijk. Maar omdat hij katholiek was en bovendien van het vasteland, weigerden de ouders hun toestemming. Maar de man hield vol, meer dan vijf jaar, net zo lang tot de ouders bezweken. 'Nu wonen ze al meer dan twintig jaar in Melilla. Twee continenten en twee geloofsovertuigingen verzoend in het beste huwelijk dat ik ooit gezien heb,' besluit hij.

Ik op mijn beurt vertel van die Engelse film waarvan de titel me ontschoten is: van de kapitein die tussen Gibraltar en Tanger voer en een dubbelleven leidde; in de eerste stad hield hij het met een brave huisvrouw, in de andere met een wuft uitgaanstype; iedere keer, halverwege de reis draaide hij de foto in de hut en daarmee zijn instelling om; alles ging goed tot de huisvrouw wuft wilde zijn en het uitgaanstype braaf. Dan – het is te warm om te slapen, er is te veel te vertellen om te zwijgen, het is midden in de nacht – wandelen we samen naar de achterplecht en staren over het water. Wijn in het hoofd vermengt zich met zeelucht en wind tot dat wonderlijk omhulsel dat bij bootreizen hoort. We praten over water en afscheid; over reizend leven en de schok der culturen. Als het bijna licht wordt, vallen we in dekstoelen naast elkaar in slaap om, doorweekt van dauw, pas wakker te worden wanneer het schip de aankomst blaast.

De hoofdstraat van Melilla is per abuis nog niet van naam veranderd. Avenida Generalísimo Franco heet ze. De weg die er parallel aan loopt en eveneens op de Plaza de España uitkomt, heeft een nog verwonderlijker naam: Ejército Español (het Spaanse leger). Met de vele standbeelden, overvloed aan militairen en andere straatnamen die aan het begin van de Spaanse Burgeroorlog herinneren, is het net of in deze uithoek nog niet doorgedrongen is dat het land al bijna vijftien jaar een democratische regering heeft. Een arme Marokkaan die ik 's avonds spreek – hij leunt in zwembroek tegen een muur, een blikje bier in de hand en heeft de treurigste ogen van de stad – heeft van die schijn zijn werkelijkheid gemaakt. 'Hier regeren fascisten,' zegt hij. 'Wij zijn niets. Slaven. Ik heb geen Spaans en geen Marokkaans paspoort en kan dus de stad niet uit. Ik heb geen werk en geen familie. Kortom, ik besta niet, ben geboren om tegen deze muur te hangen en te sterven.' Als ik zeg dat het wel meevalt, dat hij toch gezond is, dat... (weet ik wat ik allemaal verzin), begint hij zacht te lachen, neemt een slok en zwijgt verder. Ja, de ene Spaanse enclave aan de Afrikaanse noordkust is net zo ontmoedigend als de andere.

Hoe anders moet het ooit geweest zijn. Toen de katholieke koningen aan het eind van de vijftiende eeuw geheel het schiereiland in bezit hadden genomen (Granada was de laatste stad die viel, in het jaar dat Amerika 'ontdekt' werd), wilden zij doorstoten en de Moren liefst van de aardbodem verdrijven. Daartoe rustte de hertog van Medina Sidonia in 1497 troepen uit om Afrika in bezit te nemen. De kruistocht bleef zo goed als beperkt tot Melilla, een stad die lange tijd niet meer was dan een militaire post aan de andere kant van de Middellandse Zee. Aan het begin van deze eeuw – Europa drong tot in de verste uithoeken van Afrika en leek almachtig – begon de bevolking echter te groeien. Waren er rond 1850 nog geen tweeduizend inwoners (dat wil zeggen, militairen), in 1900 waren het er negenduizend, in 1910 veertig-, in 1955 vijfentachtigduizend. Sindsdien is dat aantal teruggelopen. Volgens officiële cijfers tot zo'n vijfenzestigduizend, van wie tachtig procent met de Spaanse nationaliteit. Volgens geruchten tot een onschatbaar aantal waarvan het merendeel van Marokkaanse komaf maar zonder paspoort. Dat is de 'schildpaddenmars' die morgen of overmorgen onvermijdelijk tot uitbarsting moet komen.

Twee dagen wandel ik door de stad. De huizen zijn ooit mooi geweest, maar nu, op een enkel aan de hoofdstraat na, vervallen. Een cirkel van vijfhonderd meter rond het centrum wordt geveegd en bespoten. Maar de buitenwijken liggen vol vuil, dezelfde kartonnen dozen als in Ceuta, verrot fruit, kranten die over straat waaien. Drie jochies zitten met keien een rat achterna. 'Van wel anderhalve kilo,' verzekert een toeschouwer. Naast het kerkhof aan zee ligt de vuilnisplaats. Rook heeft de graven geblakerd. Ik vraag de bewaker hoe iemand het kon verzinnen om deze twee naast elkaar te plaatsen. Hij begrijpt me niet. 'Het is nu eenmaal zo,' zegt hij. Ik knik, 'het is nu eenmaal zo,' en draai mijn hoofd de andere kant op. Het uitzicht op het water is mooi maar weinig-zeggend als altijd.

Dan besluit ik terug te gaan. Niet over dat water, maar via de lucht. De vliegtuigen blijken echter volgeboekt, maar ik laat me op de wachtlijst zetten en begin met tientallen anderen aan een lange zit bij de incheck-balie. Uiteindelijk lukt het, twaalf tevergeefs wachtenden na mij. Wanneer ik door de douane ga, maakt een Frans sprekende Marokkaan heftige ruzie met de beambte. Ze schreeuwen in het Spaans. Hij mist een stempel. Moet terug. Houdt iedereen op. Spanje is geen hotel. Dan pakken twee beambten de man bij zijn lurven en gooien hem terug de wachtruimte in, richting Afrika. Het laatste dat ik zie is zijn verbijsterde gezicht. Van de zesenveertig plaatsen in het vliegtuig blijft er één leeg.

Een dikke Spanjaard klapt de armleuning omhoog en nestelt zich behaaglijk over twee stoelen.

BAS HEIJNE

DROOMREIS

HET SCHIP

Het is het schip van de herinneringen. Het wantrouwende gezicht van de vrouw klaart op, wanneer ik haar vertel dat ik de enige Hollander aan boord ben; Holland, dat doet haar denken aan hoe zij als jong meisje in 1937 de Wereldtentoonstelling in Parijs bezocht, samen met haar vader. Iedere natie had haar eigen paviljoen. Bij de Hollanders schonk men koffie met, dat was het mooiste, dat zal zij haar leven lang niet vergeten, gratis slagroom. Een andere bejaarde vrouw, die in de eetzaal tot verbazing van de andere passagiers de obers in het Russisch aanspreekt, legt uit dat zij de taal van haar grootmoeder heeft geleerd, meer dan zestig jaar geleden. 'Met *baboesjka* moet je Russisch spreken,' had haar moeder gezegd. In het Rusland van *baboesjka* waren de mensen gelukkiger en kon je op de hoek van de straat de kaviaar per kilo kopen. Per *kilo*. Een roodverbrand echtpaar uit Beieren, opvallend door hun relatieve jeugdigheid, deelt me tijdens het bingo mee dat op de *Odessa*, een ander cruise-schip van dezelfde maatschappij, de koffie beter was. Veel beter. 'Auf der Odessa war alles besser,' stelt de man vast, niet ontevreden. Niets tijdens de reis is zonder associaties, alles doet weer denken aan iets anders. Herinneringen warrelen door de gesprekken als de afgescheurde kalenderblaadjes waarmee in oude speelfilms het verstrijken van de tijd wordt gesuggereerd. Ooit, zestig, vijfentwintig, tien jaar geleden, vorig jaar; overal om ons heen is het verleden.

Van een kalender is ook het panoramische natuurschoon aan de wal afkomstig; de vrouwen van de twee echtparen aan mijn tafel in de eetzaal concurreren in hun enthousiasme over het landschap dat ze die dag hebben gezien. Iedere bloeiende bloem of struik, iedere boom of beek die zij tijdens een excursie vanuit de bus hebben gezien, wordt tijdens het diner keurig ingelijst in woorden en van het predikaat *schön* of *wunderschön* voorzien.

Op het schip zelf staat de tijd stil. Aan boord van de M.S. Dosto-jewskij (gebouwd in 1986, gewicht 21 000 ton, 176,2 meter lang, 22,6 me-ter breed, plaats voor 550 passagiers en 300 bemanningsleden) wordt iedere dag achteloos de vorige herhaald. 's Avonds voor het slapen gaan verschijnt in mijn hut, naast het zuurtje op mijn hoofdkussen, steevast een stencil met het Tagesprogramm voor de volgende dag, waarin de gemeenschappelijke dagindeling van uur tot uur bekend wordt gemaakt (*Spruch des Tages: Idealist sein heisst, Kraft haben für andere*) en tevens informatie wordt gegeven over de volgende aanloophaven. Het Tagesprogramm geeft een schijn van afwisseling aan een dag op zee, maar na de eerste dagen blijkt dat op ieder stencil vrijwel hetzelfde staat. En op papier beginnen na verloop van tijd ook alle havens op elkaar te lijken, een indruk die zich later zal herhalen in de werkelijkheid.

De dag aan boord: om half acht 's ochtends word ik gewekt door schlagermuziek uit de radio en de deinende stem van de reisleidster, Frau Doktor Alexandra Pauli, waarin de nadrukkelijke opgewektheid van een spreekvaardigheidscursus klinkt: *'Einen gúten Mòrgen, meine Dámen und Hèrren. . .'* Dan volgt de dagelijkse routine van de Gute Unterhaltung: ontbijt, shuffleboard op het sportdek, cursus fotograferen, cursus Russisch voor beginners, cursus dansen voor beginners, kaarttoernooi, lunchbuffet, een lezing door een medewerker van het dartstoernooi, volleybal, *Teestunde* (meestal met bingo onder leiding van de Frau Doktor en Hans-Ulrich, de animator), boordtelevisie (gepresenteerd door een suikerzoet glimlachende Frau Doktor: *'Alles Liebe, Ihre Alexandra'*), diner (voor kledingvoorschrift, zie het Tagesprogramm), dansen op de muziek van het Allegro Quartett, show en dan ten slotte de Nachtsnack, een laatste, vierde maaltijd.

Om elf uur 's avonds lijkt het schip verlaten. De meeste gasten zijn in hun hutten verdwenen en alleen in de bar op het achterdek bevindt zich een handjevol passagiers. Het is, zo blijkt al snel, iedere avond hetzelfde groepje. Men danst tot een uur of twee voorzichtig op muziek van het Borowski Quartett ('Hello, Dolly. . .') en de plaatjes van een grijze, ongelukkig kijkende discjockey. Vervolgens naar mijn hut op het B-dek. Om half acht 's ochtends: *'Einen gúten Mòrgen, meine Dámen und Hèrren. . .'*

Ook de grenzen zijn op zee opgeheven. De passagier aan boord van een cruise-schip bevindt zich in een niemandsland, dat nog het meest wegheeft van het gedeelte achter de douane in de vertrekhal van een luchthaven: een uitgestrekt, drijvend Duty Free gebied, waar alles duidt op een tijdelijk verblijf. De M.S. Fedor Dostojewskij vaart onder Russische vlag en als thuishaven geldt Odessa, maar de cruise wordt georganiseerd door het reisbureau Transocean Tours, 'die See-Reisen-Spezialisten aus Bremen', en gedurende de hele reis kan aan boord met Duitse marken worden betaald.

Het verklaart de algemene atmosfeer aan boord, die eerder doet denken aan de kozakken-*Schmalz* van Iwan Rebroff dan aan het Rusland van *De gebroeders Karamazov*; op de Fedor Dostojewskij bevindt zich een Bolshoi Salon, een Kalinka Club, een Tschaikowski Bar en een Balalaika Pub. Alle zijn ingericht op dezelfde wijze in opgewekte, psychologisch verantwoorde pasteltinten, synthetisch smaakvol. In de scheepsboetiek op het promenadedek zijn naast de gebruikelijke tax-free chic-parfums, vulpennen en Cartier-horloges – ook Russische souvenirs verkrijgbaar: holle boerenpopjes en doosjes van bewerkt hout. Tijdens de *Teestunde* in de haven van Málaga staat de jonge ober Viktor verkleed als kozak achter een tafel blikken met krab en potjes kaviaar te verkopen. En de eerste en de laatste avond van de cruise onderhoudt de bemanning van het schip ons met 'een wervelende show'. Terwijl het schip zich hevig slingerend een weg door de golven van de Middellandse Zee baant, vermaken wij ons in de Bolshoi Salon met vrolijke volksdans en traditionele wijsjes uit Moldavië.

DE REIS

Onze route (3568 zeemijlen) blijkt historisch eveneens gerechtvaardigd door een herinnering aan het verleden. Ogenschijnlijk zoeken wij een nieuwe horizon, maar wij varen in het kielzog van tienduizenden voorgangers: een toeristische bedevaart. Een zeereis met de Fedor Dostojewskij naar de Canarische Eilanden heeft een lange voorgeschiedenis. In mijn koffer bevindt zich een oude prospectus, getiteld *Vergnügungsreisen 1913; Nach Madeira, den Kanarischen Inseln und dem Mittelmeer*. Op de eerste pagina staat: 'In de loop van de laatste jaren zijn ontspannings- en vermaaksreizen op zee ook voor het reizende Duitse publiek meer en meer een gewone zaak geworden, zodat het op deze plaats niet nodig is verder op dergelijke reizen in te gaan.' Het is vreemde lectuur, dit handboek. Het confronteert de lezer met het feit dat ook het massa-toerisme, symbool van moderne vluchtig- en oppervlakkigheid, een geschiedenis heeft. Het is al meer dan honderdvijftig jaar oud. Aan de vooravond van de eerste wereldbrand zochten duizenden mensen ontspanning en vermaak op de cruise-schepen van de Woermann-Linie of de Deutsche Ost-Afrika-Linie. De reisbeschrijvingen in het boekje vormen een blauwdruk van de cruise die ik anno 1989 maak: dezelfde route (Genua, Casablanca, Agadir, Canarische Eilanden, Madeira, Portimão, Málaga, Genua), dezelfde nuttige wenken voor bij het geldwisselen, het passeren van de douane, het geven van fooien aan het bedienend personeel, tot en met het van uur tot uur zelfde tijdschema voor de maaltijden.

Ook de schepen zelf vertonen een opvallende gelijkenis met elkaar. In de brochure uit 1913 staan trotse foto's van het zwembad aan boord, de luxe gemeubileerde eetzaal en, voor mij het meest verbazingwekkend van alles, een goed geoutilleerde *Turnhalle* onder in het schip, een ruimte die op de Dostojewskij inmiddels *Fitness-Raum* is gedoopt. En net als in de hedendaagse reisfolder van Transocean Tours wordt in het oude handboek van de Woermann-Linie gemeld dat door het aanbrengen van speciale stabilisatoren in het schip, zeeziekte praktisch tot het verleden behoort. Het moet een van de oudste leugens van het cruisebedrijf zijn; ook meer dan vijfenzeventig jaar later hangen bij een onrustige zee de meeste passagiers nog kotsend over de railing.

REISGENOTEN

Er is een verschil met vroeger: het zwembad in *Vergnügungsreisen 1913* is vol spartelende kinderen. De Russische kinderjuffrouw die speciaal is ingehuurd om de kinderen aan boord van de Dostojewskij op pedagogisch verantwoorde wijze bezig te houden wanneer de ouders een excursie maken of een middagslaapje doen, heeft nu slechts één onrustige tweeling onder haar hoede. De meesten van mijn reisgenoten zijn oud en vermoeid. Ze schuifelen aarzelend door de gangen van het schip, blikken nors en wantrouwend om zich heen; hun gezichten ontspannen zich alleen, wanneer er herinneringen aan thuis en vroeger zijn op te halen.

De gemiddelde leeftijd schat ik op zeventig. De vrouwen zijn in de meerderheid; velen van hen zijn kort voor hun droomreis op zee weduwe geworden. Een medewerkster van Transocean vertelt me dat er vrijwel iedere cruise wel iemand overlijdt; koelvakken onder in het schip bieden plaats aan de stoffelijke resten van drie passagiers. ('Als ik dit hier zo zie,' schampert een negenendertigjarige verpleegster uit Berlijn, die de reis gewonnen heeft in een loterij en zich iedere avond uit verveling bedrinkt in de Tschaikowski Bar, 'mogen ze deze reis het groentenvak ook wel vrij houden.')

Er is een jonge fotograaf aan boord, die foto's neemt voor de cruise-catalogus van het volgende seizoen. Wanneer ik hem vraag waarom hij geen foto's van de *mensen* aan boord neemt, begint hij te lachen. 'Alleen gebouwen en natuurschoon,' zegt hij, 'als passagiers gebruiken ze fotomodellen. Wanneer mensen die een cruise willen maken hun eigen soort in de catalogus zien afgebeeld, laten ze het wel uit hun hoofd om te boeken.'

Ikzelf word door het merendeel van mijn reisgenoten met grote argwaan bekeken. Vooral de weduwen gedragen zich schichtig in mijn buurt. Ze kijken strak naar hun kopje of bord, halen wat fletse herinneringen op aan een bezoek aan de tulpenvelden in de jaren vijftig, bedanken me omstandig voor de gastvrijheid en maken dat ze wegkomen. Er is ook veel dat tegen mij pleit: ik ben geen Duitser, ik ben een man, ik ben alleen en, het allerergste, ik ben jong.

De twee echtparen met wie ik veertien dagen lang aan dezelfde tafel zit tijdens het diner, zijn rond de vijftig en hebben minder moeite met mijn aanwezigheid. Maar het merendeel van de gesprekken speelt zich tussen hen af: ze hebben veel met elkaar gemeen. De beide mannen bieden tegen elkaar op in wereldwijsheid. Ze uiten zich in langgerekte, constaterende zinnen, alsof ze officiële verklaringen afleggen, die vervolgens door hun echtgenotes van nerveuze, relativerende voetnoten worden voorzien.

(De eerste man heeft zojuist zijn vrouw gezegd dat ze de volgende dag niet moeten vergeten de tube zonnebrandscrème mee te nemen tijdens de excursie op Tenerife.

De tweede man, wiens grijze hoofd ernstig is verbrand: 'Zonnebrandmiddel, dat is niets voor mij. Daar doe ik niet aan. Nooit.'

De vrouw van de tweede man, zachtjes, sussend: 'Ach, er is niets tegen om het te proberen.'

De eerste man wijst met een beschuldigende vinger op de tweede: 'Dan bent u nog nooit op wintersport geweest. Ach ja, dat heeft u me verteld, daar doet u niet aan. Ik kan u dit vertellen: daar heeft men *beslist* zonnebrandcrème nodig. Neemt u dat van mij aan.'

Vrouw van de eerste man: 'Ach, verbranden doet men toch altijd. Daar valt niets tegen te beginnen...')

In de loop van de dagen ontwikkelt zich een subtiele strijd over wie van hen het gelukkigste leven heeft. Het eerste echtpaar, dat uit Berlijn komt en een enigszins tragische indruk maakt, blijkt de hele wereld te hebben afgereisd. Amerika, Afrika, Azië, behalve alle wereldzeeën blijken ze ook ieder continent in groepsverband te hebben verkend. De man, wiens mond tussen zijn zinnen open blijft hangen, laat achteloos verwijzingen naar hun wereldwijde omzwervingen vallen. ('Jaja, dat soort koffers waar u het over heeft, hebben wij ook gehad. Maar toen we terugkwamen uit China was er niets van over.' Zijn vrouw, haastig: 'Ach, ik zeg altijd, een koffer *moet* er oud uitzien. Dan kan men zien dat men gereisd heeft.')

Het is hun vierde cruise, zodat de man enigszins meewarig kan reageren op het verbaasde enthousiasme van het andere echtpaar; dat bevindt zich echter merkbaar in een hogere inkomensklasse en beantwoordt de breed geëtaleerde levenservaring met hun gevoel voor kwaliteit. Terwijl het echtpaar uit Berlijn steevast Beck's Bier bij het eten drinkt, ongeacht wat er zich op hun bord bevindt, spreekt de man van het tweede echtpaar iedere avond opnieuw de hele wijnkaart door met zijn vrouw. Voor de vorm, want zij verklaart herhaaldelijk dat zij geen verstand heeft van wijn. Het eten op zijn bord wordt door hem hardop vergeleken met dat van sterrenrestaurants in de Bondsrepubliek.

Tegenover de lusteloosheid van zijn overbuurman plaatst hij een opgeschroefde levenslust. *'Ich und meine Frau, wir sind immer so aktiv,'* verklaart hij steeds opnieuw, *'und unsere Kinder auch.'* (Het echtpaar uit Berlijn is kinderloos, een duidelijk minpunt.) Het personeel behandelt hij avond aan avond met correcte minachting, die hij telkens weer rechtvaardigt tegenover de andere man: 'Niet te veel onderdanigheid, zeg ik altijd, *ich bin Deutsch.'* Het is een vermoeiende strijd, die wel onbeslist moet eindigen. De laatste dagen van de cruise wordt er aan tafel dan ook weinig meer gesproken.

DE ARTIESTEN

Onder de passagiers bestaat grote belangstelling voor het persoonlijke leven van de *'Künstler'*, het groepje mensen dat zorgt voor het vermaak aan boord. Het zijn stuk voor stuk derderangs entertainers, maar sterren aan boord van de Dostojewskij. Vooral conferencier Bernd Ebenau, die zichzelf adverteert als: *'Der Dicke mit Schwung!'* is bijzonder populair. Meestal fungeert hij als spreekstalmeester en gangmaker tijdens de show van anderen, maar een avond lang heeft hij zijn eigen show. De man is een dikke reus, die gehuld in een matrozenuniform een groot aantal schlagers ten gehore brengt (*'Ein bisschen Spass muss sein!'*), gelardeerd met schoonmoedergrappen en naaktstrand-*Witze*. De twee bejaarde vrouwen aan mijn tafeltje zijn verrukt van hem. 'Ach, der Bernie!' roepen zij uit, wanneer der Bernie 'per ongeluk' het woord *bumsen* ontglipt.

Minder succes hebben Niki en Norman Grant, een Engels echtpaar dat de pensioengerechtigde leeftijd ruimschoots overschreden heeft en net als Fellini's Ginger en Fred met dansen hun geld moeten verdienen. 's Winters, vertelt Norman op de boordtelevisie, werken zij in hotels langs de Engelse kust, 's zomers op cruise-schepen. Wanneer zij van boord gaan, vertelt hij voor de camera aan die Frau Doktor, hopen zij hun pasgeboren kleinkind te kunnen zien. Norman heeft een verfrommeld mummie-achtig gezicht en draagt een grijze pruik, die tijdens het dansen steeds weer losraakt en omhoog gaat staan.

Het verhaal van het goochelduo The Molins baart veel opzien onder de passagiers. Het wordt voor het eerst verteld op de boordtelevisie en doet daarna vele malen de ronde over het schip. Hij was ooit een veel-belovende Engelse profvoetballer, maar kreeg toen een tragisch onge-luk; nu verdient hij samen met zijn collega, de bevallige Melody (zijn vrouw?, zijn vriendin?, daarover wordt in de eetzaal druk gespecu-leerd), zijn brood met goochelen. Melody, een lange, ranke vrouw met zwart zigeunerachtig haar, maakt ook de talloze foto's van de gasten aan boord, die zij een dag later voor DM 9 bij haar kunnen kopen. Hun grote act, een verdwijningstruc, mislukt tot driemaal toe. Telkens wan-neer Melody in een hoge staande kist heeft plaatsgenomen en het Alle-gro Orkest de spanning opvoert en de mannelijke Molin bezwerende gebaren maakt, maakt het schip een onverwachte beweging en glijdt de kist met Melody onder luid kabaal de coulissen in.

DE BEMANNING

Onder de ononderbroken sleur van het vakantieleven van de passa-giers, speelt zich, op het C- en het D-dek, het bestaan van de Russische bemanning af. De verhouding passagiers-bemanningsleden is bijna één op één, aangezien het schip bij lange na niet is volgeboekt. Op het Promenadedek en het Bootsdek verschijnen ze alleen in hun officiële, uiterst voorkomende gedaante: Yoeri, de barman in de Tschaikowski Bar, Oleg, de Weinsteward, Misja, ober in de Kalinka Club, Galina, de kelnerin in het Odessa Restaurant. Van hun andere leven, bene-dendeks, vangt de passagier slechts zo nu en dan een glimp op.

Alleen in de Tschaikowski Bar is meer zichtbaar. Op een avond blijf ik hangen na sluitingstijd. Wanneer de deur op de knip is, verandert de stemming op slag. De kelners trekken hun jasjes uit, een fles vodka wordt leeggeschonken en de Poolse pianist Valdemar, die zijn veelbelo-vende loopbaan als concertpianist tijdelijk heeft moeten inruilen voor een engagement als barpianist onder de naam 'Valdi', vertelt geslaag-de Jaruzelski-moppen. Een grote blonde matroos komt zijn vrienden begroeten en vertrekt met twee volle flessen onder zijn windjack. In de bar wordt opnieuw een fles vodka geopend. Valdemar vertelt dat ieder-een heimwee heeft, de kelners naar Odessa, hij naar Gdańsk. We hef-fen het glas op Odessa, dat in de Russische volksmond 'klein New York' schijnt te heten. Valdemar roept dat hij na afloop van zijn enga-gement nooit meer een voet op een schip zal zetten. Hij is zesentwintig jaar, maar de maanden op het schip hebben zijn gezicht de vadsigheid gegeven van een oude emigré, iemand die zijn ongenoegen heeft weg-gegeten en gedronken. We drinken op zijn vrijlating.

De avond eindigt in een roes van eeuwige vriendschap. Ik word aan-gekleed wakker in mijn hut, zonder te weten hoe ik daar terechtgeko-

men ben. Wanneer ik even later in de bar verschijn voor een kop koffie, knikt Misja, die de vorige avond nog een vriendschappelijke arm
om mijn schouder sloeg, en hij vraagt in beleefd Duits wat hij voor mij
kan betekenen.

DE BESTEMMING

Op een reis waarbij de twee belangrijkste elementen, tijd en plaats, onzichtbaar zijn, ontstaat een vacuüm. De reis is de bestemming, maar
er wordt nauwelijks merkbaar gereisd. De verwachtingsvolle spanning
waarmee men het schip de haven van Genua zag uitvaren, maakt
gaandeweg plaats voor een algemene apathie. We eten, slapen, eten,
slapen, spelen bingo, leren Russisch of fotograferen, laten ons vermaken door 'die Künstler,' zitten aan dek met een wollen plaid om de benen, eten, slapen, eten, slapen, eten, slapen. Het overdadige buffet op
het achterdek in de Kalinka Club wordt tijdens de tweede week met
steeds minder geestdrift bestormd. Ook het competitieve enthousiasme
waarmee de twee echtparen aan mijn tafel in de eetzaal verslag doen
van hun georganiseerde uitstapjes aan land, neemt na verloop van tijd
af en gaat uiteindelijk over in korte mededelingen over een bus die te
veel hobbelde of een onbeleefde ober in een wegrestaurant.

Naarmate de reis zich voltrekt, neemt de M.S. Dostojewskij de gedaante van een moederschip aan, in de letterlijke zin van het woord.
Aan boord heerst zelfverzekerdheid, wordt luid geklaagd over kleine
misstanden, kapittelt men het Russische personeel, aan wal voelt men
zich bedreigd en opgejaagd. Zolang men echter in de groep blijft, achter de matte ruiten van de touringcar, of tien minuten in de open lucht
om een ei te zien bakken in een vulkaankrater, of om een ritje op een
kameel te maken, is er niets aan de hand; dergelijke excursies vormen
een verlengstuk van het schip. (Een echtpaar in felgekleurde joggingpakken vraagt, voor het in Agadir van boord gaat, bedeesd aan de
reisleidster of het schip op hen zal wachten wanneer zij door omstandigheden te laat terug zouden zijn. Zij zijn altijd op tijd, natuurlijk,
maar je weet maar nooit… Wanneer de reisleidster bedenkelijk het
hoofd schudt en zegt dat zij hen die garantie niet kan geven, tekent zich
onvervalste wanhoop op de oude gezichten af. *'Aber,'* zegt de vrouw,
'das Traumschiff wartet auch immer!' Traumschiff is een populaire Duitse
tv-serie over de romantische avonturen aan boord van een cruise-schip.)

De meeste Canarische Eilanden hebben zich echter aangepast aan
de toeristische verlangens van de vakantiegangers. Achter het pittoreske uiterlijk van de havenstadjes gaan kleine tax-free paradijsjes schuil.

In de winkelstraten (en iedere straat *is* een winkelstraat) volgt etalage na etalage na etalage met flessen drank en elektronische apparatuur. In een wandeling van een half uur zie ik honderden flessen Johnny Walker, duizenden pocketrekenmachines, walkmans, horloges, camera's, vulpennen, bloeddrukmeters, videospelletjes. Het is ook het enige individuele tijdverdrijf dat de passagiers van de Dostojewskij aan wal kan boeien: winkelen.

Maar zelfs dat gaat op den duur vervelen. Steeds meer passagiers blijven aan boord wanneer het schip in een haven ligt. Roerloos ligt men op het achterdek en staart met lege ogen naar de bewolkte hemel. Zelfs de altijd zo *aktive* man aan mijn tafel begint naar huis te verlangen. 'Ik zeg tegen mijn vrouw: het was mooi, het was prachtig, maar het is genoeg geweest.'

In de laatste haven, die van Málaga, gebeurt er toch nog iets. Wanneer de Dostojewskij wil vertrekken, blijkt de haven versperd door kleine vissersbootjes. Uit protest, vertelt Frau Doktor ons door de luidsprekers, waartegen of waarvoor vermeldt ze niet. Het duurt uren, maar de passagiers blijven er vreemd gelaten onder. De meesten van hen moeten de volgende dag in Genua een bus of trein naar huis halen, maar geen protesten, geen gemopper, geen geklaag. Tijdens het middagbuffet speelt het boordorkest met extra *Schwung*. Daarna gaat men slapen, kaartspelen, shuffleboard, volleybal, alsof er niets aan de hand is.

Er is ook niets aan de hand, want we bevinden ons aan boord van het moederschip. Wanneer we gedwongen waren geweest aan wal te wachten, was waarschijnlijk allang de revolutie uitgebroken. Maar op het schip zelf is alles als vanouds. Een dag tevoren klonken nog luide protesten over het dek omdat er geen bier van de tap te krijgen was, maar de blokkade van de vissers dringt nauwelijks door tot het bestaan aan boord. 's Middags, tijdens de *Teestunde* in de Bolshoi Salon, deelt die Frau Doktor ons mee dat de vissers vertrokken zijn. Een ogenblik later win ik zeventig mark in de bingo.

DE ZEE

De laatste nacht van de cruise breekt er storm los. De zee is de afgelopen dagen al eerder ruw geweest, maar dat blijkt slechts een voorspel geweest te zijn. Het schip stampt en slingert op een vreemde, onvoorspelbare manier. De kotszakjes die door de schoonmaaksters als voorzorg tussen de leuningen zijn gestopt, zijn binnen een half uur verdwenen. In mijn hut hangen de deuren van de klerenkast wijd open; de inhoud ligt over de vloer verspreid. Een glas rolt regelmatig heen en weer van wand tot wand. In de hut naast de mijne klinkt het geluid van brekend vaatwerk. Zo nu en dan slaat een hoge witte golf hard tegen het raam. Slapen is onmogelijk; ik word misselijk, kleed mij aan en verlaat mijn hut.

Het schip is een spookschip. Er is niemand op het promenadedek, maar de glazen deuren van de kaartkamer zwaaien regelmatig open om onzichtbare mensen naar binnen of naar buiten te laten gaan. Glasgerinkel. Een leeg flesje Beck's Bier rolt onrustig tussen de tafelpoten. Bij de trap slaat een staande asbak met een klap tegen de vloer. Mij vasthoudend aan de leuning loop ik de trap op naar het bootsdek. Ik duw de zware ijzeren deur open en stap naar buiten.

Het dek is glad van de regen en het opspattende water. In de kleine strook licht langs de wand van het schip slaat het schuim van de golven achterover de duisternis in. Ik grijp me vast aan de railing en buig me over de Middellandse Zee.

FRANS POINTL

OPONTHOUD BIJ ARRAS

Zwijgend zat de vrouw des huizes met haar verstelwerk tegenover me. Ik voelde hoe ze me af en toe intens gadesloeg, maar als ik opkeek boog ze zich snel over het werk. Vermoeid zat ik in die vreemde huiskamer te denken en te staren. Het enige mooie meubelstuk, vond ik, was een groot antiek buffet van eikehout. De benedenbouw ervan werd afgedekt door een beige marmeren plaat met afgeronde hoeken. De bovenbouw bestond uit twee kastjes met geslepen glazen ruitjes.

Het was zeven uur; ik kreeg behoorlijk trek.

Na een langdurige en afmattende rit passeerde ik een bord waarop ARRAS 13 KM stond. Onophoudelijk maalde het door mijn hoofd hoe het met de katten zou gaan. Zou mevrouw Kroos wel goed voor mijn meute ex-zwervers zorgen? Zelf had ze nooit een huisdier gehad. Veel tijd kon ze niet in de dieren investeren. Zij moest haar lampen en vooral haar specialiteit, de schemerlampjes met roze of rode plastic pegels eraan, trachten te verkopen. In de Jordaan was men verzot op deze in mijn oog walgelijke objecten. Voor de moeite had ik haar een fles Chanel-parfum beloofd, in de veronderstelling dat die in Frankrijk spotgoedkoop zou zijn. De vraag of de katten wel zo lang buiten mij konden, diende te worden omgekeerd: kon ík wel zo lang buiten hen?

Op mijn vijfendertigste werd het eens tijd mijn grote neus buiten 's lands grenzen te steken. Als einddoel had ik Parijs gekozen. Ik hoopte dat de tweedehands, zes jaar oude Trabant 601 de tocht zou kunnen volbrengen. De carrosserie van het in de DDR vervaardigde wagentje bestond uit duroplast, een dik soort plastic. Voordeel was dat het Trabantje als uit een meccanodoos in elkaar was gezet. Het had een eenvoudig luchtgekoeld tweetaktmotortje. Ik had olie meegenomen: een verkeerd soort zou de motor onherroepelijk doen vastlopen. Aan reserveonderdelen had ik zekeringen, slangklemmen en een set lampjes.

De topsnelheid bedroeg vijfentachtig kilometer. Harder durfde ik toch niet. In de leswagen had ik wel over de honderd gereden; de instructeur naast me gaf me een gevoel van veiligheid.

Toen ik de Belgische grens naderde bedacht ik dat ik de volgende ochtend mevrouw Kroos moest opbellen. Als ik niet wist hoe het met de dieren was, had ik geen rust.

Bij het eerste tankstation in Frankrijk viel me de botheid van de pompbediende op. De Trabant had aan de buitenkant geen benzinedop. Benzine en olie moesten in een vierkante tank onder de motorkap, pal achter het motortje worden gegoten.

Zolang de bediende bezig was, wachtte ik in de auto. De pompbediende kwam eraan. Ik trok aan het hendeltje dat de motorkap ontgrendelde.

Snel en geagiteerd liep hij tweemaal om de wagen heen. Toen haalde hij de schouders op en liep op een zojuist gearriveerde automobilist af. Ik stapte uit, trok de motorkap helemaal open, draaide de dop van de benzinetank af en riep: 'Ici!' Hij deed alsof ik niet meer bestond en hielp de nieuw aangekomene.

Toen ik uiteindelijk benzine had gekregen en afgerekend, vroeg ik hem vriendelijk de weg naar Parijs, 'mais pas une grande route'. De blik die hij me toewierp hield in dat hij nu voldoende geduld voor me had opgebracht. Hij keerde zich voorgoed van me af.

Ik liep op een Citroën Pallas af, zo'n langgerekt model met vissebek. Er zat een hele familie in geprop. Ik vroeg de bestuurder naar een parallelweg richting Parijs.

'Je ne sais pas.' Het raam werd dichtgedraaid.

Nog steeds was het me gelukt snel- en tolwegen te vermijden. Mijn geringe snelheid zou daar gevaar en irritatie opwekken. Dan maar richting Arras, besloot ik. Terwijl ik startte schoot me iets over de Unie van Utrecht te binnen. Arras was de Franse benaming voor Atrecht, meer herinnerde ik me niet.

Af en toe passeerde ik een totaal verlaten minidorp, niet meer dan een handjevol grijze huizen. Sommige ervan leken op kleine boerderijen. Overal waren de luiken gesloten. Het groene land aan weerszijden van de smalle weg, alles golfde. De totale verlatenheid was prettig, het schonk me een gevoel van rust.

Af en toe werd de weg behoorlijk steil, alsof er een kleine brug was. De auto klom moeilijk; de koppeling moest worden bijgesteld.

Toen ik het zoveelste minidorp passeerde, haperde de motor en sloeg af. Tevergeefs startte ik. Ik maakte de bougies schoon en controleerde diverse aansluitingspunten. De accuplaten stonden keurig onder het gedestilleerde water.

Ik bevond me voor een boerderijachtig huis met gesloten luiken. Op een magere hond na was er geen levend wezen. In het weiland achter het huis graasden wat koeien. Twintig meter verder ontwaarde ik een kleine garage.

Ik stapte uit en duwde de Trabant tot voor het tegen de muur omhooggeklapte luik.

'Hallo!' riep ik, terwijl ik de garage binnenliep, waarin enkele tractoren met gedeeltelijk gedemonteerde motor stonden. Er hing een geur van olie en benzine.

Vlak bij een kantoortje dat door een ruit van de werkplaats was gescheiden, stond een oude, verwaarloosde Renault Juvaquatre. Ik herinnerde me die ook vroeger in mijn plakboek te hebben gehad. Het model was toentertijd onder de fraaie naam 'Dauphinoise' naar Engeland geëxporteerd. Deze was waarschijnlijk van het bouwjaar 1947.

Mijn jeugdobsessie voor auto's had me niet verder gebracht dan een oude Trabant. Hadden die auto's me indertijd werkelijk zo geïnteresseerd of waren ze onbewust een tegenwicht geweest tegen moeders fotoalbums? Daarin keken uitsluitend familieleden je aan die bijna allen het ongeluk hadden gehad in de genocide terecht te zijn gekomen.

Ik stapte weer in de auto, vroeg of laat zou er wel iemand opdagen. Men scheen elkaar hier te vertrouwen; gereedschappen, tientallen bussen met olie op schappen, het stond voor het grijpen. Naast de garage was een antieke benzinepomp met een nieuwe slang eraan.

Ik opende het dashboardkastje. Had ik het Franse woordenboekje er niet ingelegd? Nee, ik had de avond vóór mijn vertrek de kleine bagageruimte gevuld met blikken bruine bonen, rollen koekjes en beschuit, wc-papier, blikjes cornedbeef. Ik had het woordenboekje weer mee naar boven genomen om het voor het slapen gaan te bestuderen. Het lag verdorie nog op de stoel naast mijn bed! Nu was ik aangewezen op wat ik me nog van het Frans op school herinnerde. Waarom waren die leerboekjes niet meer op de dagelijkse conversatie gericht geweest?

Wat had je aan fabels als 'La cigale et la fourmi'? Zinnen uit lessen van weleer schoten me te binnen: 'En mille huit cent soixante dix la France devient république pour la troisième fois. Maintenant Vincent Auriol est président de la République française. Le pays produit des vins excellents, de Champagne, de Bourgogne et de Bordeaux.' Tot mijn verbazing kon ik zelfs nog het complete verhaal 'Le trompeur trompé' opdreunen. Indertijd had ik het als straf vijfentwintig maal moeten overschrijven. Wat had ik geflikt dat Flentrop me zó'n straf had gegeven? Als ik dat verhaaltje hier ging voordragen zouden ze naar hun voorhoofden wijzen.

Toen ik in een dakgoot een zwarte kater zag lopen, kreeg ik opeens hevig heimwee naar mijn dieren. Als er maar niet wordt ingebroken, dacht ik. Vrijwillig had ik mijn vertrouwde wereld verlaten en voelde me nu, zonder enige greep op eigen stulp, machteloos.

Bij de koeien in het weiland had zich een trots lopend, lichtbruin paard gevoegd. Stompzinnige zinnetjes uit mijn Franse leerboek vlogen door mijn hoofd.

Ineens zag ik, door dat paard, de tekeningetjes erbij.

'Jacques est dans le pré.' Daar loopt hij in zijn ouderwetse zwarte pak met een hoge hoed op. 'Il monte à cheval.' Voorzichtig klimt hij op het paard, zo, die zit. Nu gebeurt wat er op de tekeningetjes was gebeurd. Het paard gaat lopen, daarna over in draf. 'Il tombe!' Jacques valt eraf. De hoge hoed zweeft nog boven het gras.

'Que voulez-vous?' Ik schrok. Achter me stond een forse man van in de vijftig in een blauwe overall vol vlekken. Hij had piekerig zwartgrijs haar, een groot hoofd op een stierenek. De onderkaak stak zo'n vier centimeter naar voren. Het gezicht had iets wreeds, of kwam dat door de zadelneus? Zou hij bokser zijn geweest? Zijn bovenste rechterooglid was iets omlaaggezakt en opgezet, alsof het in een knipoog was blijven steken.

Ik vond hem onmiddellijk onsympathiek.

Hij herhaalde zijn vraag. Als hij sprak kreeg de onderkaak iets dreigends. In Frans met veel fouten vertelde ik hem dat de auto het had opgegeven. Toen ik over de bougies begon, onderbrak hij mijn moeizame betoog.

'Je suis mécanicien pour les tracteurs et aussi paysan,' verklaarde hij, 'on verra.'

Hij gebaarde naar de auto en wees een plek in de garage aan. Ik duwde de wagen naar binnen. Hij wenkte me hem te volgen en liep op het huis toe, waarvoor de Trabant tot stilstand was gekomen. Hij deed zijn klompen uit. Voor het glas van de deur zat kunstig gekruld, maar verroest metalen sierwerk.

'Cécile!' riep hij terwijl hij de deur opende. Zijn enorme nek was bruin en gelooid als gerimpeld oud leer.

In de gang rook het naar boenwas. De houten trap naar de overloop glom. Een deur werd geopend.

Ze was slank, midden veertig. Haar zwarte haar was strak naar achteren getrokken tot een kunstige wrong. Ze had een forse maar rechte neus en prachtige groengrijze ogen. Ze droeg een gebloemde katoenen jurk. Ze had borsten die eerder bij een meisje van veertien pasten dan

37

bij een volwassen vrouw. Haar voeten staken in afgetrapte muiltjes.

'Ma femme,' zei hij. Ik gaf haar een hand.

De man sprak zó snel tegen haar, dat ik maar enkele woorden kon verstaan. De toon was bars en bevelend.

Ze zuchtte, keek me even aan en knikte toestemmend.

Ze opende een deur en liet me voorgaan. Het was de huiskamer. Ze wees op een stoel.

'Asseyez-vous.'

Op de tafel stond een naaimand, die ze snel wegborg. De man, die in de deuropening was blijven staan, zei me dat hij de auto de volgende ochtend zou nakijken. Dat maakte ik er tenminste uit op. Ik bedankte hem.

De vrouw vroeg of ik koffie wilde. Ik gaf te kennen dat ik naar koffie snakte.

De man gaf haar nog wat instructies (zo kwam het me voor) waarvan ik alleen 'c'est pour une nuit', verstond. Toen verliet hij het huis. Ik hoorde hem buiten op zijn klompen langsklossen.

De vrouw die langzaam sprak en een zachte stem had, vertelde me dat ik die nacht kon blijven slapen.

'Voyons!' zei ze. Ik kwam uit mijn stoel. Het was inmiddels zes uur. Op de trap naar de overloop liet ze me voorgaan. Ze toonde me een langwerpig kamertje; het behang vertoonde een druk bloemetjespatroon. Er stond een eenvoudig houten bed. Tegen de andere muur stond een kastje dat met een witte marmeren plaat was afgedekt. Er stond een ouderwetse waskom waarin een lampetkan, ook al voorzien van een uitbundig bloemetjesmotief. In een wit stenen bakje met deksel – het leek op een botervloot – lag een stukje zeep. Ze verontschuldigde zich en verliet het vertrek. Even later kwam ze terug met een handdoek die ze op het kastje legde.

'Merci beaucoup madame.'

Ze keek me even aan en zuchtte weer; bezorgde ik haar veel last? Madame begon me te intrigeren met dat sensuele en gelatene in haar verlepte schoonheid.

Aan een krakkemikkig elektriciteitssnoer, omhuld door grijs verschoten katoen, hing een door vliegepoep gespikkelde geëmailleerde vuilwitte kap met een grote lamp. In de huiskamer had ik ook zo'n kap gezien, maar dan een slag groter. In Frankrijk kenden ze zeker geen schemerlampen. Hier lag een groot afzetgebied voor mevrouw Kroos.

'Votre bagage?'

'Dans l'automobile, je le veux. . .' Ze knikte ten teken dat ze me begreep.

Als ze zich wat opmaakt en mooie kleding aantrekt zou ze er jonger uitzien, dacht ik. Waar maak je je druk om, antwoordde ik mezelf. Eén nacht slaap je hier, daarna zie je haar nooit meer.

Ik haalde mijn koffer en draagbaar radiootje uit de auto. In het weiland reed zadelneus op een tractor.

Even later was ik weer in het kamertje. Ze had de gordijnen die ook al druk bebloemd waren, helemaal opengeschoven. Vóór het kozijn, waarop potten met bloeiende geraniums stonden, was een klein smeedijzeren hekwerk.

'Je veux vous montrer la maison.'

Ik volgde haar. Ze opende een deur aan het eind van de gang. Het was een grote kamer met een vloer van glanzend gebeitste donkerbruine planken. Er stonden ouderwetse eikehouten lits-jumeaux. Aan weerszijden ervan stonden po-kastjes die met een vaalwit marmeren blad waren afgedekt. Het vele marmer en de bloemetjesmotieven begonnen op mijn zenuwen te werken.

Ze vertelde dat dit de slaapkamer van haar man en zoon was. We liepen de gang weer in. Ze opende een deur naast het mij toebedeelde vertrek. Aan de muur boven het bed was een boekenplankje bevestigd waarop enkele boeken. Naast het bed stond een antiek ladenkastje. Uit geïllustreerde bladen geknipte foto's van Audrey Hepburn, Brigitte Bardot en Frank Sinatra waren met punaises tegen de binnenkant van de deur geprikt. Dit was haar kamer. Een groot formaat kleurenfoto achter glas in een witte lijst trok mijn aandacht.

Doordringend keek hij me aan, een jonge man met een donkere stoppelbaard. Zijn ogen waren azuurblauw, het blauw van het ingeweven patroon in knikkers. Er was iets losbandigs in dat gezicht. Met moeite wendde ik mijn blik ervan af.

De vrouw vertelde dat het haar zoon Jean-Claude was.

'Il est en Espagne avec le camion.'

'Avec un camion?'

Madame knikte bevestigend waarbij haar handen een groot object aanduidden.

'Incroyable.' Hij werkte vast bij een circus of hij was een excentriekeling. Wie ging er nu op een kameel van Frankrijk naar Spanje? (Vandaag de dag gelooft zelfs mijn beste vriend nog niet dat ik destijds serieus dacht dat camion kameel betekende.)

We liepen weer naar beneden. Ze toonde me de keuken, die ik armoedig vond. Daarna liepen we de grote tuin in. Achterin was een ruim twee meter hoge berg, gevormd door lege wijnflessen. Er hing een penetrante pislucht. Ze lachte toen ze zag dat ik mijn neus ophaalde. Het lachen maakte haar kortstondig jong en mooi.

'J'ai oublié votre café!' riep ze verschrikt. We gingen naar binnen.

In de kamer stond een kachelfornuis dat vast antiek was. Ik had zo'n ding eens op de Amsterdamse rommelmarkt gezien, heel prijzig. Ik ging zitten en sloot de ogen. In mijn achterhoofd voelde ik het gebonk van een opkomende hoofdpijn. Ik liep naar boven en nam een aspirine uit het buisje in mijn koffer. Nog even bleef ik uit het raam staren. Toen ik in de kamer terugkwam stond er een café filtre voor me.

Moeizaam ging ik zitten.

'Je suis fatigué.'

Begrijpend knikte ze, haalde haar mand met verstelwerk te voorschijn en ging aan het werk.

'Vous ne prendrez pas de café?'

Ze boog zich dieper over een gestreept overhemd. 'Non, je n'aime pas le café.'

Ik legde het aspirientje op mijn tong en nam een slok koffie. Het belangrijkste was nu dat de hoofdpijn niet zou doorzetten.

In mij begon, zelfs als ik het niet wilde, een monologue intérieur. Waarom slaapt de vrouw des huizes niet naast haar man? Het kamertje waar zij nu slaapt is van de zoon. Waarom sliep de zoon naast zijn vader? Zouden die twee een verhouding hebben? Was madame uit het echtelijk bed verstoten? Had hij haar met een minnaar betrapt of zij hem met een vrouw? Het gaat je geen zier aan. Het intrigeert je wél, opperde mijn alter ego.

De zinnen die zich in mijn hoofd aaneenregen kon ik niet tot stoppen dwingen. Waarom snauwt hij haar zo af?

Ik schrok op toen ze zei dat ik vanzelfsprekend mee kon eten.

'Merci beaucoup madame.'

Om ongeveer half acht ging de vrouw des huizes naar de keuken. Het gerammel van potten en pannen weerklonk. Tegen achten kwam de man thuis. Hij knikte me toe. Hij droeg nog steeds zijn blauwe overall met vlekken. Hij schoof een stoel dicht bij het kachelfornuis en trok zijn sokken uit. Toen opende hij de ovenklep en stak zijn voeten erin. Het was midden september; het leek hier alsof de kilte vanuit de houten vloer opsteeg.

De vrouw kwam binnen. Ze nam enkele metalen ringen van het fornuis af en gooide enkele houtblokken op het vuur. Ze ging weer naar de keuken en kwam terug met een grote pan die ze op het fornuis zette.

Het echtpaar had nog geen woord met elkaar gewisseld.

Uit de broodtrommel in het buffet nam ze een brood dat wel vijfenveertig centimeter lang was. De korst was glanzend donkerbruin. Hij trok zijn voeten uit de oven. Zij legde het brood erin, sloot de klep en draaide aan een knop.

Bah, dacht ik, eerst die ongewassen voeten erin en nu dat brood; koosjer is anders. Ze ging de tafel dekken. Het servies (ik had niet anders verwacht) was met een bloemetjespatroon versierd. Het bestek was aan de handvaten versierd. Vorken, lepels en messen kwamen me nogal groot voor; hadden Fransen grotere monden dan Nederlanders?

Ze nam de pan van het fornuis, dat nu enige warmte begon te verspreiden. Hij steunde met beide ellebogen op de tafel en keek begerig naar de pan. Zij schepte eerst mij en toen hem op. Zelf nam ze heel weinig uiensoep. Ze nam het brood uit de oven en sneed er drie forse plakken van af. Ik nam de boterham aan en onderdrukte de neiging om te ruiken of deze soms naar tenenkaas rook. Ik lepelde van de heerlijke dikke soep, af en toe een hap knapperig brood nemend.

'Bon appétit.' Moederlijk knikte ze me toe.

'Merci madame, de même.'

Slurpend lepelde hij zijn soep. In een flits zag ik dominee Van Leden tegenover tante Jet zitten. Tante Jet, die in de oorlog persoonlijk door deze prediker naar het kamp Vught werd gebracht, toen door de bezettende overheid bekend werd gemaakt dat de joodse Nederlanders zich moesten melden.

Toen we de soep op hadden, zette ze een grote pan met dampende in de schil gekookte aardappels neer. Ze nam mijn soepbord, pelde razendsnel een aardappel en legde die op mijn bord.

'Combien?'

'Trois, s'il vous plaît.'

Hoe kon ze zo'n kokend ding hanteren zonder zich te branden?

Vervolgens pelde ze voor de man en zichzelf. Ze haalde een schaal met een grote gele, in zijn geheel gekookte bloemkool erop. Daarna een pan met een soort hachee, waarin uien, vlees, paprika en aubergines bleken te zijn verwerkt. Rijkelijk bediende ze me. Ik smulde.

'Varkensvlees?' vroeg een stem in me. Ik kon haar niet voor het hoofd stoten met de vraag: 'C'est la viande d'un cochon?' Dan maar een keer treife[1].

De heer des huizes smakte tijdens het eten dusdanig dat ik er bijkans onpasselijk van werd. In plaats van het bestek naar zijn mond te brengen, boog hij zijn enorme hoofd naar het bord.

Haar tafelmanieren waren beschaafd. Af en toe keek ze naar hem, dan naar mij, zuchtte bijna onmerkbaar. Ze at lusteloos en weinig.

---

1. Treife – onrein, vooral met betrekking tot voedsel.

Hij mopperde iets binnensmonds. Als geschrokken stond ze op en zette een grote fles wijn op tafel. Ze schonk in. De wijn was wrang, mijn tong trok er van samen.

In één gulzige teug had hij zijn glas leeg dat zij onmiddellijk gedienstig weer vulde. Tot mijn verwondering was zijn bord ook al leeg. Zij schepte het weer vol met hachee en begon ijverig hete aardappels te pellen.

'Der ken schul un almemmer uf²,' dacht ik.

Het nagerecht bestond uit een dikke, donkergele substantie die naar vruchten met amandelen smaakte. Gezien de hoeveelheid voedsel leek het alsof ze 's ochtends al van mijn komst had geweten.

Mijn gastvrouw begon aan de afwas. Ik nam een voddige theedoek en begon af te drogen.

'Mais non, vous êtes fatigué,' ze maakte afwerende bewegingen.

'Je veux vous aider, vous avez fait un diner excellent madame, mes compliments.'

Een vermoeide glimlach verscheen op haar gezicht.

Voor de tamelijk grote afwas gebruikte ze een kleine stenen kom en een ouderwetse slappe vaatkwast. Ze ververste het afwaswater niet. Al afdrogend keek ik door het kleine keukenraam. In de tuin stond de man wijdbeens bij de stapel lege wijnflessen te plassen. Hadden ze dan geen wc? Toen de afwas was gedaan maakte ik haar met mimiek (die naar ik later bedacht verkeerd had kunnen worden opgevat) duidelijk dat ik nodig moest. Ze opende een deur aan de zijkant van de keuken.

Het was een kleine, waarschijnlijk later aangebouwde ruimte. De wc leek op een ouderwets houten ijscowagentje zonder wielen. Even zie ik het gele Vami-karretje bij het molentje tegenover het Heemsteedse bos; ik was toen een jaar of zes.

Ik tilde het houten deksel op, een muffe stank sloeg me tegemoet. Naast me lag een stapeltje dunne papiertjes, kleiner dan die van mijn kladblok. Water en papier schenen hier schaars te zijn, riolering nog niet aangelegd.

Ik keek op mijn horloge; bijna kwart voor negen. We zaten gedrieën aan de nu lege tafel. Hij rookte een sigaret, die een vieze stank verspreidde. Ze stond op en ontstak het licht dat zijn zestig of tachtig watt koud en hard over ons uitgoot. Het maakte de kamer groot, kil en armoedig. Ik gaapte.

---

2. Der ken schul un almemmer uf – die is niet te verzadigen.

Ze vroeg me of ik misschien al naar bed wilde. Ik knikte. Ze wenste me een goede nachtrust toe. Hij bromde wat, stond op en begon eindelijk de vieze overall uit te trekken.

Ik liep de glanzend gebeitste trap op. In het kleine kamertje gekomen sloot ik de gordijnen en liet de kleine ramen op een kier. Ook hier priemde de felle lamp pijnlijk in de ogen.

Snel trok ik mijn kleren uit, nam de pyjama uit de koffer, deed het licht uit en dook het bed in.

Ik kon de slaap niet vatten. Afwisselend zag ik mijn geliefde katten en een eindeloze weg met almaar voorbij schietende bomen. Het resonerende gepruttel van de Trabant gonsde ineens in mijn oren.

Rusteloos draaide ik me om en om, kreeg overal jeuk. De rare rol die als hoofdkussen diende, begon me te irriteren.

Ik knipte het licht aan en pakte het draagbare radiootje. Ik stak de oortelefoon in mijn oor en draaide aan de zenderknop. Hilversum I en II waren hier onbereikbaar. Weer draaide ik aan de knop:

> *On ne guérit pas de son enfance*
> *Et malgré le temps le temps qui court*
> *Et malgré le temps le temps qui passe*
> *Malgré le voyage au long cours...*

zong een man. Ik zocht verder op de zenderschaal; onder veel storingsgeruis herkende ik de pianoklanken van Griegs *Entschwundene Tage*. Ik zette de radio af en deed de lamp weer uit. Er hing een onprettige stilte. Kon er in de sfeer van een huis nog iets fossiels aanwezig zijn van gebeurtenissen die er zich hadden afgespeeld?

Ineens zag ik Jean-Claude; in een tropenpak zat hij op een kameel. Hij lachte me niet alleen bemoedigend maar ook samenzweerderig toe. Even was er een eenzaamheidsgevoel, dat overkwam me zelden. Ik besefte weer eens dat ik mijn molensteen door alle kamers van mijn leven zou moeten meezeulen.

Ten slotte viel ik in slaap.

Ik werd ergens wakker van en deed meteen de lamp aan. Het was vier uur. Even traanden mijn ogen door het felle licht.

Mijn bed stond tegen de muur. Aan de andere kant van de muur hoorde ik onderdrukt snikken. Dan werd het even stil, daarna was er weer gesnik dat overging in gekreun.

Teruggeworpen in de tijd lag ik weer in bed, in onze kamer in de Stalin-laan. Achter het kamerscherm hoorde ik moeder kortstondig snikken, voordat ze haar dodenlijst ging afroepen.

Maar dit was geen droom. De duizenden minuscule bloemetjes op het behang schenen los te laten en op me toe te zweven.

Achter die muur was verdriet. Nooit zou ik weten waar het uit voortsproot.

Ik stapte uit bed. Het was nu stil geworden aan de andere kant. Ik liep naar de deur en opende deze behoedzaam. In de donkere gang hoorde ik vanuit het voormalige echtelijke slaapvertrek een zwaar zagend gesnurk.

Voorzichtig opende ik haar kamerdeur. De gordijnen waren opengeschoven, flets maanlicht viel naar binnen. Cécile zat rechtop in bed, alsof ze me had verwacht. Ik liep op haar toe. Ze legde haar hand even op mijn mond, ik begreep het.

Ze sloeg het dekbed op en schoof opzij. Voorzichtig liet ik me naast haar neer. Ontroerd kuste ik haar mond, die zacht en gretig was. Snel trok ik mijn pyjama uit. Met een enkele beweging bevrijdde zij zich uit iets blauws dat op een negligé leek.

Haar huid wasemde een zwakke lavendelgeur uit. Toen ik haar borsten kuste was daar de bitterzoete geur van amandelen bij haar oksels, een alomvattende veilige geur, die ik ook heel lang geleden moest hebben gekend.

Ze bedekte mijn hals, borst, buik en heupen met snelle, lichte kussen. Toen bracht ze haar mond bij mijn oor en fluisterde het enige woord tijdens ons samenzijn: 'Mon amour.'

Om half zes sloop ik naar mijn kamertje. Uit het slaapvertrek van zadelneus klonk nog steeds doordringend zagend gesnurk.

De volgende ochtend trachtte Cécile me tijdens het ontbijt zo onpersoonlijk mogelijk te behandelen. Haar man had zijn gevlekte overall al aan en zat een soepkom met koffie te slurpen.

Na het ontbijt verzocht hij mij mee te gaan naar de garage. Bij iedere stap schoot zijn hoofd iets naar voren, het leek op de beweging van een waterhoen. De vorige dag was me dat niet opgevallen.

Verwonderd sloeg ik hem in de garage gade. Handig demonteerde hij een deel van de motor. Het was een type auto dat hij waarschijnlijk voor het eerst onder handen kreeg.

Nadat mijn gastheer een uur ingespannen had staan sleutelen kreeg hij de motor eindelijk aan de praat. Rook en monotoon gepruttel vulden de kleine garage.

Hij veegde zijn oliehanden af aan een lap: 'Voilà.'

'Merci monsieur pour votre peine, vous êtes un bon monteur. Je veux vous payer, combien monsieur?'

Hij maakte een kort gebaar met de vlakke rechterhand als van een mes dat snel door iets sneed. Eén moment had ik wroeging. Hij opperde dat ik nu naar Parijs kon. Ik knikte, startte en reed tot vóór het huis. Daar pakte ik mijn koffer en deponeerde die op de achterbank.

Cécile stond in de deuropening.

'Merci pour votre hospitalité.' Met een handkus bedankte ik.

Ze legde haar linkerhand op de rug van haar rechterhand als om de kus tegen verdamping te behoeden.

Ik reed naar Arras. De wagen trok snel op en klom prima, hij had de frictie dus ook bijgesteld.

Arras deed me aan Haarlem denken. Er waren prachtige middeleeuwse huizen. Het was marktdag. Ik parkeerde de auto en wandelde door het stadje. Ik kocht een ansichtkaart die ik aan mevrouw Kroos verzond. In een etalage zag ik een prachtig mokkastel. De kopjes en schoteltjes waren van een zachtbeige, bijna doorschijnend porselein. Aan onder- en bovenranden zat een gekarteld gouden randje. Ik kocht het.

Snel reed ik terug naar het huis van Cécile. In het weiland was de snurker bezig een koe te melken.

Ik liep op het huis toe en keek naar binnen. Peinzend zat ze aan de tafel. Ik tikte tegen het raam. Verschrikt sprong ze op.

We openden tegelijkertijd de deur. Ik overhandigde haar de verpakte doos.

'Soyez prudent, c'est fragile.'

We gingen naar de huiskamer. Voorzichtig pakte ze het uit.

Toen ze het mokkastel zag, beefde haar mond.

'Mais c'est une sottise!' Haar stem was hees.

Ze betastte de tere kopjes en schoteltjes alsof ik het was. Ze wees op het grote buffet, dáár zou ze het neerzetten, een herinnering.

Haar zachte blik deed een leegte in me groeien; nu moest ik vertrekken.

'Bon voyage et beaucoup de plaisir à Paris,' riep Cécile me vanuit de deuropening toe.

Langzaam reed ik het minidorp uit. De lange rit naar Amsterdam was begonnen.

JAN BLOKKER

TUSSEN HEINE EN WAGNER

In de week dat Hitler honderd zou zijn geworden rijd ik door Duitsland: Wagner in de cassetterecorder, Heine onder handbereik en een gedetailleerde wegenkaart (SUPERMASSSTAB 1:200 000) op schoot.

Dat ik met die kaart geen weg weet verbaast en irriteert me, want ik vind van mezelf dat ik aardig bedreven ben met plattegronden; als jongetje van acht kon ik al lezen en schrijven met de fietsatlas van King's Pepermunt. Maar Duitsland lijk ik niet in te kunnen komen.

Duitsland *door*, daar weet ik alles van. Keer op keer, en bijna blind, heb ik me van Arnhem over Frankfurt via het Nürnberger Kreuz en München naar Salzburg gespoed, als over een lopende band. Nu wil ik eindelijk eens van de Autobahn *af* – om het land te proeven, om te voelen wat Heine voelde toen hij in 1844, na dertien jaar Parijs, nog eenmaal terugkeerde, en tussen Keulen en Hagen (ongemakkelijk in de open *Beichais* van een volle diligence) de lucht van zijn geboortegrond opsnoof:

> *Das ist ja meine Heimatluft!*
> *Die glühende Wange empfand es!*
> *Und dieser Landstrassenkot, er ist*
> *Der Dreck meines Vaterlandes!*

Hij reisde weliswaar in november, maar ik tref het met de weersomstandigheden: het slijk van april mag er ook wezen.

Hoe evenwel bereik ik de modder van de *Land*strasse? Steeds als ik denk dat ik langs een jaagpad aan Wuppertal kan ontsnappen, word ik over een betonnen klaverblad op de heirbaan naar Berlijn gezet, of ik ben weer in Wuppertal terug: in dezelfde oneindige straat waar de negentiende-eeuwse koopmanskaste huizen heeft gebouwd als kastelen van biedermeier tot neoklassiek, en langs de derde etages glijdt een monorail die nog verzonnen kan zijn door Jules Verne. Wuppertal lijkt nooit op te houden, maar ik zou ook niet meer weten waar het precies begonnen is, want langs de Ruhr is het urenlang één stad – een monumentaal Wirtschaftswunder aan de Autobahn.

De buschauffeur aan wie ik ten slotte vraag waar de Heimatluft ligt, kijkt me verwonderd aan. Als ik naar Hagen wil, zegt hij, kan ik het best de Autobahn richting Dortmund en Kassel nemen: dan kom ik de passende afslag vanzelf tegen.

Maar er moet toch een binnenweg zijn?

Ja, die rijdt *hij*.

Ik vouw mijn supermassstabkaart uit op de motorkap, en merk tot mijn genoegen dat hij er ook niet uit wijs wordt. Te diffuus van kleur, te schemerig van belettering, te vaag als het om een beslissende driesprong gaat. Toch is dat merkwaardig. In landen met een grote militaire traditie, zou je denken, is de bewegwijzering per definitie in orde. Zonder Frankische ridders, Lodewijk XIV en Napoleon zou *Michelin* ondenkbaar zijn geweest. Engelsen maken inderdaad slechte kaarten van Engeland, maar die zijn ook nooit een behoefte geweest; des te feillozer kun je op hun aanwijzingen terecht in de Pundjab of in Beetsjoeanaland. De ANWB heeft nooit een oorlog meegemaakt. Maar hoe zou je nou in Duitsland kunnen verdwalen? Tenzij er bij de *Reise- und Verkehrsverlag* een geheimzinnig instinct meespeelt: dat ze eigenlijk willen verhinderen dat ik in een omtrekkende manoeuvre ineens zou binnendringen in de weke, door geen Autobahn verdedigde onderbuik van Hagen.

De buschauffeur valt terug op een premoderne conventie. Hij wijst dat ik bij het vierde stoplicht rechts moet, dan helemaal rechtdoor tot de zesde, nee de zevende straat links, waar je een slagerij ziet. Vandaar nog vijf-zeshonderd meter: daar is een bord naar Radevormwald, daar begint de binnenweg. Tien minuten later rijd ik het dal van de Ennepe binnen. Ik ben in Duitsland. Ik draai het raam open en ruik een beetje drek van het land. Daarna regel ik de wagneriaanse volumeknop. Venus is net vertwijfeld bezig de aarzelende Tannhäuser in haar liefdesnest te houden. *'Für ewig dein Geliebter flieht,'* houdt de vrome held voet bij stuk. *'Nie wird Vergebung dir zuteil,'* waarschuwt zij galmend: *'kehr wieder, schliesst sich dir das Heil.'* Maar hij: *'Mein Heil! Mein Heil ruht in Maria!'*

In het libretto staat: *'Venus sinkt mit einem Schrei zusammen und verschwindet. Mit Blitzesschnelle verwandelt sich die Bühne.'*

In de muziek hoor je de Blitzkrieg tussen droom en plicht.

Landschappen hebben natuurlijk geen nationaliteit, maar helemaal zeker weet ik het nooit – Reve gelooft tenslotte ook dat sommige dieren katholiek zijn. Zo ken ik boompartijen op het eiland Tholen en zandformaties achter Stroe die ik uitgesproken gereformeerd durf te noe-

men, en zo denk ik onderweg naar Münster dat ik ook zonder alle tekens van de cultuur zou hebben geweten dat ik door heuvels van
Westfalen rijd, en niet door de Dordogne. Heine over de mensen die
hier woonden:

> *De brave Westfalers met wie ik zo vaak*
> *In Göttingen heb gedronken,*
> *Totdat we door merg en been ontroerd*
> *onder de tafels verzonken...*
>
> *Ze vechten goed, ze drinken goed,*
> *En bij wijze van vriendschapsblijken*
> *omhelzen ze je, en dan huilen ze:*
> *'t Zijn sentimentele eiken.*

Waar ter wereld kunnen *eiken* sentimenteel zijn?

In Münster parkeer ik in een propere garage. Het grote voordeel van
steden die in enigerlei recente oorlog geheel of gedeeltelijk met de
grond gelijk zijn gemaakt: men heeft ze kunnen herinrichten naar de
eisen van een nieuwe tijd. De *Prinzipalmarkt* ligt erbij als haar eigen replica in een openluchtmuseum, wat ook een teken van verwoesting is
– zoals je aan het getto van Warschau onmiddellijk ziet dat het niet
van eeuwen her, maar van gisteren is. Je hebt het met al die zorgvuldig
gerestaureerde gebouwen en kerken en pleinen: er ontbreekt het patina
aan van de diepe ouderdom.

De Vredeszaal is intact. Vier kleumende bezoekers – de mooiste
open haard van de zeventiende eeuw, maar er is geen hout – luisteren
devoot naar een rondvaartbotenstem uit een verborgen speaker. Ik
zoek de portretten van Bicker en Pauw – door een anonieme Hollandse tijdgenoot, die helemaal geen vrede met Spanje wilde, 'de geelsuch-
tighe scrobberts' en 'vrienden zoals Herodes en Pilatus' genoemd –
en besef dat ze, allicht, enigszins verstopt hangen achter grotere Heren: keizers, koningen, prinsen, hertogen, Mazarin.

Naar verhouding was het einde van onze tachtigjarige oorlog niet
meer dan een voetnoot in het internationale super-Jalta van 1648: de
dertigjarige had in minder dan de helft van de tijd in de rest van Europa
– en met name in Duitsland – aanzienlijk veel meer en veel funda-
menteler ontregeld en vernietigd. De vrede van Münster bezegelde het
lot van het Heilige Roomse Rijk der Duitse Natie, van het Duitse rijks-
idee, van een eeuwenlange eenheid – zeg maar gerust van het nobele
Tannhäusergevoel. Los daarvan had heel Europa – om de religie, om

de macht, om de politieke hegemonie – huisgehouden op vooral Duitse bodem; misschien zouden een paar Lance-raketten het resultaat nu snel kunnen evenaren, maar zelfs Hitler is er niet in geslaagd de samenleving zo structureel te ontwrichten als Bohemers, Denen, Zweden, Oostenrijkers, Fransen en Spanjaarden het toen voor mekaar hebben gekregen.

Nog twee en drie eeuwen later zijn Duitsers blijven dromen van de dagen vóór het trauma, de dagen waarin ridder Tannhäuser de duivelse verlokkingen van zelfs de Absolute Schoonheid weerstond om voor God en Vaderland op de bres te staan, de dagen van de middeleeuwen. Heine spotte:

> *Daar wenkt de kruistocht, het toernooi,*
> *De minnezang, het dienstverlenen,*
> *De ongedrukte tijd van Geloof,*
> *Waarin nog geen kranten verschenen*

Of nog eerder:

> *Daar wenken de middeleeuwen zo zoet*
> *Met hun edelmannen en -knapen,*
> *Die droegen in het hart hun Trouw,*
> *En op hun kont een wapen*

Er zitten nauwelijks twee jaar tussen *Tannhäuser* en *Ein Wintermärchen* – de Duitsers van het midden van de negentiende eeuw konden nog volop kiezen tussen Wagner en Heine. Maar de eerste zette hun droom op muziek, de tweede stak er de draak mee. 'De zon ging op in Paderborn,' dichtte hij, 'met een zeker ontmoedigd gebaren. Ze doet inderdaad een ontmoedigend werk: licht brengen op de aarde.'

In Paderborn stap ik uit om het *Paderborner Abendblatt* te kopen. Onderkop: 'Unabhänglich, bürgerlich.'

Er is altijd nog hoop.

Het loofwoud in de verte moet het Teutoburger Wald zijn: de plek waar Hermann (die eigenlijk Arminius heette, ook in Rome was opgevoed en onder Tiberius een Germaans legioen van het keizerlijke Romeinse leger aanvoerde) zijn coalitiegenoten in een hinderlaag zou hebben gelokt en in de pan gehakt.

Hoeveel Europese volkeren kunnen er prat op gaan de Romeinen te hebben getrotseerd om van verslaan nog maar niet te spreken?

49

De heroïek verzonk, raakte half vergeten. Konden de grote Koenraden, Frederikken, Otto's en Barbarossa's zich trouwens als keizers niet zonder moeite meten met de Caesars en de Augustussen van weleer: in de dertigjarige oorlogen moeten vrouwen en kinderen in het woud bescherming hebben gezocht, en later werd het een vroom en stil bos, onder het episcopaat van Münster.

Pas toen ook de pestilentie van Napoleon voorbij was, kwam Hermann terug in het Duitse geheugen. Bismarck was nog lang niet opgestaan om het land ineen te smeden (hij was nog referendaris van de Pruisische regering, en snuffelde bij rechtbanken in Aken en Potsdam) toen Ernst von Bandel – meer Duits patriot dan kunstenaar – begon rond te gaan met het idee voor een onvergankelijk *Denkmal* op de (apocriefe) plek van Arminius' heldendaad. Het midden van de negentiende eeuw naderde. Het Duitse nationalisme hield zich nog sluimerend onder een biedermeier donzen dekbed, maar het was klaarwakker zodra von Bandel aan de bel trok.

Heine spotte weer:

> *Als Hermann de slag niet gewonnen had*
> *Met al zijn blonde horden,*
> *Dan zou er geen vrijheid zijn geweest,*
> *Dan waren we Romeins geworden!*

En hij somde op wat er allemaal gebeurd zou zijn – Schelling was een Seneca, en dus vermoord geweest, en *'der grobe Bettler, Vater Jahn, der hiesse jetzt Grobianus'* – maar godzijdank: *'der Hermann gewann die Schlacht, die Römer wurden vertrieben, Varus mit seinen Legionen erlag, und wir sind Deutsche geblieben!'*

Maar zelfs vanuit Parijs kon hij niet nalaten een steentje aan de nationale euforie bij te dragen:

> *O Hermann, dir verdanken wir das!*
> *Drum wird dir, wie sich gebühret,*
> *Zu Detmold ein Monument gesetszt;*
> *Hab selber subskribieret.*

Het is amper boven nul, er snijdt een ijzige noordoostenwind en de regen aarzelt tussen sneeuw en hagel als ik het woud betreed, en langs de gesloten ansichtkaartenkiosk over het bospad de halve kilometer naar het monument opklim. Von Bandel was er dus in 1838 aan begonnen, maar het was pas klaar in 1875. Het is wel onmenselijk groot (alleen het zwaard in de gebeeldhouwde macrohand is al zeven meter lang), maar toch eigenaardig: dat iemand zevenendertig jaar nodig heeft gehad om zoiets lelijks te maken.

Of heeft hij op Bismarck gewacht?

Keizer Wilhelm I heeft het ten slotte kunnen inwijden: één volk, één rijk, één vorst. De keizer moet werkelijk dagwerk gehad hebben aan de openingen, want tegen die tijd wemelde het in Duitsland van de von Bandels die van Kiel tot diep in Beieren, en van Danzig tot Kleef de blijken van eenheid in steen uitdrukten – tot in Nassau toe, waar ze (vlak voor de laatste graaf was verstorven) een minutieuze kopie van het al lang verruïneerde slot Dillenburg lieten verrijzen.

Aan de voet van Hermann, in het lege restaurant dat berekend is op vijf bussen per uur, zie ik later nog een echtpaar aan de barre wandeling beginnen. Ze dragen allebei een rijbroek, blokkousen, bergschoenen en een knapzak, ze zullen niet veel jonger dan zeventig wezen: *Wandervögel*.

De ober ziet er uit alsof hij al menigmaal een *Apfelstrudel* heeft uitgeserveerd aan het tafeltje van mevrouw Rost van Tonningen.

De boekhandelaar in Detmold die een wandelkaart van de omgeving aan me heeft gesleten waaraan werkelijk geen graspol ontbreekt, weet ook alles van de dynastie die aan Nederland een prins-gemaal schonk.

Niet aan gedacht!

Terwijl ik kletsnat opkijk naar het slot dat, ginds op de heuvel, over het stadje waakt, val ik in een gat van mijn verleden – het is een gezellige avond in 1936, ik moet m'n lievelingseten hebben gehad, het *Algemeen Handelsblad* ligt voor me op tafel, en mijn vinger volgt de daarin afgedrukte tekst van de (tien, zevenenvijftig?) coupletten van het Lippe-Detmoldlied dat zo dadelijk andermaal door de AVRO ten gehore zal worden gebracht.

Iets tussen een mars en een entr'actmuziek uit de Fritz-Hirschoperette: gemoedelijk, vrolijk, maar als je goed luistert hoor je dat de huzaar, alvorens bij een geliefde zijn opwachting te maken ('ich küsse ihre Hand, Madame'), die ochtend minstens vijf tegenstanders aan zijn sabel heeft geregen.

Heine ken ik dan nog niet, pas zes jaar later – donkerder dagen zijn aangebroken, mijn Duitse leraar is fout, maar hij is een meer dan voortreffelijk docent, en ofschoon Heine naar Germaanse normen een joodse quantité négligeable is geworden ('*Dichter unbekannt*,' stond onder de woorden van *Lorelei*, want de Lorelei zelf kon ook Goebbels er niet uit slaan), laat hij me Duits lezen uit *Ein Wintermärchen*, sterker nog: uit

Caput III waarin de teruggekeerde poëet opmerkt dat het al meteen in Aken grijs en rood ziet van de Pruisische uniformen. *'Noch immer das hölzern pedantische Volk,'* schrijft hij, en dan:

> *Ze lopen nog altijd als planken rond,*
> *Van een kaars niet te onderscheiden.*
> *Alsof ze de stok hebben ingeslikt*
> *Waarmee men ze vroeger kastijdde.*

Lippe-Detmold had je, legt de boekhandelaar me uit, en Lippe-Biesterfeld – een andere tak, die later de boel heeft overgenomen. Hij vouwt een nog veel imposanter stafkaart op de toonbank open, en ik kan er via zoveel stoplichten, banketbakkers, herbergen en garages zo naar toe rijden, maar er is niks meer, dus hij wil het me niet echt aanraden. Het slot in Detmold daarentegen, dat mag ik niet missen.

Ik aarzel.

Buiten, in de nattigheid, kijk ik op naar de heuvel, hij houdt nog een paraplu voor me op, en ik stap in de auto met het dankbare gezicht van iemand die regelrecht gas gaat geven naar het paleis van Prins Bernhard, of diens voorvaderen.

In werkelijkheid rijd ik drie rondjes om de stad, en bedenk wat ik zou willen als ik jong was. Dan zou ik heel nauwkeurig alle Duitse stadjes inventariseren naar hun precieze topografie qua Schloss, qua gemeente die om het Schloss is heengebouwd (Stadttheater, Opernhaus, hofleveranciers, mindere kruideniers, raadhuis, archief) en qua boerenbehuizingen die dáár weer omheen liggen. Een kaart vol residentiële territoria, strikt van elkaar gescheiden, of misschien lichtelijk met elkaar verbonden in een tolunie – maar verder: één *deutsche Nation* in een spikkeling van vorstendommetjes die wat mij betreft, bij het voortschrijden van de beschaving, ook radenrepubliekjes hadden mogen worden.

Waarom hebben ze het opgegeven?

Want ze hadden het allemaal, inclusief de douaniers tussen Hessen en Thüringen, of tussen de Beiers en de Zwaben: 'Jullie gekken, die in mijn koffer zoekt, daar hoef je niet naar te vragen. De contrabande die ik vervoer ligt in m'n kop opgeslagen.' Weer Heine. Hij schreef (negen jaar vóór Wagner) ook zijn eigen Tannhäuser – en *zijn* Tannhäuser besluit op een dag eveneens op te stappen uit de Venusberg, maar paus Urbanus in Rome laat hem weten dat hij, tot z'n spijt, niets voor de zondaar kan doen, dus de ridder keert op zijn schreden terug, en als Venus een soep voor hem gekookt heeft en zijn voeten heeft gewassen en z'n haar heeft rechtgestreken, vertelt hij wat hij onderweg beleefd heeft, en hoe hij van Rome over Milaan en Zwitserland huiswaarts is komen lopen.

> *Und als ich auf dem Sankt Gotthard stand*
> *Da hört' ich Deutschland schnarchen;*
> *Es schlief da unten in sanfter Hut*
> *Von sechsunddreissig Monarchen*

Een tevreden volk in de paradijselijke staat van drie dozijn staatjes: je zou er tot in der eeuwigheid voor hebben getekend. Maar Wagner hielp het tot één oeuvre te componeren.

Nu zijn er nog maar twee.

En misschien is dat te weinig.

Ik temper het geluid van de tenor die, bij Wagner, *Walter von der Vogelweide* zingt. De verzen zijn niet om aan te horen, maar van de muziek – eigenlijk los van de vraag waarom ik er zelf lang naar kan luisteren – kan ik me nog altijd voorstellen dat hele volksstammen ervan in vervoering zijn geraakt. Natuurlijk denkt een normaal mens na een paar weken Vaticaan aan Venus terug, doet z'n laarzen aan en trekt over de Alpen. Alleen de Tannhäuser van Wagner roept de hulp in van een regiment minstrelen en een buitengewoon vervelende jonkvrouw Elisabeth (die ook niet voor niets honderd jaar gezongen is door een sopraan van tweehonderd pond), om hem blijvend van Venus *af* te helpen!

Maar mogelijk is dat het mysterie van de door zoveel historische rampen geteisterde Duitsers: ze hebben altijd een hang gehad naar abnormale mensen. Hermann, Parcival, Siegfried, Wilhelm, Adolf – geen wonder dat het met de republiek van Weimar niet wilde lukken. Democratie is niet abnormaal genoeg. 'Ik moet niets hebben van een bedoening met parlementen en politieke partijen,' schreef Thomas Mann in zijn *Betrachtungen eines Unpolitischen*, 'want die verkankeren het nationale samenleven met politiek. Ik moet niets hebben van politiek. Ik wil zakelijkheid, orde, fatsoen. De politiek maakt rauw, onbeschaafd, dom, en voor zover democratie de hegemonie van de politiek betekent, betekent ze een minimum aan zakelijkheid.'

Dat was in 1918, toen hij nog met Wagner dweepte, en het als de meeste Europese intellectuelen somber inzag voor een wereld die er met een vergevorderd stelsel van volksvertegenwoordiging al één slachting op had zitten. En korte tijd later zag hij in dat het nóg slechter zou aflopen als mensen van zijn geestelijke statuur consequent onpolitiek zouden blijven. Maar het oersentiment – hoe herkenbaar toen ook in het Westen – moet Duits zijn geweest, moet in verbinding hebben gestaan met het alleen in Duitsland zo virulente verlangen naar wat de historicus Arnulff Baring recentelijk als de permanente 'Grössenwahn' van zijn landgenoten heeft omschreven. Een kwestie van romantiek, en nergens zoals we weten heeft de romantiek zo uitzinnig gebloeid als in Duitsland, als in een naar woeker grenzende zucht om wat in de werkelijkheid niet haalbaar leek dan maar te dromen; tot iemand bedacht dat hij de dromen kon laten uitkomen.

'*Franzosen und Russen gehört das Land,*' verzekerde Heine nog, '*das Meer gehört den Britten. Wir aber besitzen im Luftreich des Traums die Herrschaft unbestritten.*'

Maar hij had nog gemakkelijk praten: Duitsland sliep toen hij op de Sint-Gotthard stond nog vreedzaam onder zesendertig monarchen. Hij was bovendien de enige Duitse romanticus met werkelijke hersens – en hij had op jonge leeftijd ook nog het ongeneeslijke virus van de vrijzinnigheid opgelopen. Luister naar zijn jeugdherinneringen in Düsseldorf, waar hij de troepen van Napoleon zag binnenrukken (*Das Buch Le Grand*):

'Buiten op straat ging het tromgeroffel intussen maar door en maar door, en ik ging aan de huisdeur staan en keek naar de binnenmarcherende Franse soldaten, dat vrolijke volk van de Roem dat zingend en trommelend de wereld door ging, de half montere, half ernstige gezichten van de grenadiers, de beremutsen, de driekleurige kokardes, de blinkende bajonetten, de tirailleurs vol gretigheid *en point d'honneur*, en de indrukwekkend grote, zilverbestikte tambour-maître, die zijn stok met vergulde knop tot aan de eerste etage kon opgooien, en zijn ogen zelfs tot aan de tweede, waar trouwens beeldschone meisjes uit het vensterraam hingen. [...] Toen ik weer in huis was, en zag hoe de kromme Gumpertz buiten straalbezopen in de steeg ronddanste en *Ça ira, Ça ira* brulde, zei ik tegen mijn moeder: de Fransen willen ons gelukkig maken, en daarom is er vandaag geen school.'

Andere romantiek dan de romantiek waar ik doorheen rijd, op weg naar Göttingen ('ein gelehrter Kuhstall,' schreef Heine weer ergens anders over de Alma Mater die hem in *Jura* inwijdde). Geen dorp en geen stadje, of ik zie de even prachtige als benauwende purperen platen voor me bij de sprookjes van Grimm uit het prentenboek van m'n kinderjaren – en overal hoef je maar een grijze uniformjas met gouden knopen en een rode kraag aan te trekken, of de op het plein samengestroomde menigte zal nog altijd geloven dat je Hauptmann van Köpenick bent.

En altijd en overal die eenvoudig in zwarte en witte vakken beschilderde dorpswoningen, boerderijen en burgerhuizen: de streekarchitectuur in de marge van de grote. De grote is gotisch of barok (voor de renaissance moet je niet in Duitsland zijn: goeddeels weggevaagd in de dertigjarige oorlog) – de kleine is huisvlijt, gebouwd in vereniging door leden van het gilde: ook in dat opzicht leven de middeleeuwen, gekoesterd in de romantiek, hardnekkig voort.

Het raadsel dat geen raadsel is: in de tweede helft van de negentiende eeuw was de Sozialistische Partei Deutschland al de meest gezaghebbende linkse partij van Europa. Wie elders mee wilde in de nieuwe vaart der volkeren keek naar Bebel, naar Kautsky, naar Bernstein, naar Liebknecht, naar Rosa Luxemburg, nadat hij eerst uiteraard naar Marx had gekeken. Duitsland was de hoop van de progressieve wereld. Maar nergens anders bezweek de kracht van de arbeidersbeweging zo fundamenteel voor de verlokkingen van de corporaties als daar: voor zover ze tevoren niet al danig was onttakeld, werd de socialistische cultuur in het Duitsland van 1933 eenvoudig weggestreept.

'Dichtes Vergessen,' neurie ik onderweg naar Göttingen met Tannhäuser mee, 'hat zwischen Heut und Gestern sich gesenkt. All mein Erinnern ist mir schnell geschwunden.'

In het luchtruim van de droom hoorde Heine Duitsland snurken, en hij troostte zijn landgenoten met de verzekering: 'die andern Völker haben sich auf platter Erde entwickelt.' Maar de Duitsers van na het biedermeiertijdperk waren ontroostbaar, en luisterden naar Wagner: die plukte de droom uit de lucht en maakte er hooggestemd bloed en bodem van.

In Braunlage, in de Harz, logeer ik in een Kurhotel.

Duitsland is het gezondste land van de wereld. Langs de Rijn, in het Zwarte Woud, diep in Beieren, achter Goslar – overal kun je kuren, stomen, warm zwemmen, toverkruid eten, *genezen*. De gasten in de herberg ogen zonder uitzondering stokoud en doodziek, maar ze hebben – terwijl ze door kamermeisjes die als verpleegsters gekleed gaan naar het zwembad worden gereden – de heilige overtuiging dat ze alsnog jong en beter zullen worden. Het is Lourdes, maar dan zonder Maria: het bedevaartsoord van de heidenen die (zoals Godfried Bomans eens schreef) 'hun religieuze behoefte in het bos doen'.

Is het toeval dat tussen de huizen van Braunlage ijzerdraad is gespannen waaraan heksenpoppen hangen? Nee, want het is half april geweest, en de Walpurgisnacht van de eerste mei is in aantocht. En nog eens nee, want de berg waarop de heksen in de nacht van de arbeid hun sabbat zullen vieren, ligt op een steenworp afstands: ik kan 'm uit m'n geneeskrachtig raam zien.

Heine was student en al een beetje ziekelijk, toen hij in 1824 zijn voor die dagen haast ritueel te noemen *Harzreise* maakte – er waren toen tenslotte ook nog geen biochemische pillen waarmee je binnen een halve ochtend een opkomende vliegende tering of natte pleuris kon onderdrukken. Hij begon zijn reisverslag romantisch, en op rijm:

> *Schwarze Röcke, seidne Strümpfe,*
> *Weisse, höfliche Manchetten,*
> *Sanfte Reden, Embrassieren –*
> *Ach, wenn sie nur Herzen hätten!*

En vervolgens rebels:

> *Lebt wohl, ihre glatten Säle,*
> *Glatte Herren! Glatte Frauen!*
> *Auf die Berge will ich steigen,*
> *Lachend auf Euch niederschauen.*

Daarna ging hij over in het onnavolgbare proza van de romanticus die zichzelf voortdurend corrigeert:

'De stad Göttingen, beroemd door haar worsten en om haar universiteit, ressorteert onder de koningen van Hannover en behelst 999 stookplaatsen, diverse kerken, een kraamkliniek, een sterrenwacht, een bajes, een bibliotheek en een raadskelder waar het bier zeer goed is. [. . .] Gewoonlijk worden de inwoners van Göttingen onderverdeeld in studenten, professoren, burgers en vee – vier standen die streng gescheiden van elkaar leven. Het vee is 't belangrijkst. Het zou te ver voeren hier de namen te noemen van alle officiële studenten en onofficiële hoogleraren, ik kan trouwens op het moment niet op de naam van elke student kómen, en onder de professoren zijn er veel die nog helemaal geen naam hebben. Het aantal Göttingse filisters moet zeer groot zijn, als zand, of liever gezegd slijk, langs het strand. Als ik ze 's morgens met hun onuitgeslapen gezichten in een drom bij het gerechtsgebouw bij elkaar zie, kan ik me nauwelijks voorstellen hoe onze lieve Heer zoveel janhagel heeft kunnen scheppen.'

Het deed hem goed – misschien niet eens zozeer de gezonde lucht als wel het schrijven daarna.

Het lijkt me ook zeker dat hij in deze tijd naar de dokter om een recept voor antibiotica zou zijn gelopen als hij zich niet lekker had gevoeld, in plaats van te gaan wandelen. Maar Heine was ook 'moderner' dan menig Duitser na hem ooit wist te worden. Hij ontregelde de voor Duitsland en de Duitsers dierbaarste sagen en overleveringen – van Siegfried moest hij niks hebben, de Nibelungen bespotte hij, Tannhäuser gunde hij diens hartstocht voor Venus, en dan maar geen genade van God of de paus, ook aan het lievelingssprookje van de Harz – de legende van Ilse de koningsdochter – gaf hij z'n eigen beslissende draai. In de legende wordt ze bemind door een ridder (dat zou volgens Heine wel eens de Saksische keizer Heinrich geweest kunnen zijn – middeleeuwen, middeleeuwen), maar tot woede van een heksenmoeder die haar lelijke dochter Trute aan de edelman had willen uithuwelijken. En op de dag dat de ridder toch met Ilse trouwt neemt ze, samen met haar hell's angels van de Walpurgis, verschrikkelijk wraak, vernielt het koningsslot, doodt de vader en laat de minnaar verdrinken – en Ilse zal eeuwig en maagdelijk, en tot op deze dag, wachten op zijn herrijzenis. Heine evenwel legt haar in de mond:

In meiner weissen Armen,
An meiner weissen Brust,
Da sollst du liegen und träumen
Von alter Märchenlust

Ich will dich küssen und herzen,
Wie ich geherzt und geküsst
Den lieben Kaiser Heinrich,
Der nun gestorben ist.

Es bleiben tot die Toten
Und nur der Lebendige lebt;
Und ich bin schön und blühend,
Mein lachendes Herze bebt.

Bij Wagner is de katharsis dat Tannhäuser in de armen van zijn sopraan (*'heilige Elisabeth, bitte für mich'*) als een boetvaardige zondaar sterft – en geen schijn van kans dat Venus in haar grot zou denken: dood is dood, maar ik ben mooi (en *'blühend'*), dus nu maar een andere minnaar. Over Venus wordt niet meer gerept.

Van de Harz reisde Heine door naar Weimar, en sprak met Goethe. Hij werd minzaam en koel ontvangen – over literatuur werd geen woord gewisseld, Zijne Excellentie eindigde de korte conversatie met de beste wensen: *'Ich habe die Ehre, Ihnen eine glückliche Reise zu wünschen. '*

In een brief aan een goetheaan schreef de dichter een jaar later:

'Ik besefte het grote contrast tussen zijn karakter en het mijne – maar dat is nu eenmaal de tweespalt in mijn ziel: dat mijn verstand voortdurend in conflict ligt met de mij aangeboren neiging tot dweperij. Nu weet ik ook heel precies waarom het werk van Goethe me diep in m'n hart niet raakt, hoezeer ik het in poëtische zin vereer, en hoezeer ik in levensbeschouwelijke zin op hem zou willen lijken.'

Dat was het aardige aan Heine: hij was geen Olympiër.

De Olympiër schreef op 2 oktober 1824 in zijn dagboek: *'Heine aus Göttingen.'* Meer niet. Meer was er ook niet geweest.

Weimar kan ik vermoeden, maar ik kan er niet naar toe.

Ik rijd door het gezonde land en kijk m'n ogen uit naar bergbeklimmers, beekjespringers en kruidenzoekers van alle generaties. Laat niemand verwonderd zijn dat juist in Duitsland zoveel *Grünen* wonen – traditie. De eerder genoemde Arnulf Baring citeert de tweespalt in de ziel van een jonge politicus, die een paar jaar geleden schreef: 'Ik haat onze geneigdheid tot onderwerping, tot zelfverloochening. Dat is een uitzichtloze weg, die nog voortkomt uit de imperialistische denazificering door de godvergeten yankees die ons een lesje democratie zouden leren. Ik zal de verschrikkingen die Duitsers hebben teweeggebracht niet vergeten, maar ik wil evenmin het Duitsland waar ik leef vergeten. *Wo das deutsche Grauen liegt, da liegt auch ganz nah dabei die deutsche Faszination. Und ich möchte mich beidem nähern.'*

Baring trekt ertegen van leer, kijkt terug naar het Derde Rijk dat zichzelf ook heidens gezond heeft gebeden, en besluit – niet vies van demagogie – : 'Hitler was ook een vegetariër.'

Zonder Hitler die zich staande hield met sojabonen en reformbrood zou ik hebben kunnen doorrijden naar de andere, de volksdemocratische Harz, naar de berg *Brocken* waar de heksen vergaderen, naar Weimar. Als ik de kaart mag geloven, zou het hebben gewemeld van binnenwegen – honderd meter achter m'n kurhotel in Braunlage sta ik al voor een strengverboden hek, maar verderop heb je sprookjesachtige bospaden voorbij Bad Harzburg, of Duderstadt of Bad Sachsa. Ik rijd, stop, stap uit, kijk, en zie overal dezelfde wachttoren, en soms, aan de kant van de Bondsrepubliek, een houten stellage waar je op kan klimmen, en waar altijd wel een informatiebulletin is opgehangen: hoe lang het naar Halle of Dresden zou zijn geweest als het nog kon, en dat in 1961 een heel dorp, genaamd Böckelsdorf, collectief de benen heeft genomen, waarna de dorpspastoor van Andreasberg het initiatief nam om de gemeenschap een nieuwe, maar toch eigen kleine Heimat terug te geven, die ze ten slotte vond in het nieuwgebouwde dorp dat ook Neuböckelsdorf heet.

Meer naar het zuiden, in Friedland, waar de Harz al voorbij is, loop ik rond in het *Grenzdurchgangslager*, tegenover het gebouw van *Friedland Caritas* en de aanpalende Evangelische Kirche.

Grenzdurchgangslager.

Sommige Duitse woorden zijn voor de eeuwigheid vergiftigd – maar het is een kamp, het is in de strikte zin des woords zelfs een concentratiekamp, want het herbergt in genummerde barakken een concentratie van gevluchte mensen – die misschien niks te vrezen hebben (en ze staan ook redelijk tevreden in een rij voor de kantine en in een rij voor de *Anmeldungsdienststelle*), maar die nog maar moeten afwachten of ze veel te hopen krijgen. Ze spreken Russisch, of Pools, of Servisch – en uit die streken stromen ze ook binnen: Kazachstan, Roemenië, tot van achter de Volga vandaan: de erfgenamen van een Grootduitse Lebensraum-droom, niet zelden van de derde of vierde generatie, vandaar dat ze de taal van hun voorouders hebben verleerd.

Een jurist die er veel mee te maken heeft, zegt: 'Niemand heeft beseft hoe groot het probleem zou zijn. Jarenlang hebben ze in Bonn geroepen dat alle Duitse zonen en dochters die dat wilden, waar ook vandaan, maar vooral uit het oosten vandaan, recht hadden op hun *Heimkehr*, en al die jaren hebben ze gedacht: we kunnen dat rustig roepen, want ze komen toch niet – de Russen zullen ze nooit laten gaan. Hoe groot moet hun schrik geweest zijn toen de Russen en de Polen en de Roemenen en de Joegoslaven ze ineens *wel* lieten gaan, omdat ze ze niet meer nodig hadden. En nu? Alleen al om die mensen de elementaire beginselen van het Duits bij te brengen is op jaarbasis een miljard mark nodig. Ze komen binnen, en in der haast was een plan getrokken om ze ten hoogste zes weken in Friedland te stallen – en dan, in voorgestelde quota, door naar de verschillende *Länder*. Maar elke deelstaat is onmiddellijk met chicanes gekomen, met *Juristerei*, met procedures om hun quota verlaagd te krijgen, of liefst verlost te worden van überhaupt één *Uebersiedlersfamilie*. De mensen zitten hier niet zes weken maar minstens zes maanden. Dit jaar verwachten we tweehonderdvijftigduizend vluchtelingen – aan de grens krijgen ze van de DDR het heilige kruis na.'

Een klein jongetje staat bij het kofferdepot: een gigantische landverhuizersstapel, maar de associatie is niet een avontuurlijke reis om de wereld met de Holland-Amerika lijn; de associatie is een foto van Westerbork.

Langs de vriendelijkste binnenwegen – als je eenmaal van de Autobahn af bent kost het nog moeite er ooit weer *op* te komen – zak ik af naar de Rijn, naar Düsseldorf, naar de straat waar Heine werd geboren en die er tot in de jaren twintig nog uitzag als een slatuinenpad: met grasperkjes voor de deur, en een tuinhekje per huis. Even verderop heeft Schumann nog met zijn Clara gewoond – hij heeft weinig hoeven lopen om uit wanhoop in de Rijn te springen. De romantiek, die heeft in Duitsland veel op haar geweten.

In het *Heimatvertriebenenhaus des deutschen Ostens* koop ik een boekje over *Nachkriegsverluste*: over de vermoedelijk meer dan viereneenhalf miljoen Duitsers (de meesten krijgsgevangenen) die 8 mei 1945 als door een wonder levend gehaald hebben, maar in de maanden of jaren daarna alsnog door de dood op hun nummer zijn gezet. Ze hebben ook een atlas, prachtig van kleur en inzichtelijkheid: het lijkt werkelijk wel op het oude kleinood van King's Pepermunt, dus een grote hebberigheid deelt zich aan mij mee, en ik trek andermaal mijn beurs.

Ostdeutschland, heet het, *und die deutschen Siedlungsgebiete in Ost- und Südosteuropa in Karte, Wort und Bild.*

Een heimweealbum. Ik zie mensen voor me in Düsseldorf, en elke avond bladeren door de schitterende detailkaarten van Königsberg en omgeving, van Tilsit, van Pressburg dat nu Bratislava heet, van Transsylvanië, van Gdańsk dat vroeger Danzig was. Daar geboren, en nooit meer terug.

'*Heimatlose sind Fremdlinge auf dieser Erde,*' schrijft de *Bund der Vertriebenen* in een voorwoord.

'*Gott hat die Menschheit in ihre Heimat hineingestellt. Den Menschen mit Zwang von seiner Heimat trennen, bedeutet ihn in Geiste töten.*'

Heine schreef al in 1826 – toen hij nog een bijna principiële Heimatlose moest worden:

'De stad Düsseldorf is heel mooi, en als je van verre aan haar denkt en daar toevallig geboren bent, wordt het je wonderlijk te moede. Ik ben daar geboren, en het is alsof ik eigenlijk meteen naar huis moet.'

Ik loop door het Huis der Verdrevenen, en stap onderscheiden kamers binnen: *Heimatstuben* voor Danzig, voor Sudetenland, voor Oost-Pruisen, voor vergeten streken in Hongarije, Bulgarije, *Mitteleuropa*. Uit een zaaltje komt me een walm van heemschut en sibben tegemoet, er hangen vaandels, er staan bankjes, er is een schoolbord, want geen avond gaat voorbij of een gestudeerde lotgenoot houdt een *Vorlesung* met lichtbeelden.

Iedere Duitser – verdreven of niet – heeft nog altijd zijn eigen *Heimat*, z'n eigen regionale volkslied, z'n eigen streekborduurwerk en z'n eigen verlangen naar een niet nauwkeurig in de tijd te plaatsen voorgeschiedenis waarin het beter ging. *Wo das deutsche Grauen liegt, da liegt auch ganz nah die deutsche Faszination.* Ik begrijp het, vouw mijn SUPERMASS-STAB-kaart dicht, en volg de blauwe bordjes naar de Autobahn richting Arnhem.

HERMAN VUIJSJE

TE VOET VAN COMPOSTELA NAAR AMSTERDAM

VOET SCHOPT MAN

Burgos – *This is the story of a man and his foot*. Zoveel is er niet om, in je eentje onderweg, een emotionele verhouding mee op te bouwen. Je spreekt eens een wolk toe, probeert hem aan het verstand te brengen dat hij zijn regenvracht elders moet laten vallen. Of je gaat *steady* met een spoorbaan – een ideale reismakker, rechtlijnig, maar betrouwbaar. Na een dag evenwijdig aan de rails te hebben gelopen, voelde ik iets van verlatenheid toen zij afbogen. Ik had me aan het spoor gehecht, zoals je wel hoort dat een moederloos dier zich vastklampt aan het eerste wezen of voorwerp dat indruk op hem maakt, het zij mens, stoel of schaap.

Maar de meest intieme relatie ontwikkelt de eenzame reiziger met zijn eigen lichaamsdelen. Aan het eind van de wandeldag bijvoorbeeld, als het uur gekomen is om je *voet* te ontkleden... het is de meest tedere, ademloze en delicate van alle ontblotingen. Met hoeveel toewijding en opwinding wordt het geliefde orgaan uit zijn knellende omhulsels bevrijd, met welk een hartstochtelijke gretigheid hetgeen zich voordoet in ogenschouw genomen. Langzaam, langzaam... de laatste laag, het ondersokje, welke geheimen zal het prijsgeven?

Tussen mijn voet en mij leek alles in het begin rozegeur en maneschijn. Maar allengs vielen er schaduwen over ons pril geluk. Mijn rechtervoet had wel mooie praatjes over 'samen tot de dood ons scheidt', maar verrekte het intussen steeds vaker om ook te wérken aan onze relatie. De afgelopen weken hebben we een stormachtige haat-liefdeverhouding opgebouwd.

'Absolute rust,' zei de dokter toen ik hem na vier dagen lopen een gezwollen enkelknokkel voorhield. 'En de helft van je bagage weggooien.' Behalve de hoognodige reisartikelen had ik een welvoorziene mobiele bibliotheek met kantoorafdeling op mijn schouders geladen.

Ik had alle tijd om te beslissen welke ballast ik zou afwerpen. Daar gingen mijn onmisbare verhandelingen over middeleeuwse kerkarchitectuur en de godsdienstige wereld in de twaalfde eeuw . – maar het was nu erop of eronder, en ook de helft van mijn paperclips, reserveschoenveters en wattenstokjes bleef achter boven op een kast in een hotelkamer. Later heb ik op andere kasten langs de *Camino* soortgelijke verzamelingen aangetroffen – en er wel eens iets van meegenomen, want het aangroeien en uitwerpen van ballast blijkt een cyclisch proces.

Drie dagen rust voor mijn voet in Portomarin, een klein stadje, in de diepte gelegen, met lokkende groene heuvels aan de overkant van de rivier. Een stadje om 's avonds bestoft aan te komen, als een *lone cowboy* die tegen de ondergaande zon komt binnenrijden, om bij het ochtendgloren weer te vertrekken. Maar knarsetandend moest ik gedogen dat iedereen me suffig ging groeten, en van lieverlede constateerde ik dat ik me tussen oude bekenden bevond. Dat was de eerste val op mijn *Camino*. De vierde dag was ik weer overeindgekrabbeld en kon ik eindelijk neerzien op het bedompte nest achter me.

De tweede val tijdens mijn lijdensweg deed zich voor op een van de plekken waarnaar ik met het meeste verlangen had uitgezien: de *meseta* tussen León en Burgos, een eindeloze hoogvlakte met kaarsrechte wegen. Ik houd van zulke rechtlijnige landschappen, vol van perspectief: ze zijn perfect om de gedachten op nul te zetten, kilometerpaaltjes die voorbijschuiven en verder niks.

Bovendien is de *meseta* het aambeeld van de zon, vertelden alle tegemoetkomende pelgrims met ontzag en met gezichten die aan één kant geblakerd waren, zodat ze sprekend op het *yin-yang*-symbool leken.

Hoe anders was de werkelijkheid van mijn eerste *meseta*-dag. Onder een gestaag neerdalende regen sopte ik door roodbruine plassen, boven mijn hoofd cirkelde een schorre kievit en toen ik het stadje van mijn bestemming zag liggen, leek het helemaal niet op wat je je bij *Mansilla de la Mulas* voorstelt. Heel duidelijk zag ik het torentje van Vianen erboven uitsteken, met daarnaast het groen van de populieren op de wallen.

De regen hield aan en het werd mij zwaar te moede. Alle pelgrims die ik had ontmoet, hadden verbrande neuzen. Waarom mocht ik er niet bij horen? Ik wilde óók van die afbladderende velletjes op mijn neus. En van die ogen die héél licht in zo'n afgetrimd gezicht staan, van die echte pelgrimsogen, waarmee je zulke echte pelgrimsblikken kunt werpen, dwars door de gewone man heen.

Op de vierde dag door de *meseta* verviel ik tot een bedroevend gestrompel, gevolg van een ontstoken enkelband. Dit keer was niet overbelasting de boosdoener, maar mijn geforceerd pogen, op de lange etappes door de vlakte, vóór de ergste buien enige beschutting te bereiken.

In arren moede probeerde ik de laatste kilometers tot Frómista liftend af te leggen. Ik zorgde er voor dat de sint-jakobsschelp op mijn rugzak goed zichtbaar was, een kwestie die veel overweging vergde, omdat een rugzak op de rug hangt, terwijl men bij het liften de aspirant-gunstverleners in de ogen moet kijken. Niet dat het veel hielp; ik vroeg me af of ikzelf zou stoppen voor zo'n uitheemse hompelaar-met-schelp. Een oppassend iemand loopt niet mank, hij gaat tijdig naar de dokter en laat het rechtzetten. Met het voortschrijden der medische wetenschap heeft het hompelen iets onguurs gekregen.

Aldus redenerend en voortstrompelend kwam ik tot de conclusie dat ik in de ogen der aanstormende automobilisten typisch de indruk moest wekken van een *coquillard* – geen gerechte pelgrim, maar een gemankeerde zwerver die zijn schelp misbruikt om het mededogen der goegemeente op te wekken. Zo bereikte ik op eigen gelegenheid de stad Frómista.

Frómista... ah, mocht ik ooit een reisgids over de *Camino* schrijven, welk een speciale behandeling zou ik voor dat vervloekte gat in petto hebben! 'Bezoekt mooi Frómista: zijn grote weg, midden door het historische centrum... zijn onvriendelijke herbergiersters... zijn ziekmakend restaurantvoedsel... zijn bevolking die een buitenlander, die een beetje met zijn been trekt, aangaapt alsof heel Spanje niet vergeven is van allerhande mankepoten.'

's Nachts werd ik door misselijkheid en koorts bevangen en verbrijzelde ik met een slaapdronken klap de luchter van de lamp op het hoteltoilet. Bij het weer in bed stappen flitste de gedachte door mij heen dat dit vermoedelijk de verkeerde kamer en het foute bed zou zijn, en dat ik op het punt stond, de onnozele zachtheid van een onbekend lichaam te voelen.

Zo raakte ik geleidelijk in de gedachtenwereld van een *Job* verzeild. De volgende dag besloot ik de trein naar Palencia te nemen, de enige stad in de wijde omtrek waar een behoorlijk hotel te verwachten viel, om uit te zieken. Na een half uurtje wachten op het station, ging de deur van het kantoortje 'Chef' op een kier open. 'Ga weg,' zei een ongeschoren jongeman met een krant in de hand. 'Wij staken vandaag.'

Op weg naar de asfaltstrook die dwars door Frómista is gelegd, moest ik bij elke stap diep door mijn ene been zakken, en daarna het andere op bijna smiespelige wijze gauw een stukje vooruit verplaatsen.

Dit keer kreeg ik wel een lift, en in Palencia liet ik me, pelgrim-af, door een taxi naar het Rey Sancho-hotel brengen.

Mijn vijf dagen Palencia bracht ik 'ondergronds' door. Ik was van de *Camino* afgeweken, ik was geen pelgrim, maar iets anders was ik ook niet. Ik bleef zoveel mogelijk op mijn kamer en sprak alleen met de hoogst nodige personen, mij er wel voor hoedend dat mij iets leuks zou kunnen overkomen.

Vijf dagen wachten op een Voet... Het werd in toenemende mate een persoonlijke confrontatie. Een van ons zou een stapje terug moeten doen, zoveel werd duidelijk. Ik besloot de harde lijn te volgen en mijn onwillige onderdaan, zodra het enigszins kon, weer aan het werk te zetten. Zo nam ik op de zesde dag de trein terug naar Frómista en vervolgde mijn weg. Grote stappen nemen ging niet, stilstaan wilde ik niet, met kleine pasjes dribbelde ik het landschap door.

's Avonds, bij het afdalen naar mijn etappeplaats Castrojeriz, een prachtig compact stadje dat lag te blinken in het late licht van de eerste zonnige lenteavond, zette ik m'n tanden op elkaar. Hier zou een gezonde, niet-gehandicapte pelgrim *Main Street*, Castrojeriz betreden.

Wie was het, die de lucht niet mocht krijgen van mijn onvolkomenheid? Het was niet de enkele Castrojerizenaar die getuige was van mijn aankomst, noch trachtte ik mijzelf een rad voor ogen te draaien. Nee, het was mijn rechtervoet, die ik niet zou toestaan, te merken hoeveel pijn hij me deed. Keiharde lichaamstaal, de enige taal die zo'n voet verstaat. Het was schoppen of geschopt worden.

Nog één keer, hier in Burgos, hield ik twee dagen rust, maar nu heb ik mijn voet er definitief onder. Ik besloot niet flauw te zijn en heb hem gisteren gezegd: 'Oké, we praten er niet meer over. Geef me de vijf. Maar nog een keer zo'n geintje en ik zal je weten te vinden.'

BRUININGSFACTOR 12

Saintes – Is een pelgrimage, zelfs een in omgekeerde richting, een terugtocht naar het verleden? Veel indringende waarnemingen die ik onderweg deed, dateren van het jaar nul. Hoe treffend is het bijvoorbeeld dat het koren, terneergeslagen door het geweld van storm, zich telkenmale weer opricht. Hoe opvallend dat het, als de zwaluwen laag vliegen, inderdaad gaat regenen. En hoe waar dat na regen zonneschijn komt!

Iedere hedendaagse pelgrim moet niet het wiel opnieuw uitvinden, maar het weer opnieuw ontdekken. Zegswijzen die wij al lang in het van-dik-hout-zaagt-men-plankenkabinet hebben bijgezet, blijken diepe waarheden te bevatten. En onwillekeurig ga je in de natuur om je heen metaforen zien van je eigen bestaan. Wat zou me bijvoorbeeld letten, op een dag dat ik zelf terneergeslagen ben een liedje over dat koren te schrijven om mezelf moed in te spreken? Alleen dat het al gedaan is.

Op de Spaanse *meseta* werd ik twee weken lang voluit geteisterd door het woeden der elementen. Op die eindeloze vlakte, waar niemand anders dan ik het kon zien, leek het weer zich onbeschaamd bloot te geven, het waande zich onbespied. Tegen de avond lieten geweldige zwarte wolken zich leeglopen, na de hele middag doelloos te hebben rondgehangen. Daarachter zag ik bliksems neerslaan in al hun gemeenheid en willekeur.

Ik ontwikkelde me tot een kenner van het wolkengedrag. De ervaring leerde me dat die zogenaamd onschuldige wattenwitte vriendjes als bij toverslag hun aaibaarheid konden verliezen. En die vrolijke *silver linings* bleken maar al te vaak de aanzeggers van een vals soort licht, waarachter zich inktzwarte wolkenbanken verborgen.

De machteloosheid waarmee ik aan de weersverschijnselen was overgeleverd wekte een diepe verontwaardiging in mij op. Wie kan zich tegenwoordig nog permitteren zo buiig te zijn? Het is toch een schandaal dat je als volwassen burger van de verzorgingsstaat moet gedogen dat je elk moment kunt worden doordrenkt, uitgedroogd, weggeblazen of verkoold? Bij ontstentenis van ombudsman of klachtenbureau nam ik mijn toevlucht tot magische technieken. Gedurig omkijken naar die dreigende lucht, zou dat helpen? Zo zou ik misschien het volgende dorp kunnen halen vóórdat ze me in de gaten kregen.

De enigen die ik op de vlakte tegenkwam waren schaapherders, gehuld in enorme regencapes. Met hun laarzen en hun stok schreden ze aan het hoofd van hun kudde onvervaard het weer tegemoet. Niet ver van Sahagún maakte een van hen me er met grote armzwaaien op attent dat ik verkeerd liep. Hij had een wit petje en weinig tanden, en bracht me naar de *Ermita de Perales*, een afgelegen kerkje waar de Camino langs loopt.

Terwijl we naar boven klauterden – we waren hier op het hoogste punt uit de wijde omtrek – maakte hij een sizzelend geluid en beschreef met zijn vinger een kris-kras parcours door de lucht. 'Bij deze bomen is gisteren een man door de bliksem getroffen, dood.'

Het was ook een herder, evenals hij afkomstig uit Bercianos del Real

Camino, een uit leem opgetrokken dorpje dat ik net was gepasseerd. Meer kwam ik niet te weten, want we waren bij het kerkje aangekomen, en in één adem vervolgde hij: 'En hier dansen wij! Met een das om, *y todo*, op het feest van de Maagd.' Hij had zijn ene arm voor zijn borst gestoken, z'n kont naar achteren, en maakte vrolijke schuifelpasjes.

In *Les Landes* was ik zo ver dat ik het weer tegen wil en dank als gesprekspartner had aanvaard. Het was een dag met vervelend zeurderig weer, ik trok mijn regencape aan, uit, en weer aan, en vloekte op het weer dat, als het een kerel was, met een flinke bui kwam in plaats van dit besluiteloze gedoe.

Prompt werd mijn wens verhoord en brak vlak boven mijn hoofd een geweldig onweer los. Maar het volgende stadium, de opklaring, bleef lelijk uit.

Ik bevond mij op een kilometerslange rechte weg, aan weerszijden begrensd door pijnbomen met heel hoge dunne kruinen. Hier restte nog maar één mogelijkheid, die van de absolute onderwerping. Ik deed wat een Spaanse herder mij geleerd had: kroop onder mijn cape, boog het hoofd deemoedig en maakte mij klein. Onder de karige beschutting van zo'n den liet ik in de nederigste aller lichaamshoudingen het weer over mij komen.

Hier in Frankrijk is de verhouding tussen mij en het weer aanmerkelijk opgeklaard. Ik loop al weken in een hittegolf en mijn uiterlijk heeft het typische zebrapatroon aangenomen waaraan de ware pelgrim te herkennen valt. Witte voeten, bruine benen, wit onderlijf, bruine borst, witte rug, bruine armen, witte schouders, bruin hoofd.

Dit is slechts een ruwe aanduiding; de werkelijkheid is gecompliceerder. Op het moment dat ik bij de Pyreneeën linksaf sloeg om mijn weg in noordelijke richting te vervolgen, was mijn gezicht, zoals dat van alle Santiago-pelgrims, aan één kant roodbruin; in mijn geval was dat de rechtergezichtshelft. Omdat ik niet erg matineus ben ingesteld, maar wel doorloop tot de avond, hadden ook mijn kuiten, beschenen door de middagzon, een bruine tint aangenomen.

Deze laatste heeft zich sedertdien alleen maar verdiept: mijn kuiten krijgen op dit zuid-noordtraject dagelijks de volle laag. De eenzijdige kleuring van mijn aangezicht heeft echter een correctie ondergaan: het grootste deel van de dag loop ik met de zon in de rug, maar iedere middag kleurt mijn linkerkant een beetje bij.

Een vergelijkende analyse heeft me geleerd dat mijn bedevaartopzet garant staat voor de meest evenwichtige zonnebrand. Een redelijk tweezijdige bruining is ook weggelegd voor degene die laat opstaat en de tocht in conventionele richting maakt: op het Franse traject heeft hij het grootste deel van de dag, op het Spaanse in de namiddag de zon recht in het gezicht. Hierbij moet wel worden aangetekend dat hij met witte kuiten in de heilige stad arriveert.

Op grond van zijn bruiningspatroon kan men, zonder één woord met hem te wisselen, uitmaken of een pelgrim heen of terug is gelopen, of hij een ochtend- dan wel avondmens is en uit welk land hij afkomstig is. De meeste Nederlanders en Belgen volgen de weg over Parijs, met de 'knik' bij de Pyreneeën. Italianen en inwoners van de Provence benaderen de Pyreneeën vanuit Arles, en lopen steeds in een oost-west-lijn. De twee andere wegen die traditioneel naar Compostella voeren – vanuit Le Puy en Vézelay – liggen daartussenin.

Een blik op de kaart leert nu dat een pelgrim die links helemaal bruin en rechts helemaal wit is, een matineuze Italiaan op de heenweg moet zijn. Zijn spiegelbeeld is eveneens een Italiaan, maar dan een laatloper op terugreis. Hun enige overeenkomst is dat ze allebei bruine kuiten hebben.

Komt u een pelgrim tegen die rechts heel bruin is, maar links ook een beetje, dan hebt u naar alle waarschijnlijkheid een matineuze Belg op terugweg voor u. Is het verschil nog kleiner, dan is het een matineuze Italiaan, eveneens op terugreis.

Moeilijker wordt het in het omgekeerde geval: een pelgrim die links heel bruingebrand is, maar rechts ook niet helemaal wit. Hij is op de heenweg, zoveel is zeker, maar is het een laatlopende Italiaan of een matineuze Belg? Hier moet een blik op de kuiten uitsluitsel brengen: die van de Belg zijn bruiner.

Speciale oplettendheid is geboden bij een pelgrim met bruine voeten. Hier raken de extremen elkaar: óf hij belazert de boel en heeft de tocht gemaakt aan dek van een luxezeiljacht, óf hij is zo vroom dat hij barrevoets naar Santiago is gestrompeld.

SIEP STUURMAN

NOGMAALS. DE BROUILLARD!

Lopen over een gletsjer en toch heel erg het gevoel hebben beneden te zijn. De enorme met stenen bedekte vlakte van de Italiaanse Miage in de vroege ochtend. Aan de andere kant een meter of honderd omlaag in het kleine dal tussen de zijmoraine van de gletsjer en de gras- en puinhelling die de voet van het onderste gedeelte van de Brouillard-graat vormt. Ik sta hier op ongeveer 1950 meter en ik ben me bewust van de enorme afstand die mij scheidt van de top van de Mont Blanc. Toch ga ik het opnieuw proberen, na de poging van negen jaar geleden. Toen keerde ik om op de Col Emile Rey, afgeschrikt door verijzing en vallende troep in het Couloir daarboven. Maar deze keer zou het kunnen lukken. De zomer is buitengewoon warm geweest, het is nu 13 augustus. Minder verijzing dus, hoop ik. Bovendien zal ik de tocht iets anders indelen: het eerste bivak moet hoger dan de vorige keer om het cruciale couloir vroeg op de dag te bereiken.

De eerste dag klimmen is voor mij dus bekend terrein. Eerst eindeloos gras en puin, dan steilere rotsen, ten slotte de kam van de graat, achter een eerste toren op ongeveer 2900 meter. Daarna gaat het lekker, de Aiguilles Rouges de Brouillard blijken redelijk in het geheugen te zijn blijven zitten en ik vind de juiste route zonder tijdrovende vergissingen. Het klimmen is hier niet echt moeilijk, wel vaak geëxponeerd. Op de Col du Brouillard (ca 3200) is het ronde muurtje van mijn oude bivakplaats nog te zien. Maar ik wil vandaag nog een stuk hoger komen. Het gaat nu iets langzamer, de graat is smaller op sommige stukken en ik begin het aantal afgelegde hoogtemeters te voelen. Gelukkig niet veel eten in mijn rugzak, denk ik (de avond tevoren in Courmayeur had ik me uit voorzorg flink volgegeten). Net als de vorige keer is er niemand op de graat. Op de Innominata wel: drie of vier cordées kruipen moeizaam omhoog in de richting van het Eccles-bivak. Ik kan over de Aiguille Croux heen kijken, dus moet ik zeker op zo'n 3400 meter zitten. Uiteindelijk besluit ik enige tijd later bivak te maken op het punt waar de graat een duidelijke knik vertoont: volgens de Italiaanse kaart is dit punt 3789. Mij lijkt het hoog genoeg en ook weer niet te hoog. Bovendien is er ruimte en ligt het er vol met puin.

Het weer is nog steeds optimaal maar er is een beetje wind komen opzetten. Het komende uur ziet mij dus bezig met het bouwen van een
enorme bivakmuur. De zon blijft lang op deze hoogte maar gaat uiteinde-
delijk toch onder achter de Tré-la-Tête. De nacht is helder en koud.
Ik probeer te slapen, het lukt maar half. De volgende dag begint stralend en ijzig koud. Ik vertrek niet al te vroeg: bivak inpakken, water
koken, het kost allemaal tijd. Om acht uur begin ik te klimmen. De
spanning in mij stijgt naarmate de Col Emile Rey dichterbij komt,
hoewel ook de traverse van de Punta Baretti enige aandacht vraagt. Als
ik de top van de Mont Brouillard nader, weet ik dat het uur der waarheid aanstaande is: hoe zal hét couloir er deze keer uitzien? De graat
is hier scherp en grote uitstekende gneissplaten moeten met uiterste
omzichtigheid gehanteerd worden: geen superrotsklimterrein. Maar
als mijn hoofd boven de laatste blokken uitkomt, zien mijn ogen wat
zij hoopten te zien: een redelijk droog couloir. De overwinning is in
zicht. Nou ja, het couloir moet natuurlijk wel beklommen worden.
Steil en eng ziet het er nog steeds uit.

Vanaf de Col Emile Ray moet er allereerst een licht afdalende traverse
gemaakt worden. Voorzichtig over rotsrandjes, een vervelende ijsri-
chel en een paar uitstekende blokken naar rechts. De diepte onder mij
is hier diep, het couloir boven me vrijwel loodrecht. Zo nu en dan komt
er een stuk ijs naar beneden. Links boven me hangen gigantische ijspe-
gels aan een enorm dak. Nog nooit voelde het soloklimmen zo volstrekt
solo aan als hier. Hier is niemand, nergens. Het couloir is niet vreselijk
moeilijk, wel delicaat: iedere greep moet goed getest zijn voordat hij
in gebruik kan worden genomen. Dit is geen plaats om onberaden bewegingen te maken. Na vijftig meter wordt het couloir breder en minder steil. Maar ik juich te vroeg, want de verijzing zorgt juist hier voor
problemen. Het kost me zeker twintig minuten om de juiste zigzagrou-
te uit te stippelen. Maar daarna gaat het vlotter. Ik kom nu in een
enorme naar boven breder wordende trechter. Rood graniet dat intussen warm is van de zon, doorsneden van sneeuwvelden en ijs. Ik heb
het oude Engelse Mont-Blancgidsje niet meegenomen. In dit soort terrein kun je beter niet blindelings doen wat het boekje zegt. Wel herinner ik me dat het boekje iets vaags over rechts aanhouden zei. Nadat
ik goed om me heen gekeken heb besluit ik schuin links aan te houden.
Dit gaat goed en later wijst het zich vanzelf. (In Geoffrey Wintrop
Young's *On High Hills* wordt het verhaal van de eerste beklimming verteld. Toen ik het nalas, bleek ik vrij nauwkeurig de route van Young
en de zijnen gevolgd te hebben.)

Een uurtje later sta ik op de top van de Pic Luigi Amadeo (4470). Ik heb het gevoel dat ik er nu bijna ben; nog een stuk graatklimmen en dan de top. Dat blijkt dus een tragische misvatting te zijn. De graat die nu volgt is niet alleen lang maar ook scherp en hier en daar moeilijk. De diepte aan weerszijden is indrukwekkend. Dit moet de hoogste kam van de alpen zijn: over een afstand van meer dan een kilometer, van de Luigi Amadeo tot de Mont-Blanc-de-Courmayeur, is de graat continu prachtig. Steeds verder stijgt hij boven alles uit. De sneeuw is op deze zuidoostflank, waar de zon vroeg komt, helaas slecht geworden. Een enkel superscherp stukje passeer ik schrijlings op de kam gezeten; de papsneeuw sla ik voor me uit steeds met m'n wanten weg. Een gevoel van totale euforie begint zich van me meester te maken. Ik heb het gehaald, de Brouillardgraat, de tocht waarop ik negen jaar geleden omkeerde, was dus toch mogelijk. Het is nu nog alleen een kwestie van rustig doorklimmen, geconcentreerd blijven als de hoogte voelbaar wordt. Ik passeer de uitklim van de Innominata, een tocht van lang geleden. Er is daar niemand. Wat later de uitklim van een andere tocht van lang geleden, de Peutérey. Er zijn juist twee mensen uit gekomen, ze lopen honderd meter voor mij uit. De ene staat telkens stil, voorover geleund op z'n pickel (voor zover dat kan met het hedendaagse gereedschap). Ik haal ze vlak voor de top in; het zijn Engelsen. Het laatste stuk vals plat is het ergste: mechanisch zet ik de ene voet voor de andere, en dan weer de andere voor de ene.

De aankomst op de Mont Blanc is altijd een soort anticlimax als je over een van de grote Italiaanse routes komt. Na de ervaring van twee dagen klimmen in een totale verlatenheid komt de drukte die hier heerst bijna onwerkelijk over. Het is een gemiddeld Mont-Blancmiddagje: iedereen staat te praten en te eten, twee Italianen zijn druk bezig met de bouw van een iglo waarin zij de nacht hopen door te brengen. Ik maak met deze en gene een praatje en stiefel daarna langs de normale route naar beneden. Ik heb nog een blikje makreel. Dat wordt opgegeten in de Vallot. Ik blijf daar maar slapen, het is wel genoeg geweest voor vandaag en de lucht ziet er wat dreigend uit. Die avond trekt inderdaad onweer over de berg. Door de verse sneeuw daal ik de volgende ochtend af over de Italiaanse normaalroute: alleen, ontspannen en tevreden. Links van me kan ik de hele Brouillardgraat zien: hij is nu mooier dan ooit.

SIMON VINKENOOG

LONG MAY THIS SPIRIT LAST!

Al Rusland wat de klok sloeg, voor ik vertrok. Met meer dan gewone aandacht las ik het nieuws en de nieuwtjes over de verste reis die ik ooit zou ondernemen – zij het niet in kilometers. Sinds de Duitse bezettingsjaren had ik een gezonde afschuw ontwikkeld van autoritaire systemen, waarmee ik in de clinch zou raken zodra ik er een stap zette, veronderstelde ik.

Het nieuws kon niet op; een grote uitwisseling scheen op gang te zijn gekomen, waarvan ik deel kon uitmaken. Van veel dingen was ik mij niet bewust, van andere zou ik bewust worden. Onaangenaam trof mij, nieuwsvreter, het mediavasten waaraan ik werd blootgesteld dank zij de onbekendheid met schrift en taal; op het wekelijkse *Moscow News* na heb ik geen krant onder ogen gehad, en van het tv- en radiogebeuren dat elke Rus met meer dan gewone aandacht volgde (het baanbrekend Congres van Volksafgevaardigden vond plaats tijdens mijn verblijf) kreeg ik slechts een vervormd beeld.

De aankomst zeven uur 's avonds op het halfduistere, lugubere vliegveld Sjeremetjevo krijgt inderdaad iets van Kafka, als blijkt dat mijn twee tassen niet van de bagageband komen rollen. Niemand bij wie ik me verstaanbaar kan maken, de geüniformeerde beheerder van het Verloren-Voorwerpenkantoor maakt me duidelijk dat binnen een uur een andere vlucht uit Berlijn-Schönefeld wordt verwacht (waar ik met Interflug een tussenstop had gemaakt), maar ook daar is mijn bagage niet bij.

Ondertussen sta ik mij tussen allerlei soorten landverhuizers ongerust te maken over Edith, die mij aan de andere kant van de douanequarantaine opwacht. Als zij daar onverrichter zake zou vertrekken, zou ik niet weten waarheen deze zondagavond te gaan. Bereiken kan ik haar niet; als ik door de douane heen de hal tracht te bereiken word ik zelfs gesommeerd mijn handbagage en portemonnee te laten zien, ik word gefouilleerd en moet tweehonderd niet opgegeven dollars op mijn declaratieformulier bijschrijven. Als ik daar dan uiteindelijk meer dan twee uur later een verliesformulier heb kunnen invullen en zonder bagage het spergebied verlaat, kan ik na enig zoeken een paar minuten later mijn geliefde in de armen vallen.

Ik ben in de gelegenheid gesteld samen met de leden van de Amsterdamse 'Dogtroep' Moskou en Leningrad te bezoeken, een uiterst swingend theatergezelschap waarvan ik de optredens de laatste jaren met toenemende aandacht en bewondering volg. Ook in Rusland stellen zij mij (en het toestromende publiek) niet teleur; het doorgewinterd stel reizigers blijkt met opgeruimd humeur en enthousiasme onverwoestbaar bezig – telkens weer ontstaat tijdens hun optredens een miraculeus spektakel van beweging, kleur, licht en muziek.

De Dogtroep is uitgenodigd de twee eerste Russische etappes mee te maken van de 'Karavaan Mir', een theaterkaravaan die deze zomer door Oost- en West-Europa trekt om in een aantal steden haar voorstellingen te geven en te werken aan de première van een gezamenlijke 'Odyssée 89', die eind juli in Berlijn in première moet gaan. Het uiterst omvangrijke gebeuren omvat zo'n tweehonderd mensen van negentien nationaliteiten, rijdend met vrachtwagens en campers, vervoerend onder meer circustenten: op zich, eenmaal opgezet, een dorp met mondiale bewoners.

De vredeskaravaan staat in Moskou opgesteld in het park van het Huis van het Rode Leger, onder de rook van het Museum van de Strijdkrachten, waar rijen kanonnen, tanks, raketten en helikopters uit voorbije oorlogen te bezichtigen zijn. Een paradox, verklaard door het feit dat de organisatie binnen het Leger in ieder geval werkt, wat bij zovele andere instellingen duidelijk niet het geval is. Ontbijten, lunchen en dineren, thee en koffie drinken in de Interclub, een gezelschap van langharige barbaren, waartussen uniformen, petten en distinctieven van verschillende rangorde: op zich een ongekend spektakel!

Het park, druk bezocht door (groot)ouders met kinderen, jonge en oude vissers, tieners en wandelende heren met de borst vol onderscheidingen, is met vlaggen en wimpels, posters en borden veranderd in een groot feestterrein, waar her en der een tiental tenten zijn verspreid en een aantal speelplekken in elkaar is gezet. De clowns van de uitnodigende organisatie, de Leningradse clown- en mimegroep 'Licedei', in de USSR razend populair, onder meer door hun videoclips, trekken in het grote Openluchttheater iedere avond een volle bak, waarna het publiek kan uitstromen naar een der andere, later plaatsvindende voorstellingen: 'Volatil', het acrobatisch luchttheater van 'Circ Perillos' uit Barcelona bijvoorbeeld, of de 'Footsbarn Travelling Theatre'-uitvoering van Shakespeare's *Macbeth*, of het kan terugdeinzen bij het vuurspuwende 'Teatro Nucleo' uit Ferrara.

De acht Licedei-clowns zijn meer dan dat (is er meer?), hun leider, Slava Poloenin, heeft economie gestudeerd en de meest domme clown is ooit veearts geweest; zij maakten reizen door de vs waar hen een verblijf van twee jaar werd aangeboden. Het is aan hun grote populariteit en hun doortastende nieuwe instelling te danken dat zo'n immense (logistieke, organisatorische) onderneming van start kon gaan. Per standplaats worden dan nog andere, hen bekende internationale groepen uitgenodigd om een deel van de tocht mee te maken: zo kwamen ook 'Shusaku's Dormu Dance Theater' en Jango Edwards in Moskou en Leningrad terecht, evenals Justin Case, Leonard Pitt uit Californië en 'Royal de Luxe' uit Toulouse.

Met Rudolf en Scotty de stad in, richting Kremlin. Wij springen op bus 15 tegenover het Theater van het Rode Leger; op het laatste moment hijst zich ook fotograaf Richard Schultz aan boord, omhangen met allerlei apparatuur: hij is net aangekomen. Ik blijf liever anoniem, denk ik, terwijl de bus behoedzaam vlak voor de rails vaart vermindert, een voortdurend weerkerend fenomeen; dáár zitten de grootste gaten in de weg. Warner van Wely wijt het aan de strenge winters.

Op het kruispunt van zes brede straten wisselt midden op de weg een man de band van zijn auto; de fotograaf springt op en maakt er een foto van. Zijn eerste dag hier, hij kijkt zijn ogen uit en maakt de ene foto na de andere. Precies zes uur maken wij op het Rode Plein het wisselen van de wacht mee; een punctueel ritueel, altijd ademloos te bekijken. Ik herinner mij een identiek spektakel bij Buckingham Palace; onberispelijk.

De plaatjes die ons netvlies voeden: de Basilius-kathedraal, de metrostations, het warenhuis GOEM en dat verveloze en grijze, verwaarloosde en toch zo levende straatbeeld: altijd onderweg die mensen, lijkt het, altijd ergens voor in de rij, altijd langsgaand en wij maar kijken, kijken, kijken. Ook naar die mensen in die grote vergaderzaal, die elkaar in een jou onbekende taal toespreken, soms de drie heren op de achtergrond, Gorbatsjov die met papiertjes ritselt en een enkele keer tussenbeide komt. De generaals en de partijbonzen, de dissidenten en de nationalisten – zo'n drieduizend bijeen op een paar kilometers afstand: de stad gonst ervan, op de Arbat en bij het Poesjkin-plein lezen groepjes mensen de muurkrant, met intense woordenwisselingen. Je krijgt te begrijpen wat er in die bevolking omgaat; al het ooit verzwegene dat nu boven tafel gebracht wordt, al die verschillende grieven voor het eerst openbaar geuit, wat een pril begin aan de rand van de catastrofe...

Een volksbuurt in Leningrad: 'Hier ging ik op school,' wijst Sergei, geluidstechnicus van Licedei. Ik zie dezelfde hinkelbaan als bij ons, en ja de paardebloemen bloeien, en het gras is er niet groener, en dezelfde mussen. De lift rammelt vijf verdiepingen omhoog. Hij is trots op zijn kamer, zijn vriendin(nen), nodigt de vijf Westeuropeanen plaats te nemen. Zijn moeder, die in de kamer ernaast voor de tv wegdommelt en ook hier woont (als blijkbaar in veel gezinnen) heeft een voortreffelijk koud diner gemaakt, met soep, twee vissoorten die wij niet kennen, sla, kaas, worst. Twee flessen vodka en een paar stickies verder: gerommeld in een platencollectie vol onbekend van alles; video gekeken (een Russisch nagesynchroniseerde *Rambo!*) en de 'Estonia'-hifi-apparatuur bewonderd. Krijg bezoek aan huis aangeboden; overvol en halfdonker, ijskast (trots toont hij) vol; hij laat mij bij een zestal schilderijen stilstaan, fluisterend: 'Hermitage!' – zijn muren vol herinneringen aan zijn reizen: souvenirs, een diploma uit Kentucky (US): het ereburgerschap van Lexington. *Blue Blue Canary.*

Zij wonen twee voorstellingen bij van de Dogtroep in het Moskouse park en zijn overenthousiast: Boris Messerer en Bella Achmadoelina; een heupflesje vodka bezegelt de vriendschap en wij worden op bezoek genood. Acht onzer geven daaraan gehoor, gaarne te heugen. Boris, 56, schilder, graficus en decorontwerper, bewoont de dakverdieping van een immens gebouw in een der oudste delen van Moskou. Zeven hoog, zeveneneenhalf hoog, een imposant uitzicht, naar alle zijden. Wij wanen ons in deze in elkaar overlopende ruimtes in een andere wereld, Parijs, Berlijn, *Annodazumal*?

Verzamelingen van alles, decennia vlooienmarkten afgestruind, samovars, pathefoons, schildpadden, beeldjes, een 'kitschkamer' en stoelen waarin al velen gezeten hebben. Kijk maar, op de foto, een van de vele foto's op de muur. Een forse Russische dichtbundel van Bella doet de ronde (ik vertel haar niet Jevgeni Jevtoesjenko te hebben geschreven; heb hem opmerkzaam gemaakt op karavaan Mir; hij was als Afgevaardigde gekozen en beleefde een heel andere wereldgeschiedenis) en wij zien Boris' werk, onder meer voor het stuk *Suicide* uit 1930, dat voor het eerst weer gespeeld mag worden.

Zij zijn gretige reizigers sinds de grenzen voor hen opengingen; al tien keer in het buitenland geweest de laatste zes jaar, vier keer in de Verenigde Staten, en na Poetry International in Rotterdam wacht in september weer Kopenhagen. Kosmopolieten, bij wie je je thuis voelt; grote tafel (ijsbeer hangt achter me aan de muur) met – waar halen ze het vandaan? – gebakken lever, sla, worst, kaas, kersen en uiteraard de wodka. Gemeende dank in het gastenboek; *dozvidanja!*

De hangups en de hartelijkheid; in feite niets dan vrienden gemaakt, mensen aan wie je altijd met plezier terugdenkt en die je hoopt eens weer te zien, om de herinneringen en alle nieuwe dingen! Je kleine sores zo ontzettend onbelangrijk als je ze vergelijkt met wat zich in de geest van dit Europese gastvolk afspeelt. Wat daar gebeurt, zó omvangrijk: het theatergebeuren dat ik bijwoonde is daar maar weer een klein, zij het belangrijk deel van. Het onvoorstelbare andere straattheater, op het Plein van de Hemelse Vrede, wij werden het pas achteraf gewaar, en dat Khomeini gestorven was, én het vliegtuig bij Paramaribo...

De God die faalde; het afscheid van de intellectuelen, het historisch-materialisme dat in de praktijk niet werkte, een ideologie die de theorie aan de praktijk liet voorafgaan en in een crisis beland is, waarvan wij allen getuige zijn.

Vlak voor mijn vertrek naar Rusland had ik Tomas Ross' thriller *Het Poesjkin Plan* gelezen, en eerst zag ik overal KGB. Er zijn dan ook in Moskou bovenmate veel verschillende uniformen. Overigens weinig machtsvertoon, en de mensen bijzonder hartelijk en aardig – jammer dat zo weinigen hunner een 'moderne' taal spreken. Zeker in allerlei onderhandelingsposities ben je zonder tolk/gids volkomen machteloos; de Dogtroep was de bevallige Marina toegewezen – verder kun je je, gewapend met een kaart zeer zeker zelf op weg zetten, al dien je zo spoedig mogelijk de cyrillische letters te ontraadselen, vooral in de metro – verbluffend goedkoop, maar over geld ga ik niet praten: dat raadsel dient iedereen op eigen wijze op te lossen: men heeft er in de Sovjetunie niets op tegen dat je harde valuta uitgeeft; zelf vermijd ik het liefst die gelegenheden, waar je daarmee moet betalen. Twee keer ging ik door de knieën in de bar van Hotel Moskva in Leningrad. Hels Babylon, Oostduitse deinende groepsreisdames, zich zat drinkende Finnen en Zweden, en de figuratie van plaatselijke pooiers, zwarthandelaars en lichte meisjes. Ik raakte er van de kook; riep iets over de 23 Rembrandts die maar toekeken, terwijl niemand terugkeek, in de Hermitage.

In enkele musea heerlijke andere werelden, goed en koel toeven – helaas nergens roken en niets te drinken of uit te rusten. In het Moskouse Poesjkin Museum voor Schone Kunsten heel verrassend en onverwacht een tentoonstelling van Paul Gauguin; zesenzestig schilderijen en een paar houten reliëfs, onder meer een paar bewerkte Hollandse klompen. Alle Tahitiaanse pastorales, beheerst kleurendelirium. In een vitrine twee Russische edities van *Noa-Noa* uit 1914 en 1918. Bovendien een mooie collectie Franse schilders uit het begin van de eeuw, alle vóór 1914 geschilderd, elf Picasso's, evenveel Matisse's, vier Van Goghs (gevangenen die de ronde doen, en een mij nooit opgevallen *Zeegezicht*). Twaalf Cézannes, van douanier Rousseau tot het grote dubbelportret van Guillaume Apollinaire en Marie Laurencin, toen werd het te veel en áf – langs de gipsen kopieën van beelden uit de klassieke oudheid.

Het huis van Leo Tolstoj, bewaard en behoed gebleven (Lenin-decreet 1923 aan de muur), in elke kamer een oud dametje op de vilten pantoffels die ook jij over je schoenen heen moet aandoen. Bordjes (Russisch/Engels) op de muren met wie-wat-waar; wij deden er een uur over, twee Japanse paartjes flitsten er in nog geen drie minuten doorheen... Twee houten verdiepingen, parkje, overal rondom hoge flatgebouwen, en een zeer levendig metrostation, plus mooie oude Sint-Nikolaaskerk.

Het kerkleven fascinerend, voor wie ervan houdt. Een bruiloft meegemaakt in het kerkje van het Vagankovski-kerkhof, waar het graf van de in 1980 gestorven (slechte drank, drugs en vrouwen) volkszanger Visotski nog steeds omringd wordt door velen, en bedolven is onder verse bloemen. In het kerkje bij metrostation Sokol een dodenwake rond drie open lijkkisten; baar en familie worden in oude bussen aan- en afgevoerd. Redderende oude vrouwtjes met hoofddoekjes die vegen en dweilen, ikonen kussen en – buiten – om aalmoezen vragen.

In de Staatsgalerie (nieuw gebouw van de Tretjakov-galerie) voor een grote Kandinsky-tentoonstelling in de rij gestaan. Na afloop een rij gepasseerd om de catalogus te kopen. Meer dan tweehonderd werken, onoverzichtelijk en in geen enkele volgorde in een grote ruimte uitgestald, overdonderend kleurrijk. Kenner in gezelschap wijst op slecht licht (zwarte randen op doek onder bovenlijsten) en bromt wel betere Kandinsky's te hebben gezien. Overal vandaan: Guggenheim, Pompidou, Hermitage – in een vitrine de brief van k's weduwe uit 1979, waarin zij de Russische regering drie schilderijen uit de jaren twintig legateert, op voorwaarde dat zijn werk tentoongesteld wordt. Is dit een na tien jaar ingeloste belofte? Van Kandinsky veel vroeg werk, hoftaferelen en innige landschappen; ik zou van een aantal abstracte schilders het jeugdwerk wel eens willen zien.

Wie Moskou voor de eerste keer bezoekt (er zijn veel recidivisten), moet even wennen aan het straatbeeld; er zijn immense afstanden te overbruggen in de negen miljoen tellende stad. De metro werkt perfect, elke twee minuten een nieuw treinstel, de stations zijn inderdaad zo mooi als verteld (evenals het GOEM-warenhuis met zijn glasarchitectuur van honderd jaar geleden).

Naast de afschrikwekkende stalinistische architectuur nog altijd ook barok en art nouveau, naast het byzantinisme van de orthodoxe kerken en kloosters – weer herontdekt als toeristische bezienswaardigheden, en bijna overal in herstel, of zelfs goed onderhouden. Religie leeft, met of zonder opium, blijkbaar. In de Arbat een Oekraïense openluchtmis, met een op straat neerknielende priester in gewaad en Maria-liederen zingende omstanders. (Hare Krishna niet gehoord.)

Ik kreeg een gids, *Alternative Moscow*, in handen gedrukt, tweeëndertig bladzijden, geredigeerd door Nicolas Albery (derde druk, oktober 1988, uitgegeven door 'The Institute for Social Inventions', 24 Abercorn Place, London NW8 9XP, hopelijk verkrijgbaar bij de Tweede Wereld in de Amsterdamse Raadhuisstraat, en anders bestellen ze hem maar onverwijld). Ik zal een keer terug moeten gaan om te zien waar de vele adressen heen leiden; ik heb met slechts twee daarin genoemde steunpunten te maken gehad. Over de nieuwe co-ops, de nieuwe initiatieven, de uitwisselingen, de adressen waar fax en computer beschikbaar zijn, de ecologische beweging, de glasnost-dissidenten, pioniers als Stas Namin en Gennady Alferenko.

De perestrojka-initiatieven doen de schrijver denken aan het San Francisco van 1968: *'Long may this spirit last. There is still a sense of some vital catalyst missing – perhaps it will be provided by drugs, or music, or exploding nationalism or the green movement.'*

Hij vraagt om reacties van zijn lezers voor volgende drukken; zal ik hem wijzen op de explosie van muziek en theater, klassiek en experimenteel? A, mij hongert naar de avant-garde!

Na drie weken Moskou is Leningrad een verzuchting, helaas slechts een week. In Leningrad het seizoen van de witte nachten; het blijft lang, tot na middernacht, licht en de Dogtroep moet er dus een andere voorstelling dan in Moskou geven, waar bij het opbreken na de laatste van de elf voorstellingen mensen kwamen vragen of het nu écht voorbij was.

Ook in Leningrad, waar het feestpark op het eilandje Jelagin in het noorden van de stad gelegen is, met uitzicht op de Finse Golf en een vrolijk riviergebeuren met zeilbootjes, is het publiek meer dan enthousiast en de karavaanorganisatie ondertussen zó ingespeeld, dat het verblijf er bijzonder aangenaam is.

Het park aan de voet van het Jelagin-paleis (een optrekje, of *datsja*, van de tsaren) is van een verrassende schoonheid, met bloempaden en tussen het hoog opschietende gras velerlei soorten sierbloemen. Een bosachtig gebied met kleine slingerpaadjes en soms een in het groen verscholen optrekje, met ijs, *kvas* of koffie. Gegeten wordt er door de bonboekjeshoudende deelnemers in de voormalige stallen van het paleis, waar ook de Interclub tot drie uur 's morgens open is: espresso champagne wijn vodka sigaretten limonade.

De Dogtroepers verzamelen zich elke avond na de voorstelling om per bus naar het hotel te gaan; het afzichtelijke Moskva-hotel. De stad is een verademing, met het vele water, de statige gebouwen, de wat vrolijker drukte dan in Moskou. De Nevski Prospekt uit het begin van de vorige eeuw werkelijk een majestueuze flaneerstraat, met bezienswaardigheden *all over the place.*

Op de zuilengang van de Moeder Gods van Kazan-kathedraal, waar allerlei groepjes musici en zangers zich 's avonds laten horen, staat gebeiteld *Museum voor de Geschiedenis van Religie en Atheïsme* Wij gaan eropaf, als gebruikelijk een kleine ingang ergens opzij; stoot je hoofd niet. Opeens sta je onder het gewelf van een grote kathedraal met metersdikke ronde marmeren zuilen op vierkante bronzen voetstukken; van de muren kijken wandschilderingen met apostelen en heiligen neer op een der zonderlingste uitstallingen ter wereld – dit is wel het vreemdste museum ooit door mij bezocht.

De *arts et métiers* van de menselijke spiritualiteit volkenkundig uitgestald en ceremonieel verbeeld. Primitieven, totemisten, sjamanen, negers, eskimo's, papoea's, hun muziekinstrumenten, totems en kostuums hangen er wezenloos bij. Goden en godinnen uit Mesopotamië, Egypte kijken je aan, sarcofagen staan leeg, het judaïsme, de Grieken en Romeinen trekken voorbij, borstbeelden en boeken achter glas van Democritus, Lucianus, tot op heden – Giordano Bruno, Voltaire, Da Vinci, Hobbes, Paine, Spinoza – ik doe maar een greep.

Boeken en tijdschriften, een *Index Librorum Prohibitorum* uit de middeleeuwen, eerste drukken; aan de wanden uitspraken van Engels, Marx, Da Vinci, Voltaire, de Encyclopedisten, de Franse revolutie (met vlaggen versierd). Een afdeling islam met een grote, oude koran weer achter glas; een gang met protestantse sekten: baptisten, evangelisten, adventisten, mennonieten, methodisten, piëtisten, de staro-Russische sekten, steeds met de foto's van hun voorgangers, hun boeken en tijdschriften, kranteknipsels, brieven – wat wordt hier bewezen, of aangetoond? Steeds meer in het heden verdrinkende wandborden met opschriften, kerkelijke gewaden, hosties – het lijkt wel of ik in Brugge ben!

Het Russisch Museum aan het Poesjkin-plein in Leningrad, waar ik kwam om te zien hoeveel werken er van Nicolas Roerich hangen; helaas maar vier. Vooral mooi als het Michailovski Paleis dat het eens was, met statig trappenhuis en veel marmer en parket. In een prachtige omgeving grote ikonen en beschilderde kerkdeuren uit vergane eeuwen; frisgeschilderde heiligen en apostelen, *The Lord Himself*, duivels, monsters en wonderen: alles even aandoenlijk weergegeven. Dan zalen vol ons onbekende Russische schilders uit vroeger eeuwen, sommigen op reuzenformaat met krijgstaferelen of orkanen. Christenen in de Arena, en Aphrodite Naakt op een Feest Verschijnend. Uit het begin van deze eeuw de – weer uit de kelders te voorschijn gehaalde – modernen: Kandinsky en Malevitsj, Chagall en Rodsjenko.

Leningrad zien en niet één keer de Hermitage binnen: het kan niet. Immense ruimten in de drie aaneengeschoven winterpaleizen, troonzalen, rijk ingelegde parketvloeren, brons en marmer, goud en zijde. Draperieën, porselein en mozaïek; voor zijn veertig kopeken kan de kijker van nu de pracht van vroeger bewonderen. Van de drieëntwintig Rembrandts – waar het ons om ging – zijn de meeste er al meer dan tweehonderd jaar; dat ik de dag na mijn terugkeer in Amsterdam de Aurora-uitgave *Rembrandt Harmensz van Rijn – Paintings from Soviet Museums* aantref, beschouw ik als een gelukkige speling van het lot.

Taferelen in de herinnering die niet met camera of pen vast te leggen zijn; de *Destruction-in-art*-show van Royal de Luxe, het spektakel *Katastrofe*, gebaseerd op Tsjernobyl, door de Licedei-groep en in de pauze van de voetbalwedstrijd USSR-IJsland (1-1) een clownsact – vier Nederlanders renden voor tachtigduizend mensen in het Lenin-stadion mee in een dolkomische match.

Op het spoor van een grote inhaalmanoeuvre gezet, even mee op een reis naar het Morgenland: theater op straat voor nieuwe kijkers. Het nieuwe denken, de nieuwe ideeën – je moet er in Nederland niet mee aankomen; je wordt al gauw geacht te behoren tot de zachte sector van de Aquarius-samenzwering, de hobbyclubs van New-Ageknutselaars.

In Moskou en Leningrad gonst het van de nieuwe ideeën; hoe meer mensen er weet van hebben hoe beter. *'Europe is our common home!'* luidt een der motto's van de Mir-Karavaan: na tweehonderd jaar Franse revolutie is het tijd voor een revolutie die geen slachtoffers meer maakt. D.H. Lawrence dichtte: *'Let's have it so! Let's make a revolution for fun!'*

En huiswaarts keerde ik met het probleem waarmee ook talloze Moskovieten en Petersburgers te kampen hebben: hoe vind ik een groter huis? Het nieuws kán niet op.

ROB KLINKENBERG

DE NAAIMACHINE VAN INGRID BERGMAN

De arbeider in de puimsteengroeve op Lipari hield in iedere hand een steen. In zijn linkerhand had hij een stuk helderwitte, wat vettige puimsteen, in zijn rechter een brok obsidiaan, gitzwart vulkanisch glas met vervaarlijke scherpe randen.

'Hier, voor jou.' Hij lachte me toe. Zijn vochtige witte tanden contrasteerden met zijn stoffige gezicht. Mijn rechterhand boog nauwelijks door, zo luchtig en verrassend licht was de puimsteen. Maar mijn linkerhand zakte naar beneden onder het gewicht van het stuk obsidiaan.

'Vreemd hè,' zei hij, 'precies dezelfde stof, chemisch gesproken. Maar de puimsteen is licht en wit doordat hij boven op de lava is ontstaan, waar het gas erdoorheen borrelde en het obsidiaan is zwart en donker doordat het onderop lag.'

Twee weken eerder. De hemel is duister. Op het achterdek van de boot van Napels naar Stromboli, het meest noordelijke van de Liparische of Eolische Eilanden, heeft zich 's ochtends om zes uur een zwijgzaam groepje verzameld. Een groter contrast dan tussen het lawaaierige bederf van Napels en de alles opslokkende stilte van de zee is niet mogelijk. Ik voel hoe de kille januariwind de laatste resten hutlucht uit mijn nek blaast. De terugkerende eilandbewoners brommen zo nu en dan iets in een dialect vol vreemde bijgeluiden. Swish, swosh. Alsof er een dweil over het dek wordt gehaald. Ik heb ze gisteravond al in de kunstleren fauteuils van de rooksalon zien zitten. De tocht naar ieder eiland is hetzelfde, maar ook de bewoners lijken op elkaar. Het is alsof ik de boottocht maak naar het Schotse eiland waar ik zo vaak was: dezelfde stugge verveling door overbekendheid met het traject, dezelfde blik waarmee een vreemdeling wordt gemonsterd, dezelfde onderhuidse verwantschap tussen de eilandbewoners. Dezelfde donkere kleding ook, blauwe wollen mutsjes en warme jacks.

We turen in de onmetelijke duisternis met een gerichtheid die nergens op lijkt te slaan. Maar we weten dat er iets komen gaat. En ja, plotseling is er een rode gloed. De vulkaan barst uit. Het is geen spectaculair gezicht – daarvoor is hij te ver weg – , eerder verontrustend. Alsof je in een donkere kamer staat, en iemand – een onbekende, een inbreker – steekt plotseling in de tegenovergelegen hoek een lucifer aan. Daarna een korte plof en een vuurpijleffect: een uitbarsting van geleidelijk dovende rode vonken. Dan is er weer duisternis. Het schouwspel herhaalt zich om de tien minuten; frequenter dan gebruikelijk is bij deze vulkaan. Ik huiver, en niet alleen van de kou. Hier gebeurt iets wat ik niet kan rijmen: hier staat een berg gloeiende sintels in de zee. Vulcanus die zijn smeltkroezen opstookt. Volgens de mythologie van de oude Romeinen kun je op een plaats als deze, waar de aarde openbreekt, naar de onderwereld afdalen. Wij kunnen het vulkanisme tegenwoordig verklaren in termen van magma, lapilli en geothermie, maar ik ben gekomen voor de oude verhalen.

Na een paar uitbarstingen zijn we zo ver in de richting van de pier gevaren, dat de vuurmond verdwijnt achter de top van de berg. De duisternis lost op.

Op de dag voordat ik scheep ging, bekeek ik de resten van de oude godenwereld in het Nationale Museum van Napels.

Als Vulcanus kwaad wordt, vernietigt hij alle leven om zich heen. In keurige vitrinekasten waren de stille bewijzen van de ramp in Pompeji bij elkaar gebracht: een kast met glaswerk, een kast met verbrande vijgen, een kast met sandalen, een kast met gouden sieraden enzovoort. Over alles lag een zwart floers. Ook over het zwartbronzen beeld van Apollo met de vlokkige, aangevreten huid. Hij stond alleen tussen de andere goden van wit marmer en de blik in zijn ogen schokte mij.

Toen ik naar een prachtig bewerkte zilveren beker uit het huis van Menander zat te kijken, kwam er een magere gids langs die drie Duitse jongens met zich meevoerde. Zijn voorhoofd glansde alsof hij het met olijfolie had ingewreven. Snel pratend maakte hij de Duitsers op de smakelijke details van de tentoongestelde voorwerpen attent, waarbij de jongens alleen maar 'oja' en 'aah, ja' zeiden, alsof ze de man persoonlijk wilden complimenteren met deze collectie. 'Aaah ja' was voor hem het teken om naar de volgende vitrine te gaan. Ze kwamen naast mij staan.

'This man and this woman is Venus and Mars. It looks like they sitting on the bed. But you look. Look! They are making love. Making love!'

'Aaah ja.'

Toen ze weg waren, keek ik nog eens goed. Mijn ogen kregen geen bewijs voor overspel. Het huwelijk van Venus en haar echtgenoot Vulcanus bleef wel kinderloos.

Als de laadklep achter op het dek zakt, maakt het schip vreemde inwendige geluiden. Dramatisch, als een standbeeld dat langzaam onthuld wordt, verschijnt de vulkaan weer, nu recht voor ons. Beneden zijn de hellingen met iets dor geels begroeid, naar boven toe begint zwart te overheersen. Een zich traag opbouwende rookpluim staat er als een windvaan bovenop. De lading voor Stromboli bestaat uit mij en een jonge vrouw met donkere krullen, die een kruiwagen voortduwt met een perzik- en een sinaasappelboompje erin. Persephone, die ieder jaar even weg mag uit de onderwereld om de mensen lente en vruchtbaarheid te bezorgen. De lucht is mild. De zon, die net boven de horizon verschijnt, zet het tafereeltje op de pier vóór mij in een warme gloed.

Zes mannen wachten de nieuwaangekomenen op. Een van hen staat te vissen, de komst van de boot negerend. Een ander heeft de postzak in zijn hand. Een oude man in een versleten grijs kostuum zit op een betonblok en knikt mij toe. Eenmaal aan wal wordt de vrouw met de krullen begroet door twee mannen, echtgenoot en broer, denk ik. Ze proppen zich met z'n drieën in een Ape, een driewielertje met laadbak. De Ape ('bij' in het Italiaans) zwenkt met luid geknetter tussen een paar dozen door.

Op het strand van zwart vulkaanzand liggen een paar kleurig gestreepte roeiboten. *Ulisse* heet de voorste.

De rust begint al terug te keren. Omdat er niets is dat lijkt op een pension of hotel, begin ik te lopen in de enig mogelijke richting. Iemand heeft 'TI AMO' op de weg geschilderd. Hij voert langs lage muurtjes en rechthoekige huisjes, wit gepleisterd in contrast met de zwarte bodem. In de tuintjes bloeien de fruitbomen, en de citroenboompjes zitten zo vol dat het geel het groen verdringt. Een paar hanen maken op een hoge muur stevig ruzie, maar ze zwijgen en koekeloeren nieuwsgierig naar beneden als ik in de buurt kom.

De straatjes zijn heel erg smal: het enige vervoermiddel dat erdoor kan is de driewielige Ape. En de scooter waarop de oude man van bij de pier komt aansnorren.

'Zoek je een kamer?'

'Ja.'

'Loop maar achter me aan.'

Na een paar honderd meter komen we bij een groot wit huis met een put, een bloeiende bougainvillea en een granaatappelboom in de tuin. Hij lijkt op een kerstboom die al zijn naalden verloren heeft, maar waarin de ballen zijn blijven hangen.

'Ik heet Umberto.'

Umberto heeft een krans van lang wit haar om zijn kale kruin. Naar de punten toe loopt het uit in gele punten. Zijn glanzende bruine ogen kijken mij slim aan.

'Roberto.'

'Welke kamer wil je hebben?'

Uiteindelijk krijg ik de complete bovenverdieping. Umberto gedraagt zich met een mengeling van grootsteedse *savoir vivre* en plattelandse hartelijkheid. Hij verhuurt 's zomers een aantal huizen. Zijn zakelijke relaas over de positie van de regenwatertank wordt gecompenseerd door iets afhankelijks, alsof hij mij nodig heeft om mee te praten. Voor hij op zijn scooter springt, vraagt hij inderdaad of ik over een uurtje koffie bij hem kom drinken. Hij wijst naar de pluim van de vulkaan. 'Zie je dat hij al een beetje gedraaid is? Wij wonen hier op het eiland van de zeven winden. Boreale, scirocco, levante, ponente... Vandaag wordt de wind levante. Ga je de vulkaan nog op?'

Ik zeg dat ik morgen wil gaan. Met een joviaal *'Ciao Roberto'* stapt Umberto op en snort hij naar huis. Zijn witte haren wapperen achter hem aan, ponente of levante, ik weet het niet.

Als ik het achterraam opengooi, strijk ik met mijn vinger over de vensterbank. Hij wordt zwart.

'Lange tijd werden wij gastvrij onthaald op het ronddrijvende eiland van Aeolus, zoon van Hippotes, die door Kronion tot heerser over de winden was gemaakt. Geurende schotels werden er voor ons op tafel gezet, en tijdens de maaltijd klonk fluitmuziek. Wij werden honderd uit gevraagd naar ons vaderland en alle wederwaardigheden van de reis. Maar toen het moment om te vertrekken gekomen was en wij om zijn hulp vroegen, weigerde hij die niet en liet ons gaan, een zak met winden meegevend. Alleen de westenwind liet Aeolus ontsnappen uit de zak, zeggende dat deze ons gezwind naar huis zou voeren.

Dagenlang doorkliefde onze boeg de toermalijnen zee, en zo gedurig vulde Aeolus' westenwind onze zeilen, dat wij na acht dagen in de verte de kust van ons vaderland op zagen dagen. We waren buiten onszelf van vreugde, maar ik werd bekropen door een intens verlangen om te slapen, aangezien ik persoonlijk al die dagen het roer had bemand. Langzaam maar zeker legde Morpheus zijn handen voor mijn ogen.'

Ik probeer me te herinneren wat Homerus over dit eiland heeft geschreven, maar het raam dat dichtslaat, stoort me in mijn overpeinzingen. Ik zet het vast en zie een salamander die zit te zonnen. Zijn huid glanst gifgroen en is met parelende vlekjes afgezet, alsof hij een strakke paillettenjurk draagt. Ik loop het dorp in. Zo nu en dan doorbreekt het geknetter van een Ape of Vespa de stilte. Veel huisjes hebben in de buitenmuur een handgeschilderd tegeltje met de huisnaam: Scirocco, La Ginostrina of Strombolicchio, naar de rots die vlak voor het dorp in zee ligt. Zo wit als de huisjes zijn, zo donker zijn de kamertjes achter de gevel. Een paar kinderen wijzen me de weg naar Umberto's huis.

Als ik de deur achter me sluit, rammelt hij in de sponning. *'E' Stromboli,'* verklaart Umberto stralend. *'Eruzione,'* en hij scharrelt verder bij het fornuis, waarop een met tomaten gebonden visbouillon staat te sputteren. Daarnaast koken de pastavlinders. Zijn keuken is ruim en overdadig ingericht met sierborden, schelpen en foto's. Ik denk dat hij de rijkste man van het eiland is. Hij heeft me die ochtend bij de koffie voor het middageten uitgenodigd, want alleen eten was ongeveer het ergste dat een mens zich aan kon doen, zei hij. Enkele handenvol in melk gekookte bonen verdwijnen in de soep. Ze hebben de vorm van een picassotafeltje, en ze zijn ook bijna net zo groot. Daarna volgen de vlinders.

'Zelf eet ik niet vandaag,' kondigt hij aan. 'Nou ja, een beetje.' 'Waarom niet?'

Hij trekt een pijnlijk gezicht en maakt cirkelende bewegingen met zijn hand over zijn buik. *'Febbre cinese. Diarrea.'*

Ik haal Docteur Belloc's Pastilles de Charbon uit mijn rugzakje te voorschijn, ooit gekocht in Frankrijk en gelukkig niet vaak gebruikt. Ondanks het prachtdoosje, zwart met gouden krulletters, trek Umberto zijn neus op. Hij zweert bij citroenen en gewoon wat minder eten. En geen wijn. Hij zet de radio en de televisie aan en schenkt mij een glaasje malvasia in. De zoete, versterkte wijn hangt even aan mijn tanden.

Umberto's 'minestra di Stromboli' smaakt voortreffelijk. Ik krijg er bekers lokale rode wijn bij, zeer jong en troebelrood. Een soort alcoholische cassis.

'Ik houd niet van dat spul, zelfs niet als mijn maag in orde is,' moppert Umberto. 'Maar ja, het wordt gemaakt door Enzo, een van mijn vrienden.'

De wijn smeert flink mijn conversatie. Alleen op de schijnbaar zo eenvoudige vraag welke vis wij in Holland eten, blijf ik het antwoord schuldig. Hoe zeg je wijting in het Italiaans?

Even later ligt er een stapeltje foto's op tafel. Umberto geeft me er een en kijkt mij veelbetekenend aan. 'Roberto, dit is mijn zoon. Vorig jaar, op mijn negenenzestigste, ben ik vader geworden.'

Hij geniet van mijn verbaasde gezicht. Ik bekijk de doopfoto: Umberto houdt een prachtig jongetje met gitzwarte ogen op zijn arm terwijl een priester vroom toekijkt.

'Waar is de moeder?' wil ik weten. Ik heb geen kindergeluiden gehoord, en niets wijst op de aanwezigheid van een vrouw.

'Ah, Roberto, de moeder... Die speelt voor hoer in Turijn!'

De woorden komen fel over zijn lippen en zijn ogen vonken. Het jongetje, Antonio, is elders bij familie ondergebracht. 'De moeder...' Umberto haalt een andere foto te voorschijn uit het stapeltje, dat hij ondersteboven voor zich op tafel heeft liggen. Het vreemde is dat hij de foto's niet om hoeft te draaien om te zien wat erop staat: een blik op de achterkant is voldoende. Blijkbaar ben ik niet de eerste die het verhaal te horen krijgt.

De foto toont een knap meisje met een koffiebruine huid en korte donkere krullen. Ik schat haar op een jaar of twintig. Ze heeft een kort geel rokje aan en zit op een beslapen bed, in de houding van het zeemeerminnetje in Kopenhagen. De moeder... Umberto vertelt dat hij haar ontmoet heeft toen hij op vakantie in de Dominicaanse Republiek was, bijna twee jaar geleden. Hij kreeg medelijden met het arme meisje en nam haar mee naar Stromboli. Hij was al jarenlang weduwnaar. Na korte tijd was het meisje zwanger geraakt. Na de geboorte van Antonio voelde ze zich niet meer thuis op het eiland. Ze verveelde zich, kon er niet aarden. Wat zou een vrouw van de andere kant van de wereld, die een andere taal spreekt, ook moeten in deze uithoek, denk ik. En waar heb ik dit verhaal eerder gehoord? 'Ze was gek, Roberto, ze was een wilde. Ik had het moeten weten. Ik heb haar alles aangeboden, ik heb hier acht huizen, ik heb alles, na mijn dood zou ze rijk geweest zijn, maar nee, ze moest voor hoer spelen. Ze was gek: ik was bang dat ze het kind of mij zou vermoorden. Toen is ze vertrokken. En nu wil ze het kind naar Turijn halen. En ik wil dat het bij mij komt.'

Heel even lijkt het alsof hij zal gaan huilen, maar een snelle overgang – bijna die van een acteur – brengt hem op een uiteenzetting van de kwaliteiten van zijn advocaat, iemand uit Milaan die 's zomers een huis bij hem huurt. De vraag wie Antonio mag houden, is nu aan de rechter voorgelegd.

Enzo, de producent van de wijn en bovendien visser, klopt aan. Hij heeft een blauw wollen mutsje op en de breedte van zijn bruine nek en handen overtreft ruimschoots de lengte. Umberto begint zijn kansen in het juridische gevecht af te wegen met Enzo. Zijn pleidooi om het kind te houden is gebaseerd op papieren waaruit blijkt dat de vrouw na haar vertrek in de psychiatrische inrichting van Messina heeft gezeten. Enzo's ijsmutsje knikt op en neer. Ik kan hun gesprek in het dialect verder niet volgen. Alleen het woord 'ammazzare', vermoorden, duikt telkens herkenbaar op.

Rome 9 Mei 1948
Geachte mevrouw Ingrid Bergman,
Het lijkt me fantastisch om met u een film te maken. Aangezien ik echter een ongebruikelijke manier van werken heb – zonder scenario –, wil ik u het verhaal van de film uit de doeken doen. Enkele maanden geleden reed ik rond in de buurt van Rome, en zag daar in een veld een tentenkamp. Het was met prikkeldraad omgeven. Het bleek een kamp te zijn waar Oosteuropese vrouwen die tijdens de oorlog gevlucht waren, onderdak hadden gevonden in afwachting van hun repatriëring. Ik ging eropaf en slaagde erin om ondanks de tegenwerking van een bewaker met een van de vrouwen contact te maken. Ze kwam uit Letland. In haar ogen stond slechts hevige, doffe wanhoop te lezen. Ze sprak een paar woorden Italiaans. We communiceerden door het prikkeldraad heen, en toen de bewaker mij uiteindelijk wegjoeg, klampte ze zich aan mijn arm vast, als een schipbreukeling aan een stuk wrakhout. Het beeld van deze vrouw bleef me achtervolgen. Ik vroeg toestemming om het kamp te bezoeken, maar toen ik er aankwam, vertelde de commandant me dat de vrouw ontsnapt was. De andere vrouwen vertelden dat ze ervandoor was gegaan met een soldaat van de Liparische Eilanden. Als ze met hem trouwde, mocht ze in Italië blijven.

Hier begint de film. Ik probeer me het leven voor te stellen van een lang blond meisje uit Letland, een Venus uit het noorden, op een eiland van as en vuur, tussen de kleine, gedrongen vissers en hun vijandige vrouwen, met wie ze geen woord kan wisselen in hun vreemde dialect vol woorden van Griekse afkomst. Zelfs met haar man kan ze niet praten. Alleen in zijn ogen had ze zijn eenvoud, kracht en tederheid kunnen herkennen. Ze had bescherming bij hem gezocht, weg uit haar armoede en ellende, in de hoop een nieuw leven te kunnen beginnen in dit mooie, groene land.

Maar in plaats daarvan kwam ze op Stromboli terecht, een woest eiland, dat telkens trilt onder de erupties van de vulkaan, een hoop as, een rokende puinhoop waar de aarde zwart is en zelfs de zee er als modder uitziet.
Uw Roberto Rossellini

De tocht naar de bergkam die uitzicht biedt op het geweld dat zich in de krater afspeelt, duurt ruim drie uur. Een steile klim die 's winters – en alleen – niet zonder gevaar is. Ik heb het afwisselend te warm en te koud. Om het spektakel echt goed te zien is het nodig de nacht door te brengen in een van de stenen cirkels op de richel boven. Overdag is de vuurgloed nauwelijks zichtbaar, wel de stenen die de vulkaan uitspuugt en natuurlijk de rook, die opstijgt uit een groengele brandblaar vlak onder de kraterrand.

Het geluid is angstaanjagend. Boven op de berg is er slechts de wind die aan je oren trekt en stilte. De stilte wordt zo nu en dan doorbroken door een kleng-klenggeluid op afstand, alsof iemand een kist op een ijzeren vloer zet. Dan, plotseling, is er een enorm gedonder, alsof er vlak bij je enkele dozijnen van die metalen platen die in het theater gebruikt werden om onweer te imiteren, worden geschud. Het geluid grijpt je vlak onder het middenrif aan, zo sterk, dat je voelt dat je, net als de gloeiende lapilli die uit de krater vliegen, de hemel in zou kunnen worden geslingerd. Je zit hier al hoger dan de meeuwen, die als snoeppapiertjes dwarrelen boven de Sciara del Fuoco, de pikzwarte glijbaan van lava naar de zee.

Umberto zet een schoteltje met jadegroene olijfjes voor me neer, klein als kraaltjes. Vervolgens staart hij naar de inktvissen op het fornuis, alsof ze iets misdaan hebben.

Ik krijg de indruk dat hij niet naar een verhaal over de vulkaan wil luisteren. Hij moet dat natuurlijk ook elke zomer aanhoren van de toeristen die in het seizoen de vijfhonderdvijftig bewoners van het eiland met een factor tien overtreffen. En hoe lang geleden zou hij zelf voor het laatst boven zijn geweest? Toch wel een jaar of twintig, vermoed ik. Ik besluit het over een andere boeg te gooien.

'Herinner jij je dat Roberto Rossellini en Ingrid Bergman hier in 1949 hun film maakten, Umberto?'

Hij pakt mij bij de mouw en neemt me mee naar een nis in de muur met een oude naaimachine erin. 'Dit,' draagt hij plechtig voor, 'is de naaimachine van Ingarida Bergemanne.'

Ik kijk verbijsterd naar het oude zwarte apparaat, met een gouden krul beschilderd. Een Griekse vaas op zijn kant gelegd, met een draaiwiel eraan. Op de pinnen waar de garenklosjes op moeten, heeft Umberto de sleutelbossen gehangen die bij zijn acht huizen horen, met hun acht badkamers, acht bergingen, acht boven- en benedenverdiepingen enzovoort.

'Op deze naaimachine heeft de moeder van mijn vrouw in de film de rok van Ingarida Bergemanne gemaakt.' En hij maakt een dramatisch gebaar, alsof hij een nog onbekend schilderij van Leonardo da Vinci aan de wereldpers presenteert.

Rossellini had de eilandbewoners ingeschakeld bij de figuratie en zijn schoonmoeder moest de fleurige rok naaien waarmee Ingrid Bergman de vissers het hoofd op hol bracht. Ik had het huis al gezien waar ze had gewoond tijdens het half jaar dat de opnamen op Stromboli duurden. Het ligt vlak bij de kerk en valt op doordat de muren niet wit maar wijnrood gepleisterd zijn, met okergele randen langs de ramen. Meer Noord- dan Zuiditaliaans van stijl. Aan de achterkant bevindt zich een kleine aanbouw, waarin de eerste douche op Stromboli voor mevrouw Bergman werd aangebracht. Omdat er geen stromend water was – elektriciteit is er trouwens ook pas sinds 1974 – moest er elke ochtend een mannetje het dak op klimmen om een paar emmers water leeg te gooien in een trechter die door het gat in het dak stak. Het moet een verbijsterend gezicht zijn geweest: dat mannetje op het dak, de filmster, de halfgodin, naakt maar onzichtbaar in dat badkamertje, en daaromheen de wereldpers, die vermomd als vissers en geestelijken, pogingen deed om de verboden romance van de twee getrouwde gelieven aan de kaak te stellen.

'Heb jij die opnamen meegemaakt?' vraag ik gretig.

'Nee. Ik ben hier pas in 1951 komen wonen. Mijn vrouw kwam van Stromboli.' Elke keer als zijn vrouw ter sprake komt, steekt hij zijn linkerhand naar voren en wijst met de rechter op zijn trouwring. Zijn beweeglijke gezicht staat treurig. 'Ze is veel te jong gestorven. In het ziekenhuis van Messina. Negenenveertig was ze. Het was binnen twee dagen gebeurd. Een beroerte. We hebben nooit een kind gehad.' Voor hem op tafel ligt de foto van de kleine Antonio. Hij draait hem plotseling om.

In dezelfde zaal waar de zwarte Apollo staat, bevindt zich ook het beroemde reliëf waarop Hermes de gesluierde Euridice bij de hand pakt en zo voorkomt dat ze mee terug naar de aarde gaat. Ze raakt haar Orpheus nog even aan, een troosten dat alles alleen nog maar erger maakt. Orpheus' naam is achterstevoren, in spiegelschrift boven zijn hoofd gekrast. Hij hoort niet thuis in de onderwereld: hij moet weer achteruit terug naar de aarde.

Het is zondagmiddag. De lucht lijkt stil te staan en de wind weet eventjes niet welke kant hij de pluim van de vulkaan op moet sturen. Ik loop naar het kerkhof over een pad dat knarst onder mijn voeten.

Het kerkhof ligt wat hoger en biedt uitzicht op het dorp. De achterkant wordt begrensd door de uitlopers van de vulkaan. Bij binnenkomst is er links een lange muur met postvakjes voor de dood. Slechts weinige zijn afgesloten met een steen. De meeste zijn leeg of gevuld met een zak cement of andere werktuigen voor voorkomende werkzaamheden. Daarvoor ligt de dodenakker. Achterin de oude graven, waarvan de stenen niet meer leesbaar zijn. De regen, die hier onder de vulkaan wel extra zuur zal zijn, heeft de letters weggeëtst. De nieuwe graven bevinden zich voorin, in een naoorlogse uitbreiding. Er is veel werk van gemaakt. Pompeuze sculpturen moeten de smart vorm geven. Een beeldhouwer uit Messina heeft zijn naam in grote letters op een van de sculpturen aangebracht, groter dan die van de overledene.

Ik zoek naar het graf van Umberto's vrouw. Iets zegt me dat ze in het grootste, meest opzichtige graf moet liggen. In één keer vind ik de plek. Twee donkere granieten coulissen begrenzen een levensgrote beeldengroep van gladde witte steen. Op het graniet zit een ovalen foto van Caterina: een vrouw in zwart-wit, zoals er duizenden geweest moeten zijn, gekleed in een eenvoudige, ouderwetse zomerjapon met bloemetjes. Maar de sculptuur! Een jonge vrouw met een olielampje, die zich iets vooroverbuigt om het kind dat aan haar rokken troost zoekt, bescherming te bieden.

Eindelijk een kind.

Ik reisde verder, van Stromboli naar Lipari en Vulcano. Ik liep grote afstanden in de winterzon. Van het pittoreske hoofdstadje Lipari naar de termen van San Calogero aan de westkust. Ik zat er in een eeuwenoud cultuurlandschap van olijfgaarden afgewisseld met braakliggende veldjes waarop oorcactussen groeiden en marguerita's bloeiden. Ik beklom de vulkaan op Vulcano, moeder van alle vuurspuwende bergen, die afdaalt naar de zee. Daar zijn de modderbaden die genezing brengen voor allerlei ziektes. Ze stinken naar zwavelwaterstof. De zee, die tegen het eiland aan spoelt, borrelt en dampt als zij het hete zand ontmoet. De rotsen zijn geel van de zwavelbloemen en rood van het cinnaber. Het was er zo stil, dat ik het gedreun kon horen uit de motoren van een schip dat aan de horizon voer. Een havik liet me schrikken door eenvoudig over te vliegen: de wind zoefde tussen de pennen van zijn veren. Ik zag een kudde geiten, van wier melk de twee jongens in het restaurant zulke heerlijke *ricotta* maakten. Van een afstand leek het alsof ze plastic zakken waren die in de berm waren blijven steken. Ik liep over een hoge richel tussen twee bergen, zo hoog dat het blauw van de lucht en het blauw van de zee in elkaar overliepen, zodat je elk gevoel van onder en boven kwijtraakte, als een goudvis die in een blauwe kom zwemt.

Op de ochtend van het vertrek stond ik bij zonsopgang op de pier van Vulcano. Het was een koude nacht geweest. Boven het water, verwarmd door Vulcanus' adem terwijl hij sliep aan de zijde van zijn ontrouwe liefdesgodin, hing een mistsliert. Voor de draagvleugelboot verscheen, liep ik nog een keer naar het strandje. Ik haalde de twee stenen die ik op Lipari gekregen had uit mijn tas. Ik kon ze onmogelijk meenemen, ze waren te groot en te zwaar. Ik gooide het zware, geheimzinnige stuk obsidiaan in de zee. Het maakte een luid, bijna obsceen plopgeluid toen het verdween. Maar nu de puimsteen. Ik zette hem op het water en gaf hem een zet. Ik had nooit gedacht dat het verhaal dat een puimsteen blijft drijven, waar kon zijn. Maar als in een droom gleed hij, statig als een schoener, weg van de kust, door de nevelflarden heen, de zee op.

MONIKA SAUWER

INCIDENT OP SARDINIË

Ninska en ik hadden vijf dagen over het eiland Sardinië rondgezworven. Dat lijkt kort, maar het is lang als je niet over een auto beschikt. Als je, ondanks onappetijtelijk roodverbrande koppen, toch – of juist – omringd blijft door een niet-aflatende kluit mannen en jongens die maar één verlangen lijken te hebben: *'Ballare?'* Dat wil zoveel zeggen als dansen. Dat zij ervan uitgaan dat de rest daarna vanzelf komt, laat zich raden.

Wij wilden niet *'ballare'*, en evenmin *'a la spiaggia'*, naar het strand. We wilden gewoon 'onszelf zijn'. Een lastiger uitvoerbaar voornemen is nauwelijks denkbaar.

Ninska was al meteen veel te grappig. In een pizzeria trok ze een buitengewoon onhandig boekje uit haar tas: 'Hoe red ik me in Italië?' Daaruit begon ze luidop in de landstaal rare zinnen voor te lezen. 'Mag ik hier een kuil graven?' 'Ik heb een hoofdwond. Waar is het ziekenhuis?' Succes verzekerd. 'Pardon, ik ben mijn portemonnee vergeten,' citeerde ze nog, toen de ober met de rekening kwam aanzetten. Ik betaalde snel en sleurde haar mee naar buiten. Slap van het giechelen hing ze aan mijn arm.

Nu moesten we ons hotel nog zien te vinden. Ninska had ook wel eens slimme ingevingen: zo schreef ze naam en adres van het hotel van die nacht met een balpen op de binnenkant van haar pols. Dus hoefden we alleen nog maar te vragen waar zich de Via Cavour ook alweer bevond. Ze deden het erom, die grappenmakers op hun scooters en brommers. Of ze waren suf, dat kan ook, maar ze wezen ons zonder uitzondering straal de verkeerde kant op.

Het stadje Carbonia, waar we vanwege de aantrekkelijk klinkende naam vanuit het tegenvallende Cagliari naar toe gespoord waren, zit waarachtig niet ingewikkeld in elkaar. Het bleek een door Mussolini gesticht mijnstadje te zijn. Rechte, eenvormige straten met fascistische, of daar verdacht veel op lijkende, recentere nieuwbouw. Een vlek zonder ziel en zonder visuele herkenningspunten. Dat breekt mensen zonder richtinggevoel op.

Maar we doolden onverdroten voort door de nacht. Toen we voor de vierde maal de Bar Centrale passeerden, werd het mij te gortig. 'Of ze belazeren ons, of we zijn echt te stom. Ik ga een taxi bellen.' Ninska protesteerde zwak. Te duur. 'Maar ík ben moe!'

Vijf minuten later pikte een betrouwbaar ogende chauffeur met een gekrakeleerd gezicht vol lachrimpels ons op uit de bar. *'Albergo Stella? A, non è lontano!'* Nee, ver was het allerminst. Vierhonderd meter naar rechts stond ons gloednieuwe nachtverblijf, reeds in duister gehuld. Ook de neonverlichting was al uit. Maar ze riepen steeds *'a sinistra'*, mokte ik. 'Ach, dat hotel is nog maar een jaar oud,' zei de man. 'Er wordt hier ook zo veel gebouwd.'

De volgende dag was het uitbundig lenteweer. Carbonia toonde zich onverschillig in al zijn schamelheid. Ook zijn omgeving was niet meer dan een zandbak, met hier en daar een eenzame half voltooide flat. We liepen door tot we de laatste betonmolen achter ons hadden gelaten en stuitten toen zowaar op een terrein met hoog opgeschoten gras en een enkel doornig struikje. Ha, hier zouden we ons met picknicktas en flesje wijn kunnen neervlijen voor een heerlijk zonnebad.

De zich al snel opdringende gedachte dat we hier wel eens op de lokale vuilstortplaats konden zitten, deed ons weinig meer. De felle zon vergoedde veel. Maar niet zoveel dat we niet tot de afreis via Olbia besloten. Dat werd een wonderlijk ingewikkelde reis met drie overstappen in ovenhete, koffiebruine treintjes met boekenplanken in plaats van banken.

Prachtige landschappen gleden voorbij. Maar dáár stopten ze niet voor ons.

Het stadje vond ik, na het barbaarse Carbonia, zó'n parel van cultuur en knusheid, dat ik ervoor tekende om hier minstens twee dagen te blijven. Het paasfeest stond voor de deur. De etalages van de banketbakkers, maar ook van alle cafés, waren volgestouwd met in fel gekleurd zilverpapier verpakte chocolade-eieren in alle denkbare formaten. Sommige eieren waren zo hoog als zesjarige kinderen en kostten een fortuin. In de bars sloeg een weeë chocolageur je tegemoet. Dikke vrouwen sjouwden trots met buitenmodel feestverpakkingen over straat. Ik was als de dood met een van hen in botsing te komen in de nauwe, drukke straatjes.

'Ik wil eraf,' zei Ninska onverwacht voor zich heen. 'Waar vanaf?' vroeg ik overbodig. 'Van dit enge eiland!'

Ze had een niet weg te praten aanval van eilandvrees. We moesten meteen in actie treden.

De nachtboot naar Livorno zou om zeven uur vanavond afvaren, werd ons bij een reisbureau verteld. Het was nu zes uur. Als de weerga bagage ophalen uit ons hotel, taxi naar de haven, in een ik weet niet hoe lange en trage rij staan voor kaartjes.

Het haventje lag er verlaten bij. De kaartjes hadden we snel te pakken, want er stond al lang geen rij meer in het houten kantoor van scheepvaartmaatschappij Tirreno. Natuurlijk, Italianen boeken hun reis van en naar Sardinië meestal maanden vooruit.

Onze bevrijder lag al klaar: de trotse veerboot Garibaldi.

En daar werd een dreigend toeteren aangeheven. Een waarschuwingstoeter? dacht ik hoopvol. Maar iedereen bevond zich reeds lang en breed aan dek. De trossen werden losgegooid. Langzaam maar onmiskenbaar maakte de Garibaldi zich los van de wal. Ninska en ik renden voor ons leven. We hieven de armen ten hemel, over onze weekendtassen heen en weer springend van wanhoop.

'*Prego, capitano! Prego!*' krijsten we als speenvarkens. We werden gehoord door grijnzende dekknechts. En het wonder geschiedde: de Garibaldi voer achteruit, parkeerde weer en liet zijn loopplank uit. We strompelden naar boven, buiten adem, buiten zinnen.

'*You bad girls,*' bromde de kapitein in goed geperst grijsblauw uniform. Hij lachte. '*You from Sweden? You come into my cabin, for coffee. In one hour! Okay?*'

LIEVE JORIS

VALKOCENTRISME

Twee weken ben ik nu in Budapest en zo onderhand word ik er ongedurig van. Aan evenementen geen gebrek, vandaag is de *Goelag Archipel* van Solzjenitsyn in het Hongaars verschenen, verkopers adverteren er luid mee, de mensen verdringen elkaar bij de straatkiosken om het te bekijken, in hun handen te nemen, erin te bladeren. Ook aan hemelbestormende discussies geen gebrek, de Budapesters houden van discussiëren, als ze 's avonds bij elkaar zitten en iemand op het punt staat een verhaal te vertellen, wordt er eerst nog een fles wijn opengemaakt en het is al vaker voorgekomen dat mensen me bevreemd aankeken als ik zei dat het laat was en op wilde stappen: waarom, we waren toch aan het praten?

Dit alles heeft zijn charme, het ritme van deze stad hangt tussen dat van het Westen en het Oosten in, hier hebben mensen nog tijd. Maar ik krijg langzamerhand het gevoel dat ik van het ene eiland van woorden naar het andere dwaal en dat daartussen niets gebeurt.

'Ik wil de stad uit,' zeg ik op een middag tegen de schrijver Miklós Mészöly. We zitten in zijn werkstudio in Buda, een stemmige ruimte met boeken, oude foto's aan de muur en een typemachine. Mészöly, de vader van de Hongaarse *nouveau roman*, is een beminnelijk man, ik heb me sinds ik hem op een schrijversconferentie in Buda ontmoette meteen bij hem op mijn gemak gevoeld. Hij is groot en veerkrachtig; in zijn jonge jaren was hij een verwoed tennisser, hard op weg om kampioen te worden – maar het communistische systeem verwierp tennissen als een burgerlijke sport en hij moest stoppen.

Felblauwe ogen, witte haren, een aantrekkelijke man ook, al loopt hij inmiddels tegen de zeventig. Ik heb foto's gezien van toen hij jonger was – zo'n soort schoonheid krijgt doorgaans iets tragisch als ze door ouderdom wordt aangetast, maar Mészöly heeft zichzelf nooit afhankelijk gemaakt van zijn uiterlijk. 'De mooiste Hongaarse schrijver' werd hij genoemd – hij hield niet van die benaming, is er ooit zelfs om op de vuist gegaan. Zijn omgeving wilde hem naar de oppervlakte trekken, zelf was hij altijd meer geïnteresseerd in de filosofie van het menselijk tekort.

Hij heeft de leeftijd waarop mensen terug beginnen te kijken op hun leven. Ik houd van de *monologue intérieur* die hij continu lijkt te houden, de manier waarop hij zijn bezorgdheid probeert te verdelen tussen zijn land en de literatuur. Hij is bezig met een roman over de gelukkige en minder gelukkige dagen van een negentiende-eeuwse kolonel, maar ook hij is door de politieke ontwikkelingen in Hongarije uit zijn evenwicht gebracht. Sinds één jaar houdt niemand zich meer met literatuur bezig, zegt hij.

De meeste Budapester intellectuelen komen zelden op het platteland, maar Mészöly is geboren in Szekszárd, een stadje in het zuiden, en heeft een buitenhuisje in Kisoroszi, een eiland in de Donau. Zijn verhalen situeren zich vaak buiten de stad. Ooit schreef hij een novelle over een valkenier in de poesta, die verfilmd werd door de Hongaarse cineast István Gaál; dezer dagen bereidt hij een geïllustreerd boek voor over valken. Terwijl we zitten te praten, kijkt hij me ineens bedachtzaam aan. 'Wat doe je morgen?'

Een volle agenda, afspraken, een persconferentie. 'Niets,' zeg ik.

'Toen Hemingway over stieregevechten schreef, had hij het onrechtstreeks toch ook over andere dingen? Zo is het met mij ook.' We zijn gestopt bij een uitspanning in het bos om koffie te drinken en Mészöly vertelt. Over Hemingway en dan over Camus, met wie hij vaak vergeleken is. László, een medewerker van de Hongaarse Academie van Wetenschappen die is meegereisd omdat hij bezig is met de vertaling van een achttiende-eeuws Latijns gedicht over valken, luistert, lurkend aan zijn pijp. Fotograaf Zoltán, tevens chauffeur, bestudeert de kaart. We zijn op weg naar Fegyvernek, een dorpje in Oost-Hongarije, waar de valkenier György en zijn vrouw Teréz wonen.

Na amper een halve dag reizen zullen we al met onze neus tegen de oostgrens aanstoten. De grandeur van Budapest doet niet vermoeden dat het achterland zo klein is: die stad met haar twee miljoen inwoners – een vijfde van de totale bevolking – is geëquipeerd voor een land met veel grotere afmetingen. Sinds het vredesverdrag van Trianon in 1920 is Hongarije gereduceerd tot een derde van zijn oorspronkelijke omvang. Zo'n klein landje, niet meer dan een blad in de wind, en dat op zo'n cruciale plek langs die grens tussen Oost en West – ik begin iets te begrijpen van de discussies over Centraal-Europa die hier altijd weer terugkeren, die hunkering om ergens bij te horen.

Vijftig kilometer buiten Budapest zijn de steedse gesprekken al van ons afgegleden. Die geur van dennehout, die drie Hongaren met hun verhalen rond die ruw gesneden houten tafel, ik ben weer helemaal met het bestaan verzoend. 'De valk vliegt weg, maar komt uit zichzelf terug bij zijn meester,' zegt Mészöly. 'Waarom? Hij hoeft niet terug te komen, hij kan zijn eten in de natuur zoeken – en toch, als hij afgericht is, komt hij altijd terug. Dressuur, dat interesseert me.'

De zigeunervrouwen die bij de parking rieten mandjes verkopen, vallen meteen voor Mészöly's charmante glimlach en beginnen schaamteloos met hem te flirten. Ze discussiëren kirrend over de prijs, hij lacht, loopt met grote passen heen en weer, de zon schijnt door zijn witte haren, dan koopt hij twee mandjes en na enig aandringen een derde.

László staat geleund tegen de auto naar het tafereel te kijken. Gitzwarte haren en baardje, levendige ogen achter een zwaar brilmontuur, hij is meer het type van de kamergeleerde; ik zal hem nooit zien zonder pijp en tabakszak, waar drie soorten tabak en een extra pijp in zitten. Hij is doctor in de filologie en spreekt een zevental talen, waaronder Farsi.

In de auto zit hij voorin, naast de zwijgzame Zoltán. We praten Frans, Duits en Engels door elkaar heen. László's gedachten lijken in een ver verleden te verkeren, hij zal ons voortdurend attenderen op gotische kerken, oude kerkhoven en geboorteplaatsen van dichters, en elke conversatie verlevendigen met uitspraken als: 'In dit dorp maakten de bewoners in de middeleeuwen wapens voor de koning,' of: 'Hier wonen Koemanen, ze hebben zich hier gevestigd na hun vlucht voor de Tataren.' De wetenschap is voor hem als een asiel, zal hij me later bekennen, een medicijn tegen het communisme.

Weg van de brandende actualiteit, de drukkende hitte, de verpeste lucht in de hoofdstad, met plezier geef ik me over aan László's colleges. Ik heb het gevoel dat ik door een tunnel de geschiedenis word ingezogen naar een punt waar mijn reis misschien pas echt zal beginnen – ik laat me gaan, ik ben in goede handen.

En terwijl we op weg zijn naar een verhaal dat hij vijfendertig jaar geleden schreef en dat altijd door zijn hoofd bleef spoken, vertelt Mészöly me over zijn leven. Ik hoef niets te vragen, hij vertelt gewoon, alsof hij aanvoelt dat ik na al die indrukken, al dat tumult in de hoofdstad, op zoek ben naar iets coherents, naar iets met een begin en een einde.

Het is een pijnlijke geschiedenis waarop hij terugkijkt, er is bitter weinig om trots op te zijn. Soms probeert hij na te gaan hoeveel jaren in zijn leven hij vrij kon ademhalen, veel waren het er niet. Op zijn twintigste werd hij als soldaat naar het front gestuurd. Hij zat in de trein, naïef, vol dromen nog, maar ook al wijs, wetend dat hij op weg was naar een vuile oorlog. Hij had nooit veel gereisd en was benieuwd waar ze hem naar toe zouden brengen. 'Benieuwd! Stel je voor!'

Ze brachten hem naar Duitsland. Hij vluchtte en werd gevangen genomen door de Russen. 'En daarna: stalinisme, rákosisme, revolutie, kádárisme, alles ging altijd over politiek en er waren altijd problemen,' zucht hij. Op zijn dertiende had hij van zijn vader een Winchester gekregen, hij was altijd een verwoed jager geweest – de oorlog had hem zo geschokt dat hij het geweer nooit meer aanraakte.

Tijdens het stalinisme hadden Mészöly en zijn collega-schrijvers geen illusie dat de tijden ooit zouden veranderen, ze raakten ermee verzoend dat het tot hun dood zo zou blijven. Ondertussen schreven ze, maar konden niet publiceren, de enige hoop die ze hadden was dat hun manuscripten ooit het land uitgeloodst zouden worden, in een fles in de Donau misschien.

En vervolgens kwam de opstand van 1956. Opgewonden waren ze, gelukkig – en dan de nederlaag. Mészöly was over de veertig toen een van zijn boeken in het Frans werd vertaald en hij voor het eerst in zijn leven naar het Westen reisde. Hij sprak de taal nauwelijks, maar kende de hele Franse literatuur. Het was begin jaren zestig: rond te lopen in het Quartier Latin, wat een opwinding! Maar toen hij een boek over 1956 te pakken kreeg, merkte hij dat hij het verstopte als er mensen in de buurt waren – zo waren zijn reflexen getraind.

'Wij moeten terugkeren naar Europa,' zegt hij triest, 'de communistische ideologie heeft een breuk veroorzaakt die onnatuurlijk is en pijnlijk voor beide kanten. Ook Rusland lijdt eronder, het heeft zoveel gegeven aan de Europese cultuur en nu stelt het niets meer voor. Het communisme heeft niets, maar dan ook niets goeds gebracht, we zijn veertig jaar verder en moeten helemaal opnieuw beginnen.'

Hij leunt achterover en kijkt afwezig uit het raam. 'Ik begon pas na mijn vijftigste echt te publiceren. Maar niemand kon mij verbieden na te denken. Soms was ik bang voor mijn eigen gedachten omdat ze door niets werden begrensd, ik vreesde dat ze te veel van de werkelijkheid zouden gaan verschillen. Boven mijn bureau had ik in die jaren een waarschuwing hangen: vrijheid bestaat alleen in combinatie met zelfdiscipline.

Een deel van ons leven is geroofd, ik voel het aan mensen van mijn generatie, ze zijn gebroken.' Hij praat langzaam, zichzelf soms onderbrekend om de chauffeur een aanwijzing te geven – zijn levensverhaal wordt een onderaardse stroom die ik tijdens onze hele reis zal horen ruisen, nu eens dichtbij, dan weer ver weg. Hij voelt zich anders dan zijn generatiegenoten, zegt hij, daarom gaat hij liever met jonge mensen om. Hij lijkt over hen te waken als een vader: toen hij in Frankrijk destijds Jean Genet ontdekte, nam hij al diens werk mee voor de jonge schrijver Péter Nádas die vlak bij zijn buitenhuisje in Kisoroszi woonde, omdat hij vond dat die hem ook moest lezen.

Hoe makkelijk reizen zijn jongere collega's tegenwoordig naar het Westen. Stipendia, lezingen, conferenties, hij ziet hen uitvliegen, en ik bespeur weemoed in zijn stem als hij daarover praat: zo had hij indertijd willen reizen, de schade die hij en zijn generatiegenoten hebben opgelopen, is nooit meer in te halen. 'Natuurlijk wilde ik op hun leeftijd ook publiceren en vertaald worden in het Westen. *Vanitas!* Maar als het zo lang niet lukt, ga je het relativeren. En nu ben ik een oud paard, ik begrijp dat buitenlandse uitgevers meer geïnteresseerd zijn in jonge, veelbelovende schrijvers.' Maar erg lang duren zijn sombere bespiegelingen nooit. 'Gelukkig heb ik een taaie huid,' roept hij vaak. 'Ik ben een neushoorn.'

Een eucalyptusboom uit Australië, papaverbloemen uit San Diego, Mexicaanse rietplanten, terwijl we door zijn tropische tuin lopen raakt György ze allemaal even aan – alles wat hier groeit, hebben hij en Teréz met hun eigen handen geplant. Verscholen tussen de appelbomen zit een Lybische valk met woeste ogen naar ons te kijken – zijn poot zit vast aan een ketting. Verderop nog een valk, en daarachter een derde.

De tuin ligt tegen een bescheiden witgekalkte woning aan. Op de muren van het terras heeft György met amateuristische hand valken geschilderd – ze hebben zware, houterige vleugels. Daar rusten we uit van onze reis, terwijl Teréz, een kleine, zorgzame vrouw van tegen de zeventig, ons van achter het horregaas in de keuken gadeslaat. György praat en praat, met een hoog, bijna kinderlijk stemgeluid. Dan valt hij plotsklaps stil en zwijgt een hele tijd. Hij is eigenlijk een zwijgzame man, zal ik vlug merken, aan andere onderwerpen dan valken maakt hij weinig woorden vuil. Hij heeft een babyvalk met donzige witte veertjes uit een kartonnen doos op schoot genomen en streelt hem liefdevol; de hele verdere dag blijven twee kleine valkeveertjes aan zijn kleren hangen.

Ik zit gefascineerd naar hem te kijken – ik geloof niet dat ik ooit zo'n wonderlijke blik als de zijne heb gezien. Mészöly schreef er al iets over in zijn novelle *De valken* – het zijn ogen die gewend zijn ver te kijken, die boven elk gezelschap uit de horizon afspeuren naar vogels. Maar er is nog iets, ik zal het pas later kunnen definiëren: hij beweegt zijn hoofd nooit als hij spreekt, alleen zijn ogen schieten heen en weer.

Als hij met zijn valken op de poesta gaat jagen moet hij zich zo onbeweeglijk mogelijk houden.

In de zitkamer hangt een schilderij van een statig wit landhuis omgeven door een weelderige tuin. Het is het enige souvenir dat is overgebleven van het huis waar György Lelovitsj is geboren en het is bij dat huis dat zijn geschiedenis begint. Hij stamt uit een geslacht van hereboeren en valkeniers die landerijen in de wijde omgeving bezaten. Toen de Russen kwamen, werd de familie Lelovitsj van haar landgoed verjaagd en György vond werk in een staatsbedrijf in Hortobágy: hij kweekte valken die de visvijvers moesten beschermen tegen aanvallen van kraanvogels, Teréz had een kleine boerderij met dieren waarmee de valken werden gevoed.

Daar zocht Mészöly hen indertijd op. Maar niet veel later besloot een functionaris van het ministerie dat valken kweken een bourgeoissport was en werd het project van de ene op de andere dag opgedoekt. György slaagde erin een stukje land te krijgen op het terrein van zijn voorouders, waar hij zijn huidige onderkomen bouwde.

Als we die middag naar Hortobágy vertrekken, zet György zijn jagershoedje op; Teréz strijkt in de vlugte zijn hemd glad en doet een knoopje dicht, waarna ze hem ten afscheid even tegen zich aandrukt. Hij lacht verlegen en slaat zijn arm om haar tengere schouders. Zo staan ze in de keuken, een aandoenlijk stel, twee mensen die in weerwil van de gebeurtenissen die hen met wortel en al uit de grond dreigden te rukken, een leven hebben opgebouwd. Mészöly zit er met een zachte blik in de ogen naar te kijken – zo waren ze vijfendertig jaar geleden ook al, zegt hij, een verliefd paar.

Onderweg wijst György opgewonden naar de ooievaarsnesten op de elektriciteitspalen – dat is zijn wereld, die is hem bekend. Hij heeft zijn levensloop beschreven voor het valkenboek dat Mészöly voorbereidt. 'Daarin spelen de politieke evenementen die zijn leven bepaalden een volstrekt ondergeschikte rol aan zijn contact met de valken,' vertelt László me enigszins geamuseerd. 'Hij heeft altijd met dieren geleefd, voor hem is het leven een fabel.'

'Wij zijn eurocentristisch, György is valkocentristisch,' lacht Mészöly. György correspondeert met hem in het Latijn en laat er zich op voorstaan dat hij afstamt van de Avaren, een volk dat zich in de zesde eeuw in Centraal-Europa vestigde. Toen hij me die middag de hand drukte, zei hij: 'Hmm, Belgische. Vlaming? Zijn jullie geen Kelten?'

Nu lopen we over een oude verroeste spoorlijn door de poesta en wijst György in de verte: daar liggen de bossen waarvan een groot deel eeuwen geleden door de Turken werd afgebrand. Van de boerderij en de visvijver vinden we niets terug, het hele land ligt braak, hoog gras schiet op tussen de treinrails. Turken, communisten, György noemt ze in één adem, terwijl een verstrooide glimlach om zijn lippen speelt. Even later lijken ze weer helemaal uit zijn gedachten, hij speurt naar bloemen langs de spoorlijn, noemt achteloos hun namen en plukt wilde mimosa voor Teréz.

Voor veel Hongaren heeft de naam Hortobágy een akelige bijklank, vertelt Mészöly: hier was in de stalinistische tijd een concentratiekamp voor zogenaamde 'honden van Tito', Hongaren die werden beschuldigd samen te zweren met de weerbarstige Joegoslavische president. Als György met zijn valken op jacht ging, zag hij de gevangenen in de verte werken op de velden.

En zo stroomt dit op het eerste oog zo onschuldige, zonnige landschap langzamerhand vol drama. Deze vernietiging van cultuur, ik ken dat alleen van Afrika en in dat tropische landschap verbaasde het me minder – integendeel, het was wat ik verwachtte in een omgeving die zo verschilde van de onze en die wij met geweld naar onze hand hadden gezet. Maar hier, waar alles zo vertrouwd aanvoelt, in de nabijheid van een man als György – zoveel stupiditeit, hij moet er vaak in stilte om hebben gelachen. Zijn vlucht diep de wereld van de valken in was wellicht de enige manier om te overleven te midden van zoveel barbaarsheid.

Twee ganzenhoeders, dat zijn de enige levende wezens die we in deze onmetelijke vlakte tegenkomen. Ze hebben een hond bij zich en een stok, waarmee de ganzen zich gedwee bijeen laten drijven.

Op de terugweg stoppen we in het centrum van Hortobágy. Er is een restaurant met een terras en er zijn zelfs toeristen, al begrijpt niemand in ons gezelschap wat die hier komen zoeken. In de kraampjes rond het restaurant worden Indiase namaakgodenbeelden en Zuidamerikaanse fluiten verkocht. De carrousel in de verte is bij gebrek aan klanten stilgevallen. Als hij weer op gang komt, stijgen vliegtuigjes op, behalve één dat als een lam armpje meedraait op de Hongaarse volksmuziek die over het plein waait. Die loze kermis aan de rand van dit vlakke landschap dat zoveel drama's herbergt, ik kan er mijn ogen niet van afhouden. György voelt zich duidelijk ontheemd in die toeristische drukte, hij heeft een Pepsi besteld, tuurt in een gat door dit alles heen de verte in en schiet na een ongemakkelijke stilte opnieuw in een bezwerende praatbui. László knipoogt naar me – het gaat zeker weer over valken.

Op weg naar György's huis begint Zoltán ineens trager te rijden. Vóór ons is een konvooi opgedoken dat zich voortbeweegt met de snelheid van een begrafenisstoet: een militaire auto, gevolgd door drie trekkers met oplegwagens waarop grijze gevaarten liggen van wel acht meter doorsnede. De rij wordt gesloten door een auto met zwaailicht.

Tegenliggers die de berm in zijn geschoten om het konvooi te ontwijken, proberen opnieuw op de weg te geraken. Zoltán drukt zijn neus tegen de voorruit: 'Wat is dit in godsnaam?' De buizen zijn van staal of plastic, dat is niet goed te zien van zo'n afstand, en hebben aan alle kanten uitstulpsels. László trekt aan zijn pijp en mompelt onder zijn snor: 'Zeker een Russisch wonderwapen.'

Mészöly, die ligt te slapen, wordt wakker gemaakt en even later schieten de opmerkingen in de auto heen en weer.

'Dat moet een monument voor Kádár zijn.'

'De voet van een monument voor Kádár zal je bedoelen!'

De inwoners van de dorpjes waar we doorheen rijden, komen nieuwsgierig kijken. Ze staan met de armen over elkaar, vrouwen in schorten, mannen met blauwe werkkielen, verbazing in de ogen. Waartoe dienen die dingen, waar komen ze vandaan, waar gaan ze naar toe? Het is het type vragen dat je in deze contreien nog steeds beter niet kunt stellen, en waar je zeker geen antwoord op mag verwachten.

'De eerste Hongaarse raket,' lacht Zoltán.

'Boemerangstijl.' Dat is László.

'Het komt niet uit Rusland,' zegt Zoltán, die dichter bij het konvooi is gaan rijden. 'Het komt uit Tsjechoslowakije.'

'Dan is het zeker een grap van Bohumil Hrabal,' lacht Mészöly, 'een cadeau van Hrabal aan het Hongaarse volk.'

En zo grappen ze verder, maar ik merk dat ze ook zenuwachtig zijn. Lachen kunnen ze, dat kan niemand hun ontnemen, maar ook zij zullen er niet achter komen waar dit konvooi naar op weg is. Na een tijdje heeft Zoltán er genoeg van en slaat een zijweg in. Via een grote omweg arriveren we bij het huis van György, waar Teréz op ons wacht met het eten.

Die avond tegen tienen, als György en Teréz naar bed zijn, gaan wij op zoek naar een café. Fegyvernek slaapt, de straten zijn ternauwernood verlicht, hier en daar het flauwe schijnsel van een lantaarn, daarachter doemen de huizen als sombere schimmen op. We sluipen langs de heggen en vóór me doorboort Mészöly de duisternis met een zaklamp. 'Het lijkt wel Afrika,' zeg ik.

Mészöly reageert als door een wesp gestoken. 'Jongens, hoor eens wat zij zegt: het lijkt wel Afrika!' Ik heb het al eerder gemerkt: Honga-ren maken onder elkaar graag smalende grapjes over de toestand van hun land, maar zijn beducht voor kritiek van buitenstaanders. Mészö-ly zal mijn opmerking de volgende dagen herhaaldelijk naar me terug-kaatsen.

'En hier heb je nu een typisch Afrikaanse bar.' Hij duwt de deur van een schaars verlicht lokaal open. Tussen de kale muren staan tafeltjes met ontelbare flessen bier en daaromheen zitten de mannen van Fegy-vernek bij elkaar. Als ik gewend ben aan de duisternis, zie ik dat de meesten jong zijn en behoorlijk dronken. Te oordelen naar hun door drank verwoeste gezichten, komen ze hier wel vaker.

Deze mensen lachen niet, ze praten nauwelijks, ze drinken. Nieuwe voorraden bier worden in een snel tempo aangedragen door een be-weeglijke jongeman met een rode schort. Later komt een lawaaierig ge-zelschap binnen van wie er één, een dikke jongen met bloeddoorlopen ogen, op luide, provocerende toon begint te zingen, rechtopstaand, zwaaiend met zijn fles bier. Maar de anderen pikken de melodie niet op, zodat hij neerzijgt en op zijn beurt zwijgend voor zich uitstaart.

Zoals ik me de afgelopen weken herhaaldelijk heb verbaasd over de intelligentie, de belezenheid van de Budapesters, zo verbazen deze dorpsjongens me om hun inertie, hun doffe blikken die zonder enige nieuwsgierigheid in onze richting dwalen.

'Zeven van de tien miljoen Hongaren zijn boeren,' zegt Mészöly als ik er een opmerking over maak, 'er is hier geen echte middenklasse. Onze intelligentsia is misschien meer ontwikkeld dan in het Westen, op het platteland zijn mensen veel onwetender. Bij jullie is kennis op een democratischer manier verdeeld over de hele bevolking omdat er een zekere continuïteit was in de ontwikkeling van de geschiedenis, hier heeft de geschiedenis een veel grilliger verloop gekend.'

Om elf uur trekt de barman zijn schort uit, knipt zonder mededogen het neonlicht aan en drijft iedereen naar buiten. De jongens nemen hun flesjes bier mee en blijven bij de uitgang broeierig bij elkaar staan, terwijl wij ons met de zaklamp een weg terug banen. Achter mij hoor ik Mészöly lachen. 'Hoe noemde je dit ook weer? Een Afrikaans dorp?'

Voor het eerst sinds mijn aankomst in Hongarije slaap ik rustig. Om zeven uur zit ik klaarwakker op het terras als László met een verwarde haardos uit het bijgebouwtje verschijnt waar hij met Zoltán en Mészöly heeft geslapen. Hij stopt zijn pijp en ijsbeert nadenkend door de tuin.

'Goed geslapen?'

'Hmm...' Hij woelt door zijn haar. 'Gruwelijk gedroomd. Politie, aanhoudingen, ik weet niet meer precies.' Het gebeurt wel vaker dat hij onverhoeds door akelige dromen wordt overvallen als hij Budapest verlaat, zegt hij.

Tegen negen uur vertrekken we naar de bossen in het noorden, waar György en Mészöly indertijd op zoek gingen naar valkenesten. Ze vonden ze langs een steile rotswand in de bergen; met een rieten mand daalde György af en stal drie babyvalken. Die plek zou Mészöly terug willen vinden om foto's te maken voor zijn boek.

In de straten van Fegyvernek is het druk en ergens heeft zich zelfs een kleine opstopping van mensen gevormd. Als ik tussen hen doorkijk, zie ik dat ze rond een tafel vol flessen bier staan. Nu al! Net als gisteren rijden we alsof we alle tijd van de wereld hebben. In het kuuroord Hajdúszoboszló, waar we stoppen om de benen te strekken, loopt László ineens opgewonden naar ons toe. 'Kom eens luisteren!' Hij trekt Mészöly een café binnen; op de radio wordt een cantate voor Stalin uitgezonden. Mészöly kijkt hem aan met een droevige blik in de ogen. 'Maar László, jij was toen nog zo jong, dat jij je die muziek nog herinnert!'

In dat café slaan we onze eerste vodka achterover. László heeft een krant gekocht en leest op triomfantelijke toon een bericht voor over de Joegoslavische inflatie die zo hard gaat dat het onmogelijk is geworden in een cel te telefoneren omdat de beller het kleingeld niet aangedragen krijgt. Verder lezend stokt hij ineens. 'Slecht nieuws. Oostenrijk wil lid worden van de EG.' Als het daarin slaagt, zal het verder wegdrijven van Hongarije, zegt hij verontrust. 'Je kan het ook anders zien,' sust Mészöly, 'misschien zal Oostenrijk ons wel meetrekken naar het Westen.'

Ik luister verbaasd. We zitten vlak bij Debrecen, de stad in het oosten waar in 1849 de onafhankelijkheid van de Habsburgse overheersers werd uitgeroepen. Is het niet ironisch dat de Hongaren zoveel jaar later om de Oostenrijkers treuren? 'Het is inderdaad een monarchistische reflex,' geeft Mészöly toe. Als Zoltán die middag in het restaurant een Wiener schnitzel bestelt, beschuldigt hij hem schertsend van 'Habsburger nostalgie'.

'Ach, wij praten nu over Centraal-Europa,' zegt Mészöly. 'Wij moeten onze problemen van nationalisme nog oplossen, maar ik heb het gevoel dat het daar in de toekomst helemaal niet meer over zal gaan en dat wij hopeloos zullen achterblijven.' Onlangs ontmoette hij een Tsjechische schrijver, ze konden het uitstekend met elkaar vinden en brachten de hele nacht drinkend door. Tegen het ochtendgloren zei Mészöly dat het toch onzin was dat de Hongaren in Tsjechoslowakije hun eigen taal niet mochten spreken. De Tsjech reageerde verontwaardigd: nee, een land moest één taal hebben, riep hij, en alle burgers moesten die spreken. 'Het is niet meer goed gekomen tussen ons,' zegt Mészöly spijtig, 'maar wat betekent het als ik zeg dat ik Hongaar ben? Dat ik Roemenen moet haten? En Tsjechen?'

Europa heeft geen antwoord meer op de problemen van deze tijd, vindt hij. 'Wij zijn als de inwoners van het oude Alexandrië, wij weten alles, wij hebben de beste bibliotheken van de wereld, maar wij kunnen niets nieuws meer bedenken. Europa is stervende, het leeft alleen nog in zijn verleden, het drijft op nostalgie. Het enige dat wij kunnen doen is wachten op de barbaren, net als in het gedicht van Kavafis. Maar wat als die, zoals Kavafis schreef, niet komen? Dat zou het meest tragische zijn.'

We lunchen in Tokaj, in een restaurant met uitzicht op de grijze Tisza-rivier. Mészöly staart naar buiten. 'Toen de Russische soldaten hier in 1956 binnenvielen, dachten ze dat dit het Suezkanaal was.' Ik denk eerst dat hij een grapje maakt, maar hij blijkt het te menen. 'In sommige dorpjes waar de Russische soldaten jarenlang gestationeerd waren, hadden ze goede contacten opgebouwd met de Hongaren,' vertelt hij. 'Zij vonden het moeilijk om op te treden tegen de opstand van 1956, dus werden ze teruggehaald en stuurden de Russen andere soldaten, die van niets wisten. Ze dachten dat ze in Egypte waren en dat ze tegen de Engelsen vochten.'

'Ideologisch is de rivier die je hier ziet dus het Suezkanaal,' grijnst László.

Mészöly rekt zijn lange armen en zegt lankmoedig: 'En toch, ondanks alles, zeg ik: arme Russen, zij zijn arm, niet wij.' Op de parkeerplaats schopt hij even later de kiezelsteentjes voor zich uit. 'Onze geschiedenis heeft zijn Stendhal of Tolstoj nog niet gevonden,' zegt hij bedachtzaam, 'maar zelfs Tolstoj had uiteindelijk geen goede vorm gevonden om over politiek te schrijven. Denk maar aan *Anna Karenina*, de liefdesscènes uit dat boek zullen we nooit vergeten. Maar in die tijd werden in Rusland ook belangrijke landhervormingen doorgevoerd, als Tolstoj daarover schrijft, val ik gewoon in slaap van verveling!'

De weg naar het noorden wentelt omhoog en de grijze wolken hangen steeds lager boven ons hoofd. Als we de bossen naderen waar György en Mészöly indertijd ronddwaalden, hagelt een oorverdovende regenbui op onze Lada neer. Zoltán zit zachtjes voor zich uit te vloeken: vijfhonderd kilometer heeft hij gereisd om hier foto's te maken, wat nu? Maar Mészöly en László praten verder en lijken de reden van onze komst naar deze regionen zelfs min of meer vergeten te zijn.

'Valkenesten, valkenesten, hoe moet ik die hier in godsnaam vinden?' mompelt Zoltán. László draait zijn raam open, roept iets naar een vrouwtje dat met een hoge stapel hout op de rug over de weg strompelt. Zij draait haar gezicht naar ons toe en schudt haar hoofd. Bij een meer bespeurt Mészöly een eenzame visser, hij stapt uit in zijn open hemd, loopt op de man toe en toetert hem iets in zijn oor. De man haalt zijn schouders op.

Als de regen minder wordt en uit de vallei beneden een koele mist opstijgt, kijkt Mészöly mijmerend naar buiten. 'Zo'n plek had het kunnen zijn.' Zoltán stopt resoluut, stapt uit, haalt zijn statief uit de achterbak en begint het op te stellen. László assisteert hem goedmoedig door een grote zwarte paraplu boven zijn hoofd te houden. Mészöly's ogen speuren in de verte. Zo staan ze daar, drie verregende heren en op die plek neemt Zoltán een foto van een dal dat volstroomt met mist – achter die mist gaat misschien een rotswand schuil, en verscholen in die rotswand, een valkenest.

JAN DONKERS

SIERRA LEONE

Dit is mijn donker-Afrikaanse vuurdoop en ik zal het weten ook. De zon is al lang heel definitief onder als we op de luchthaven van Freetown het KLM-vliegtuig uitstappen, maar al na enkele passen voelen onze kleren aan alsof ze ter voorverwarming in de oven hebben gelegen. In de schemerige loods die als aankomsthal fungeert, ontfermen zich rukkend en worstelend dozijnen jongemannen over ons en onze bagage, en aangezien niemand een uniform draagt zijn we onherroepelijk het slachtoffer. Een kleine, tanige jongen wringt mijn koffer uit mijn handen en eist, als ik die vijf meter verderop heb teruggevorderd, op hoge toon een bedrag in dollars voor zijn kruierswerkzaamheden. Een handvol anderen klampt zich met grote overtuiging aan me vast en verlangt met dezelfde overgave een bedrag aan 'airport-tax'. Een ander pakt het slimmer aan. 'Vertrouw ze niet,' zegt hij met oprechte ogen, *'I'm your friend, master,'* en hij biedt aan me door dit onontkoombare gewriemel heen te loodsen en een taxi te vinden. Als het zo ver is, zal blijken dat hij voor die vriendendienst tien dollar verwacht, maar dat weet ik dan nog niet.

We besluiten eerst nog geld te wisselen bij een met triplex afgeschermd hokje in de hoek van de hal. Daarbinnen resideert een door een haperende TL-buis beschenen nerveuze employé die zich in de rug gedekt weet door een kubieke meter aan in plastic gesealde bankbiljetten. Erg veel vertrouwen wekt dat niet; is hij wel een bank? Ja, bevestigt hij met een tragisch gezicht, hij is een bank.

Ik overhandig hem een briefje van duizend gulden, denkend dat ik dan gelijk van veel soortgelijk gezanik af zal zijn. Hij ritst een pak geld open en telt er met een blik van grote autoriteit zeventien pakjes nagelnieuwe biljetten af, elk ter dikte van een forse paperback. Het luikje in zijn traliewerk moet open om de schat door te kunnen laten. Ik ben rijk, bedenk ik giechelig terwijl ik tevergeefs probeer al het geld in mijn handbagage te stouwen. Uren later zijn we nog steeds onderweg met de 'taxi' die ons naar het hotel zal brengen. Op de voorbank zitten drie alweer geheel nieuwe 'vrienden', die zich verdienstelijk hebben trachten te maken in de onderhandelingen over de prijs van de taxirit, en die, zo beseffen we geleidelijk, voor deze en nog andere diensten die zij ons bewezen hebben, bewijzen zullen of tijdens de rit aan het bewijzen zijn, ieder een royale vergoeding verwachten.

De tocht houdt een urenlang oponthoud in bij een veerboot waarvan de betrouwbaarheid mij zelfs in dit totale duister sterk onvoldoende lijkt. De maan is smal en Afrika is heel erg donker. Langs de weg worden we met moeite lemen hutten met golfijzeren daken gewaar, en bijna blote mensen die in het gras verdwijnen zodra de auto nadert. De tocht duurt nog eens een keer een uur, maar dan zijn er ook stenen en houten huizen; dit moet de stad zijn, al is het enige schijnsel dat van dozijnen minuscule olielampjes waarachter vrouwen hurken in kleurige katoenen gewaden, met naast zich mandjes met zwarte bananen, sigaretten of kolanoten.

We laten ons afzetten bij het Paramount Hotel, door Graham Greene als luxueus omschreven, maar iets herinnert ons er snel aan dat die omschrijving van vijfentwintig jaar geleden dateert. Wat is het? Het regiment gieren misschien dat vanaf het dak met gekromde nekken onze aankomst gadeslaat? De elektriciteit valt uit, reeds enkele seconden na het betreden van mijn kamer, als om een al te nauwkeurige inspectie van het afgetrapte interieur te verhinderen. Bij het licht van een kaars pak ik mijn koffer uit en zie enkele niet-betalende medebewoners haastig in kieren en wasbak verdwijnen.

Even later ontmoeten Peter en ik elkaar in de lobby om wat te drinken. Dat heeft ingrijpende gevolgen in het hotel: allereerst wordt met groot lawaai een generator aangezet die de bleke TL-buizen in de lobby met grote tegenzin tot functioneren beweegt; en dan klinkt ook onmiddellijk oorverdovende Pierre-Pallamuziek uit de luidsprekers, een hammondorgel-potpourri met alle, maar dan ook álle populaire hits uit 1961. We krijgen sterk het vermoeden dat deze iets te opgewekte klanken als een geheim signaal fungeren, of beter gezegd als een gecodeerde lokroep, wanneer vervolgens aan alle kanten om ons heen als vanuit het niets afzichtelijke hoeren beginnen op te duiken die sissende en smakkende geluiden maken en, als onze hoofden per ongeluk even in hun richting gedraaid worden, met een enthousiasme dat bijna iets dreigends heeft hun rok optillen om naar hun schaamstreek te wijzen.

Onze conversatie wil door dit alles niet vlotten. Ik loop naar de balie om het ontbreken van een telefoonboek op mijn kamer te rapporteren. Ik wil hard werken de komende dagen, en daarvoor is efficiënt telefoonverkeer een eerste vereiste. Het voltallige personeel verzamelt zich om mijn klacht te bediscussiëren. Ook nadat er eindelijk ergens vandaan een telefoonboek is opgedoken, blijf ik het gevoel houden dat ik wat bevreemd word aangekeken. De reden daarvan wordt duidelijk als een wat oudere man met een grote hoornen bril enigszins buiten de orde het stilzwijgen verbreekt: *'In Freetown,'* spreekt hij ernstig, *'telephones don't work.'*

Terug op mijn kamer begin ik, alweer onwillekeurig giechelend, de stapels geld na te tellen. Het zijn allemaal coupures van twintig leone en ze dragen ook allemaal de beeltenis van de voormalige president Siaka Stevens. De airconditioning komt met een soort klapwiekend geraas tot stilstand, het licht valt gelijk uit en bij het schijnsel van een kaars tel ik verder, en giechel al een stuk minder enthousiast als ik bevestigd zie dat ik weliswaar veel papier rijker ben geworden maar toch voor honderdvijftig gulden minder dan waarop ik recht had.

Waarom moest ik ook alweer zo nodig naar Sierra Leone? De aanleiding was, zoals wel vaker, onbenullig op het banale af. In het voorjaar van 1988 vond ik bij mijn post een prachtig verzorgde langspeelplaat met de titel *Sierra Leone Music, West African Grammophone Records recorded at Freetown in the '50s and early '60s.* Op de hoes was een foto afgedrukt van wat eruitzag als een havenstad, gefotografeerd vanaf een heuvel in de vallende schemer. Op een inzet zag ik een oude neger met een grote bril en een nog grotere akoestische gitaar. Hij was gekleed in een soort clownspak en leunde jolig in een deuropening. Toen ik de plaat opzette, hoorde ik met mijn verbaasde oren een onbekommerde calypsomuziek die ik veel meer met het Caraïbisch gebied associeerde dan met Afrika. Het waren de Freetown Darkies die ik aan het werk hoorde, en hun *Jiving Marie Calypso* werd al snel gevolgd door een niet minder opgewekt nummer waarin de komst van de eerste dubbeldekkerbus in Sierra Leone werd bezongen. Calypso? In Afrika?

Het bleek te kloppen, op een wel heel interessante manier, zoals duidelijk werd toen ik het bijgevoegde boekje begon te lezen. Freetown, de hoofdstad, was gesticht in 1787 door Britse slavernijbestrijders die het schiereiland aan de Sierraleoonse kust hadden uitgezocht als nieuw thuisland voor vrijgelaten slaven van Afrikaanse herkomst. In de laatste jaren van de achttiende eeuw werden slaven uit Amerika, Nova Scotia, maar ook uit Jamaica ernaartoe gebracht, en kort erna werden ze gevolgd door Afrikanen die hun wortels dichter bij huis hadden, de *recaptives*, afkomstig van door de Britse marine vlak voor de Westafrikaanse kust onderschepte slavenschepen. Uit deze mengeling van culturen was op het schiereiland een nieuwe samenleving ontstaan van *krio's* die een soort verbasterd Engels als voertaal kende en inderdaad onmiskenbaar Caraïbische trekken had. *'Freedom,'* zo hoorde ik de zanger opgewekt herhalen op een volgend hoogtepunt van de plaat, *'in April nineteen-sixty-one!'*

Ik las en luisterde en was verkocht. Wat een voorbeeldig land! Wat een voorbeeldige geschiedenis! Ja, daar wilde ik heen! Dat verlangen werd alleen nog maar groter toen ik het fotoboek *Sierra Leone* van de Franse gebroeders Valentin in handen kreeg, een schaamteloos mooie uitgave waarin het moderne Sierra Leone wordt afgebeeld als een tot dan geheimgehouden aards paradijs met schone en gelukkige zwarte mensen, met boeiende architectuur, en met de mooiste stranden van heel Afrika, misschien wel van de hele wereld...

Na een handvol dagen in het Paramount Hotel denk ik daar nog vaak aan en probeer ik nog steeds tevergeefs idylle en werkelijkheid met elkaar te verzoenen. De alomtegenwoordige corruptie, de inefficiency, de hopeloosheid van het alles... het kost me op momenten van wanhoop de grootste moeite mezelf voor te blijven houden dat Sierra Leone er per slot van rekening ook niets aan kan doen dat ik zo naïef ben en dat veel van de misère die hier over me heen valt helemaal niet typerend is voor dit land, maar voor het hele Afrikaanse continent zo ongeveer moet opgaan. Maar, zo vraag ik me op een dieptepunt van somberheid af, is Sierra Leone eigenlijk wel een land? Jazeker, in de zin dat het een vlag heeft (die groen, wit en blauw is, respectievelijk voor oerwoud, strand en zee) en een hoofdstad en een operetteleger en een president. Maar verder? De naam Sierra Leone werd vele eeuwen geleden bedacht door een Portugese zeeman die in de vorm van het kustgebergte een slapende leeuw meende te herkennen. En de grenzen zijn bepaald door de koloniale regeringen van Frankrijk en Engeland tijdens de negentiende-eeuwse *scramble for Africa*, en dus bestaat de bevolking, als die van de meeste Afrikaanse landen, uit een samenraapsel van elkaar veelal vijandige stamverbanden die zich dikwijls over de staatsgrenzen heen voortzetten. Een vrijheidsstrijd heeft Sierra Leone nooit hoeven voeren, het kreeg de onafhankelijkheid gratis, inderdaad, in *April nineteen-sixty-one*, door de Engelsen aangeboden. Is het dan verwonderlijk dat nationalisme een zo goed als onbekend woord is in Sierra Leone, en dat de enige loyaliteit die de burger voelt er een is jegens, tja, jegens zichzelf?

Natuurlijk heeft Sierra Leone ook een staatsvorm, en die is, zo wordt me van diverse kanten te verstaan gegeven, de kleptocratie. Van hoog tot laag, in alle regionen van de samenleving, overal zijn Sierraleoners bezig zich elke dag officieus te verrijken met doorgaans als eerste rechtvaardiging dat hun 'officiële' inkomen volstrekt ontoereikend is in de chaotische en inflatoire economische situatie van het land. Het fenomeen is het meest zichtbaar op het dagelijkse niveau, van de politiemannen die 's avonds in de residentiële wijken van huis tot huis gaan om er, beleefd aan hun pet tikkend, hun dagelijkse 'centje' te incasseren, tot aan de wegwerkers die enkele malen daags een gedemonteerde auto als versperring de weg op slepen en het passerende verkeer pas weer doorlaten als er 'tol' betaald is. Maar dat is allemaal letterlijk kleingeld vergeleken bij wat er in hogere overheidskringen omgaat, en dan niet alleen bij het verkrijgen van overheidscontracten, zoals elke zakenman met een volstrekte vanzelfsprekendheid kan illustreren. Ook van een onafhankelijke rechtspraak is, als ik mijn informanten moet geloven, geen sprake meer: zowel in strafzaken als in civiele procedures wordt de uitslag doorgaans bepaald door wie het meest betaalt.

De schepper van deze uitzichtloze en deprimerende situatie is in belangrijke mate Siaka Stevens, president van Sierra Leone van 1971 tot 1986, een staatsman die zijn belangrijkste filosofische standpunten doorgaans samenvatte in de uitspraken: *'Man is a brute,'* en: *'It's a dog eat dog world.'* Dat het de plicht van regeerders zou kunnen zijn het in zo'n wereld voor de zwakkere 'dogs' op te nemen, is een naïeve westerse gedachte waar maar weinig Afrikaanse heersers zichzelf mee lastig vallen. Het belangrijkste doel van het regime van Stevens was de instandhouding van het regime; wie voor het bereiken van dat doel van belang was en er zijn medewerking aan verleende, kon rekenen op gunsten van het regime; voor het overige behoefde het regime zich niet om de levensomstandigheden van zijn onderdanen te bekommeren.

Deze ontluisterende staatsvorm is diep, zeer diep ingesleten in het leven van Sierra Leone, en heeft de neiging nogal ontnuchterend te werken op hen die het land bezoeken met een restje van idealisme. Wij hebben geleerd dat we met heel veel ontnuchterende informatie kunnen leven, de afgelopen decennia; ontbering, armoede en dieverij, het is zelfs in grote doses te verdragen zolang er nog mogelijkheden lijken te zijn voor verbetering, leiders die aan iets anders denken dan aan hun onmiddellijke eigenbelang. Maar het besef dat iedereen zich erbij heeft neergelegd dat het nooit meer zal veranderen is zo strijdig met ons vooruitgangsgeloof dat we vooreerst weigeren het te accepteren, en alleen onder ogen kunnen zien ten koste van... ja van wat, nog meer onschuld? De wereld zoals ze is en de wereld zoals we graag zouden willen dat ze was: bij sommige mensen duurt het een heel leven voordat in alle projectiezaaltjes van hun hersenpan die twee dia's echt over elkaar heen geschoven zijn.

Genoeg neerslachtig gepiekerd nu; sta op man, en laat ons Freetown eens zien! Freetown is (overdag) een levendige, kleurrijke stad die zich uitstrekt langs de hele noordkant van het schiereiland, aan de monding van de Sierra Leone River, waar zich een van de grootste natuurlijke havens van de wereld heeft gevormd. In het centrum staat het symbool van Sierra Leone, de Cotton Tree, die in elk geval al meer dan tweehonderd jaar oud moet zijn omdat daaronder, volgens de overlevering, de eerste teruggebrachte slaven zich verzamelden. De Engelse invloed is nog overal in de stad te zien, van de straatnaamborden en anglicaanse kerken tot de onttakelde telefooncellen en – heel zichtbaar – de verschillende kleurige schooluniformen waarmee groepen van vele tientallen scholieren elke ochtend en middag massaal het straatbeeld opfleuren.

De woonhuizen hebben dikwijls een benedenverdieping van steen waarboven een of twee houten verdiepingen zijn gebouwd. De vele moskeeën in de grotere doorgaansstraten herinneren eraan dat Sierra Leone in belangrijke mate mohammedaans is. Er zijn prachtige openluchtmarkten, vooral in de buurt van de haven, maar het merendeel van de handel lijkt gedreven te worden via winkeltjes ter grootte van een flinke douchecel, waar achter een netwerkje van kippegaas brood, vruchten, batterijtjes en veel meer worden aangeboden.

Ten westen van het centrum, in de heuvelachtige uitlopers van het kustgebergte, zijn de residentiële wijken waar Europeanen, diplomaten en welgestelde Afrikanen wonen met hun bediendes. En naar het oosten, niet ver buiten het centrum van de zakenflats en de overheidsgebouwen, ligt het stadsdeel dat door sommigen al 'klein Beiroet' wordt genoemd. Hier wordt, in vele tientallen winkels en kantoren, negotie gevoerd door de Libanezen, die het land in een economische wurggreep hebben waaraan het zich moeilijk lijkt te kunnen ontworstelen.

Hoe komen die Libanezen daar en waarom zijn ze zo prominent aanwezig? Daarvoor is het nodig naar de geschiedenis van Sierra Leone te kijken van na de stichting van deze Britse kolonie met filantropische inslag, en naar de positie van de creolen. Eerst werd deze afstammelingen van slaven, met hun al dan niet vermeende westerse achtergrond, door hun Britse weldoeners een gevoel van superioriteit bijgebracht ten opzichte van de autochtonen in het later gekoloniseerde achterland. De Britten bevorderden het ontstaan van een klasse van *black Englishmen* die zich Europees kleedde en gedroeg, totdat zij inzagen dat deze gecreëerde elite het uiteindelijk toch zou moeten afleggen tegen de numerieke meerderheid van de autochtonen. Vanaf dat moment begonnen de Engelsen het ontstaan te bevorderen van een nieuwe middenklasse van Libanese handelaren, die om redenen van protectionisme uit andere Westafrikaanse landen werden verdreven maar in Sierra Leone zonder problemen aan de slag konden. Ontdaan van hun economische macht verloren de creolen inderdaad in de loop van deze eeuw ook het merendeel van hun politieke macht aan de bewoners van het achterland, met wie ze nooit veel op hadden gehad. Tegenwoordig vormen ze alleen op het oog een elite, van leraren, advocaten en artsen, die zich op een lichtelijk tragisch uitziende manier nog vastklampt aan westerse gewoonten en verschijningsvormen.

'Damn Lebanese,' gromt de Amerikaanse diplomaat, *'they own the whole goddamn country.'* We lunchen in het restaurant van het Mamy Yoko Hotel, waar zwarte obers flessen bordeaux serveren die viermaal hun maandsalaris kosten en waar voor een hotelkamer per nacht ongeveer een half jaarsalaris van een leraar moet worden neergeteld. Het is warm, zeer warm. Achter ons groeperen zich dramatische wolken boven het kustgebergte. De regentijd is nog niet helemaal voorbij, er valt elke dag nog wel een warme bui.

Aan beide tafels naast ons heeft zich een zeer *extended* Libanese familie neergezet, inclusief dikke adolescenten met hemd uit hun broek, sombere vrouwen die tegen beter weten in iets aan hun uiterlijk trachten te verbeteren, ruziënde mannen. Nog een tafel verderop zitten twee zwarte kindermeisjes op de allerkleinsten te passen. De familie gedraagt zich een beetje alsof ze in de woonkeuken van haar eigen huis zit, en dat is ook een beetje zo: ze zijn klaarblijkelijk de familie van de Libanese exploitant.

'Alles wat iets opbrengt in dit land is in handen van de Libanese middenstand,' vervolgt de Amerikaan. 'Noem maar op: hotels, visserij, diamanten, en daarmee is natuurlijk hun politieke positie ook enorm sterk. De regering móet natuurlijk naar buiten toe wel klagen dat buitenlanders de economie beheersen, maar zolang zij zelf hun smeergelden blijft opstrijken, verandert er niets. Het is een behoorlijk cynische vorm van nieuw kolonialisme, want het enige dat deze handelaren doen is goedkoop inkopen en duur verkopen. Ze investeren niets, dragen niets bij aan het land. *They are only here for the kill.'*

Het is uitgerekend Cynthia die het met zijn betoog niet eens is. Zij is de westers opgevoede dochter van een Sierraleoonse zakenman en zij tafelt mee. 'Als de regering jou de kans gaf het land leeg te halen,' vraagt ze demagogisch, 'zou je die dan grijpen of niet? De Libanezen doen alleen maar iets wat mijn eigen landgenoten ook zouden doen als ze verder konden en wilden kijken dan hun neus lang was. Maar kijk om je heen: de mensen vertikken het om verder te plannen dan voor vandaag; vaak hebben ze de luxe ook niet om dat te kúnnen doen, en als het wel zo is, gunnen ze een ander weer niet de kans daarvan mee te profiteren.'

'Geknoei en corruptie,' zo vat een andere disgenoot de oorzaken samen waardoor alles in Sierra Leone mis lijkt te moeten gaan. Hij is een Deense ingenieur die bij verschillende ontwikkelingsprojecten betrokken is, en hij sipt mismoedig van zijn thee. 'Het lijkt onmogelijk mensen hier het idee bij te brengen dat machinerie, gebouwen enzovoort aan slijtage onderhevig zijn en dus onderhouden moeten worden. *Maintenance*, ik kan het woord niet meer horen, zo belachelijk klinkt het in dit land. Alles wordt gebruikt tot het op is, als het daarvóór niet gestolen is, en als het kapot is, wordt een aanvraag voor nieuw ingediend.' Dit is het zevende land waar hij werkt en, zo besluit hij met een diepe zucht, hij kan niet wachten tot hij wordt overgeplaatst. Niemand aan tafel lijkt de behoefte te hebben hem tot andere gedachten te brengen.

Het is half vijf de volgende ochtend en aardedonker als we in de terreinwagen van Victor de stad uitrijden. Victor is een Franse ondernemer die al achttien jaar in Freetown woont en zijn opinies over het reilen en zeilen van het land in een aanstekelijke ironie verpakt. Op sommige plekken langs de weg branden wat olielampjes maar verder is er niets te zien van het bergachtige landschap van het schiereiland. Hier en daar hurken wat mannen rond gestrande auto's, waarvan de aanwezigheid enkele bochten tevoren al wordt aangegeven met plukjes gras op de weg. Maar dan, heel langzaam, wordt het licht en zien we contouren in het savanne-achtige landschap; dorpen langs de weg, lage lemen hutten met golfijzeren daken waartussen mensen in lange witte gewaden roerloos wakker staan te worden. Tussen de palmen hangt damp, in de verte ontwaren we al de silhouetten van de Moyamba Hills.

De weg wordt snel slechter, harder dan dertig kilometer kan er eigenlijk zelden gereden worden met die verraderlijke kuilen. Victor is niet alleen op zijn hoede voor plotseling overstekende kindertjes, maar ook voor geiten en de zich hier met een opvallend dédain bewegende eenden. Volgens een lokaal bijgeloof roept het aanrijden van zo'n vogel rampspoed af over de automobilist en zijn gezelschap.

We worden stilgehouden bij een checkpoint, gretige jongens in burger bekijken de inhoud van de Nissan, enkele bankbiljetten krijgen nieuwe eigenaars en we mogen verder. Vanaf de andere kant naderen twee busjes. Op het ene staat geschilderd *To be a man is not easy* en op het andere *No condition is permanent*.

Het is nog niet eens acht uur als we in Bo aankomen, een provinciestad die gemoedelijker en properder aandoet dan Freetown. Er worden marktkramen opgezet, trossen geüniformeerde schoolkinderen komen vanuit alle zijpaden aanlopen. Veel mensen bewegen zich voort te fiets ('Hier hebben ze nog onderdelen,' verklaart Victor). Naast ons worden kruiwagens met Amerikaanse rijst voortgeduwd. In het dampige silhouet van het stadje prikken minaretten boven alles uit.

We rijden door, naar Kenema en verder; overal langs de weg gehurkte blote kinderen en vrouwen met manden, dozen of kratten boven op hun hoofd, opnieuw plukjes scholieren in kleurige uniformen. Voorbij Kenema wordt de weg ongeveer onbegaanbaar, maar Victor neemt fluitend de diepste kuilen, die dikwijls met rood water gevuld zijn. We passeren verlaten palmplantages, met varens overwoekerde bomen in nette rijen die een bizarre illusie van orde in de chaos oproepen. Mensen schieten weg tussen het hoge gras en worden onzichtbaar, maar de bossen hout die ze op hun hoofd dragen niet. Ergens verderop in deze rimboe moet de grens met Liberia liggen.

Een paar keer stappen we uit op plekken waar Victor een overheidsproject moet controleren. Groepjes jongens met *palmtree-ropes* verzamelen zich om ons heen en vechten om weggeworpen lege bierblikjes. Een toekan vliegt over. Verderop zie ik een man met een Miles-Davisbril op en een dode aap in zijn hand. Hij schreeuwt wat tegen niemand in het bijzonder en schuifelt achter een vrouw met een immense witte beha een huisje binnen.

Ik steek mijn hoofd om de deuropening van een golfijzeren loodsje waaruit zojuist wat schoolkinderen naar buiten zijn gehold. Er is niemand meer binnen; op het bord staat *IA* en daaronder, in blokletters:

DRAWING

AN UMBRELLA

A CUTLASS.

Als we het dorp uitrijden, is daar plotseling een zanderig omgeploegd terrein met waterige kuilen waar tientallen gebogen jongens met scheppen en zeven aan het werk zijn. 'Diamanten,' verklaart Victor. 'Even verder zijn er meer, en nog meer. Dit is diamantengebied, ooit een bron van nationale trots, toen Sierra Leone zijn postzegels in de vorm van een diamant liet snijden en er prat op ging de tweede diamantproducent ter wereld te zijn. Tegenwoordig levert het de nationale economie maar bitter weinig op en zorgt het, als zoveel anders in dit land, hoofdzakelijk voor problemen.'

'*The country is finished*,' zucht Freddie, 'de ontdekking van diamant was het ergste dat er had kunnen gebeuren.' Hij zet zijn woorden kracht bij door met een broodmes onheilspellende kerven in het hout van de bar te maken.

Het is de volgende dag en we zitten in het City Hotel in Freetown. Freddie is van Zwitserse origine en hij ziet er met zijn slepende been en zijn blik van doorleefde melancholie uit als een figuur uit een roman van Graham Greene. In feite is hij dat ook. Een halve eeuw geleden belandde hij in Freetown en begon er dit hotel te exploiteren, dat onder de naam Bedford Hotel de locatie is van de openingsscènes uit *The Heart of the Matter*, een van Greene's bekendste en van katholieke gewetensstrijd doortrokken romans. Het is, zo blijkt opnieuw, moeilijk in dit soort delen van de wereld een stap te zetten zonder in de voetsporen van Greene te treden.

De lobby is leeg, en op wat versleten fauteuils na kaal. Het kasregister staat, zo te zien al heel lang, op L 200. Op een plank tegen de muur ligt wat verroest keukengerei. Aan de wand een fraaie, handgeschreven tekst: 'Tot onze spijt moeten we melding maken van het overlijden van de kip die gouden eieren legt. Als gevolg van zijn plotselinge verscheiden kan er geen krediet meer worden verleend. *Very, very sorry, Fred.*'

Van buiten klinkt getoeter en Afrikaanse muziek. Freddie tuurt naar een uit zijn voegen hangende deur, hij praat zacht en lacht schril na elke paar zinnen. 'Waarom? Niet alleen omdat in grote delen van het land landbouw en hele dorpen ontwricht zijn doordat jonge mannen massaal naar diamanten gingen zoeken. Officieel is de winning grotendeels in handen van de staat, maar desondanks komt nog minder dan tien procent ten goede aan de nationale economie. De rest verdwijnt, via officiële en officieuze smokkel.'

Freddie vertelt, bijna onhoorbaar nu, over het optimisme van de jaren zestig, vlak na de onafhankelijkheid, toen het geloof in een toekomst nog universeel leek te zijn. 'Nu is de corruptie overal, op elk niveau. Inhaligheid en zelfzuchtigheid zijn zulke algemene kenmerken geworden dat geen enkele regering dat ooit nog kan veranderen. En dat is het allerergste: niemand heeft meer hoop. Ik ook niet.' Hij lacht zachtjes en zet een nieuwe kerf in het hout.

Als je als bezoeker door Freetown loopt, bekruipt je het gevoel dat zo'n tien jaar geleden een laatste poging moet zijn gedaan de uiterlijke schijn van deze stad op te houden. Hotels of regeringsgebouwen, wegen of openbare voorzieningen, het laatste onderhoud lijkt overal van een decennium her te dateren, te oordelen naar de mate waarin alles verzakt, verbladdert, verschiet, verbleekt, verrot, verloedert. Die schatting blijkt aardig te kloppen: in 1980 was Sierra Leone namelijk het gastland van de conferentie van de Organisatie van Afrikaanse Eenheid, en voor die prestigieuze gelegenheid onderging het een facelift waarvan het land eigenlijk nooit meer is hersteld. Volgens sommigen is die conferentie zelfs nog desastreuzer voor het land gebleken dan de diamantvondst. 'De helft van de begroting van 1979-1980 is opgegaan aan dat prestigeproject,' bespiegelt de eerdergenoemde diplomaat somber, 'en de ondernemers ontdekten toen pas goed wat er met regeringscontracten viel te verdienen. Er werden hotels en huizen gebouwd, wegen en straatverlichting aangelegd, en Afrika was onder de indruk. Maar daarna is alles verrot en verzakt; de straatlantaarns werken niet, zelfs in de zeldzame uren dat er elektriciteit is; de wegen zijn vergaan; de hotels opereren op halve kracht of minder.'

Die mening wordt gedeeld door dr C. Magbaily Fyle, een historicus verbonden aan het Fourah Bay College, een instelling die Freetown in vroeger tijden de naam van 'het Athene van Afrika' gaf. 'De netto-opbrengst stond natuurlijk in geen verhouding tot wat het ons land allemaal gekost heeft,' formuleert hij met flamboyante stelligheid, 'en onze economie was veel te zwak om zo'n klap te kunnen verwerken.' Verder bevestigt hij dat de problemen waar Sierra Leone mee kampt identiek zijn aan die van veel andere Afrikaanse landen. 'We kregen na de onafhankelijkheid te maken met de revolutie van gestegen verwachtingen; ambitieuze regeringen die te snel te veel dingen wilden zonder dat de ervaring en het geld en de know-how aanwezig waren. Natuurlijk is er hier corruptie, maar die vind je overal. Wat de situatie in Sierra Leone nog somberder maakt dan elders, is dat men hier veel te veel naar het Westen kijkt als voorbeeld en dat de nationale hulpbronnen óf ongebruikt blijven óf in handen van buitenlanders zijn.'

Pas na een dikke week verblijf is de idylle voorbij, en tevens de cultuurschok; Sierra Leone krijgt de realistische contouren die het verdient, en blijkt een land met niet alleen verrassende maar ook aangename kanten. We hebben tijd voor verpozing aan de fenomenale stranden, die door de Franse ondernemers helaas niet al te stijlvol worden geëxploiteerd; we bezoeken de fraaie Krio-nederzetting en verder op het schiereiland; we ontdekken orde in de chaos van Freetown, stuiten op steeds meer dingen die warempel wél blijken te werken.

We bezoeken het minuscule Bunce Island, verderop in de rivier, een historisch juweel waar onder een dek van gevallen bladeren en rode mieren de graven liggen van de achttiende-eeuwse slavenhandelaars, en het Sierra Leone Museum, waar men pogingen doet de unieke geschiedenis te documenteren en waar een replica ligt van het levensteken dat Michiel de Ruyter in 1664 in steen aan de havenkant van Freetown achterliet. En: we blijven hopen op het gesprek met president Joseph Momoh dat we officieel hebben aangevraagd. Momoh werd drie jaar geleden door Siaka Stevens persoonlijk als zijn opvolger aangewezen, maar het zou wat naïef zijn te veronderstellen dat hij ook werkelijk de man met de meeste invloed in het land is. Dat wordt alom de Libanese zakenman Jamil Saïd Mohammed geacht te zijn, maar deze Jamil resideert in Londen en lijkt voldoende reden te hebben voorlopig niet naar Sierra Leone terug te keren. Dat zit zo: op 23 maart 1987 onthulde de regering dat troepen die trouw waren gebleven aan de president een couppoging hadden verijdeld van hoge politieofficieren en lagere legerofficieren. Na verhoor van de betrokkenen bleek een aantal vooraanstaande figuren bij de coup betrokken te zijn, onder wie vice-president en minister van justitie Francis Minah. Deze Minah werd met vijftien anderen berecht en ter dood veroordeeld, en zit in de zwaarbewaakte Pademba-gevangenis op de uitvoering van het doodvonnis te wachten. Maar als brein en instigator van de coup werd overal de snel uitgeweken Jamil gezien, die in Francis Minah een williger behartiger van zijn zakelijke belangen zag dan in Momoh. En zoals politici te koop zijn, zijn natuurlijk ook legers te koop in dit deel van de wereld, al bleek dat dit keer net niet helemaal op te gaan. Maar het land wordt vanuit Londen bestuurd, zoals je hier en daar hoort verzuchten, en de vraag lijkt niet óf maar wanneer Jamil zich voldoende sterk voelt om het opnieuw te proberen.

Na twee middagen te hebben geantichambreerd in het door nerveuze soldaten bewaakte en in zijn voegen krakende State House, mogen we de derde keer dan eindelijk telkens een met soldaten gevuld gangetje verder. Na iedere bocht is het interieur wat beter onderhouden, zodat we werkelijk hoop beginnen te krijgen dat we het *inner sanctum* benaderen. Nog een deur, nog een, en daar is hij dan, de president. Zwaar gebouwd, een forse mond, grote, bijna als verstarde, maar beslist niet onvriendelijke ogen, die je tijdens het gesprek ontspannen blijven aankijken. Een batterij telefoons (zouden die wel werken?) en een bureau vol glimmende snuisterijen. Momoh. President Momoh.

Een handvol zwijgende mannen blijft tijdens het interview paraat. We praten, we maken foto's, we nemen hartelijk afscheid. Zijn we iets wijzer geworden? De president heeft uiteengezet waarom hij een economische noodtoestand heeft afgekondigd: smokkel en malversaties waren zo wijd verspreid geworden dat er iets aan moest worden gedaan. De prijs van rijst, het basisvoedsel, was de laatste maanden dramatisch gestegen omdat *'wicked and ill-intentioned people'* een kunstmatige schaarste hadden gecreëerd. Hij heeft zijn bereidheid om met het IMF over de enorme staatsschuld te praten benadrukt, 'maar als ze alles in één keer door onze keel willen persen, stikken we gegarandeerd'. Hij heeft het één-partijstelsel verdedigd. Hij heeft, zeer *statesmanlike*, en beslist niet rooskleurig, de situatie besproken. Wat de coup betreft? Er zijn maatregelen getroffen om het land te stabiliseren en herhaling te voorkomen. Nee, nadere details, helaas… Momoh, zo heeft een redacteur van een van de kleine krantjes die in Freetown op straat worden verkocht me verteld, is ongeveer te plaatsen bij min twintig op een integriteitsschaal waar min honderd het gemiddelde is voor Afrikaanse politici. Een niet al te inhalige man die weinig durft en kan veranderen aan de situatie die hij heeft geërfd, en wiens machtsbasis eigenlijk schrikbarend smal lijkt.

De volgende avond vertrekken we. Als in een teruggedraaide film doorstaan we op het vliegveld hetzelfde gezanik als bij aankomst. Het verschil is dat we er nu bij kunnen glimlachen en doen alsof wij ook vinden dat dit nu eenmaal bij de wereld hoort. We betalen wat geld voor de bagage-afhandeling, wat geld voor de deviezenuitklaring, wat geld voor de paspoortcontrole. Dan moet de koffer open. Ten minste zes gretige mannen halen de hele inhoud omver. Hebben we diamanten? Nee, we hebben geen diamanten. Dan mag de koffer ook weer dicht. We mogen doorlopen, welzeker, door dat gangetje daar, alle formaliteiten zijn nu afgehandeld, voorbij die gang begint het Westen in feite al, en daar zal niets en niemand ons meer lastig vallen. *'You may go now, sah,'* bevestigt een uitbundig grijnzende beambte, en net als ik met mijn koffer die richting op loop, voegt hij eraan toe: *'And what, sah, are you going to do for us now?'*

Hij blijft er onweerstaanbaar bij grijnzen, zo uitbundig dat ik het niet kan nalaten zijn grijns te beantwoorden terwijl ik voor de laatste keer naar mijn portefeuille tast.

ADRIAAN VAN DIS

UITGEKLEED

Alles wat de koopman bezit staat in zijn winkel. Kleden aan de wand, op de vloer, op stapels, in rollen. Van elk kleed kent hij het verhaal. 'Wat zijn dat voor zwarte vlekjes?' vraag ik. 'Vlekjes?' Hij veegt, borstelt, maakt zijn vingers nat en proeft het zwarte op het kleed. 'Vlekjes? Dat zijn vogels, de maker heeft hier vogels afgebeeld. Vogels die vliegen over de woestijn.' De koopman woont tussen zijn kleden, ze dienen hem tot tafel, tot stoel en hij kruipt eronder als hij 's middags moe is. Zo vond ik hem, slapend onder vier kleden. Maar hij sliep als een slang.

'Psst, monsieur, pssst.'

'Ik wil alleen maar kijken,' zeg ik.

'Ze moeten bewegen,' zegt de koopman en hij knipt met zijn vingers. Vier jongens komen binnen, twee kleine voor de kleine kleden, twee grote voor de grote en voor de lopers roept hij twee mannen met baarden. 'Kleden moeten lucht, alleen in beweging ziet u hun glans.' De jongens trekken de kleden op tot hun neuzen en ik zie wollen kamelen en bijen op een honinggeel veld, wolken en oases en daarboven glanzende, bruine ogen.

De koopman zegt: 'De moderne Marokkaan is op het lyceum geweest, op de universiteit, hij kan boeken lezen en hij heeft zijn muil verruild voor een veterschoen. Hij rijdt in een Mercedes, maar hij bidt op een Belgisch kleed, mechanisch geweven, omdat hij denkt dat alleen machines kwaliteit leveren. Hij kan zijn eigen kleed niet meer lezen. Hij weet niet eens dat het olielampje midden op dit kleed op zijn viriliteit slaat... Kijk eens wat een forse tuit en de sterretjes eromheen, ze geven licht, ziet u, dat zijn zijn toekomstige kinderen. De moderne Marokkaan heeft geen eerbied voor de blindheid van de oude vrouw die haar ogen aan de knopen heeft geofferd. Ziet u de gouden gloed, goud dat overgaat in jade? Dat is het verhaal van de Berbers, verteld door vrouwen die niet kunnen lezen, die nooit zijn schoolgegaan, maar die de geschiedenis van hun volk in draden kunnen schrijven. Ze kennen elkaar, overleggen, zien de verhalen tussen elkaars ogen. U staat hier in een bibliotheek, meneer.'

Tien paar ogen kijken mij aan, twintig handen laten kleden en lopers zakken, tien monden grijnzen mij toe. 'Respecteer toch onze geschiedenis, meneer. Het zijn niet zomaar vrouwen, ze zijn van nobele families, hun handen moeten fijn zijn, niet de handen van handelaren, geen handen die wortels snijden, vlees bereiden. Laat mij uw handen zien?' Ik steek mijn rechterhand uit. 'De hand van een intellectueel.' Hij strijkt langs mijn middelvinger. 'Het eeltbobbeltje van de schrijver. Dit kleed komt u toe. U bent het aan uw stand verplicht.'

'Ik zal erover nadenken.'

'Wie nadenkt krijgt het koud. Wij kunnen ons niet veroorloven na te denken. Het enige dat wij de beschaving kunnen bieden is een kleed.'

'Maar uw volk heeft toch de algebra uitgedacht?'

'Ik ben geen Arabier, ik ben een Berber. Mijn taal laat zich van de Libische woestijn tot Senegal verstaan. De Feniciërs, Egyptenaren en de Toearegs hebben evenveel sporen in mijn bloed nagelaten als de Arabieren. Voor ons zijn de sterren er alleen om de weg te wijzen.'

'Ik kom morgen terug,' zeg ik.

'Berbers hebben nooit haast. De tijd is hier niets waard.'

'Ik ben hier nog acht dagen.'

'Ik ben hier mijn hele leven,' zegt de koopman, 'mijn wereld is zo groot als een kleed. Klein, ik geef het toe. Maar ik zie meer dan u. Kijk toch, meneer,' en hij wijst naar het kleed waar we op staan, 'die bergen, dat is de Atlas, en zie, de kamelen drinken, en de vogels, mooier dan op uw bankbiljetten. En het goud vlamt, dit is een vlammend kleed, meneer. Alleen mensenhanden kunnen dit laten branden.'

Het is een mooi kleed. Ik geef het toe.

'Vierduizend dirham, duizend gulden.'

'Duizend dirham.'

'Meneer, u wilt een kameel voor de prijs van een vis.'

'Tweehonderdvijftig gulden.'

Hij neemt mij apart en fluistert: 'Vertel dit niet aan de minister. Hij zal furieus zijn. Dit zijn antieke kleden, ze mogen het land niet eens uit.'

'Driehonderdvijftig.'

'Zevenhonderd.'

'Vijfhonderd.'

We schudden handen. 'Ik breng het naar uw hotel. Vanavond om zeven uur voor de poort. Ik mag daar niet eens binnen, een Berber in djelleba... daar houden ze niet van. Ik leg het achter in mijn ezelskar.'

's Avonds om zeven uur. Ik wacht onder een palmboom voor mijn hotel. Een Mercedes stopt. De koopman, in een vlot leren jasje, stapt uit. Ik krijg het kleed, hij het geld.

Een sieraad voor de logeerkamer. Nee, niet in de salon, want onder de witte rand, die woestijnwitte zoom, langs Atlas, kamelen en vogels, staat mijn schaamte ingeweven: Made in Belgium.

HERMAN DE CONINCK

IK WAS EEN ZWARTE...

I

De autorit van het vliegveld naar Kinshasa: zoiets moet hyperrealisme wezen. Een gevoel van onwerkelijkheid, omdat het allemaal té werkelijk is. Het *is* ook niet echt, de beelden trillen van de hitte, als een film op een slecht afgestelde video. Wegen vol putten. 'C'est un pays de putes,' zegt André G., de voorzitter van de Vlaamse Vriendenkring Kinshasa. Hij ratelt informatie op me af. We rijden voorbij een gigantisch omhoogstekende piek die vijftig meter boven de grond iets moest gaan bedoelen wat er niet meer uitgekomen is, een restaurant halverwege de hemel of zo. De steunberen zien eruit als skischansen. Kinderen spelen er glijbaantje op. 'Dat is het monument voor de slachtoffers van de revolutie,' zegt G., 'dat zijn ze dus allemaal.'

Langs de weg drukte. Zelfgemaakte kruiwagens, *pouspous*, vinden het vrachtvervoer uit. *Fulafula's*, iets tussen veetransport en openbaar vervoer in, puilen uit en hangen scheef van passagiers en aanhangers. Een loopbrug over de weg is ingestort: recht op de stuurcabine van een *fulafula*, acht doden, zegt G. Langs de weg autowrakken, een openluchtmuseum van roest. Langs de weg, eveneens in openlucht, fauteuils en canapés, zithoeken in het niets. Verder verkoopstalletjes: Service Quado, auto-onderdelen. Pharmacie L'Espoir: papieren zakdoekjes en toiletpapier. Een tafeltje met glanzend gepoetste autovelgen en wieldoppen. Stank van vuilnisbelten. 'Ik zou niet weten waar mijn boy met het huisvuil blijft,' zegt G., 'hij gaat met de pouspous gewoon drie huizen verder en stort het daar om de hoek, denk ik.' Er zijn hier veel hoeken.

'Dat is Franco,' zegt G. ineens. 'Die zanger,' wijst hij op zijn autoradio, 'een liedje over Sida, Aids. In de cité dansen ze daarop.'

Hier, dus. Mannen met schone hemden, vrouwen haast letterlijk rondslingerend in prachtige panen. (Moboetoe heeft de lipstick en de minirok verboden.) Hoe doen ze dat, zo'n ongemeubileerde – de meubels staan buiten – golfplaten doos uit komen en schoon zijn? Waar wordt er hier gewassen? Wat zit er *in* die dozen? Bejaarden, vermoed ik, want ik zie hier nauwelijks mensen van boven de vijfendertig rondlopen. Waarom lopen ze heen en weer, waar wordt er gewerkt, iedereen heeft hier verkoopstalletjes, maar aan wie wordt er in godsnaam verkocht, waar leven ze van, waar zijn ze zo vrolijk van?

'C'est le miracle zaïrois,' zegt G.

Hitte. Werkelijkheid verdampt.

De eerste avond moet ik de boekenbeurs van de Vlaamse Vriendenkring van Kinshasa openen, in de gymnastiekzaal van de Belgische school. Wat mijn indrukken zijn? Ik zeg dat ik dat over twee maanden waarschijnlijk nog steeds niet zal weten. Dat blijkt te kloppen. Ik hoor twee maanden later nog steeds stemmengegons. Zwarten zijn zus, zwarten zijn zo. Een zwarte heeft minder nodig dan wij. Ze stelen, maar ze zijn niet agressief. Daartussendoor ineens: 'En dat we ze nog lang mohen mohen' in plat Brugs, een oud-voorzitter van de vereniging die santé zegt aan de bar. Een schoon land, spijtig van de Zaïrezen (drie keer). Excuseer dat ik er een zwarte bij moet stoppen (een ouwe *colon*, eerder op de dag, die zich verontschuldigt dat zijn chauffeur meerijdt). Mezelf, me erop betrappend dat ik midden in een gedicht over sneeuw ben beland, wat kom ik dat in godsnaam voorlezen in Afrika, buiten spelen Zaïrezen een donker soort voetbal, de maan ligt op haar rug, zelfs de metafysica blijkt hier anders.

De boekenbeurs is zo groot als bij ons één stand van zo'n boekenbeurs. Een man koopt voor vijftigduizend francs strips. Een ex-koloniale ex-Elsevierman verpatst encyclopedieën. Veel Geschiedenis van de Vlaamse Beweging, veel Jos Ghysen die hier vorig jaar te gast was. Veel uitgeverij Facet. *Ik was een zwarte*, door L. Cotvoghel. Dat moet een vergissing zijn. Even kijken of in het rek fotografie misschien ook de *Camera Obscura* staat. Boeken hebben hier nog hun vooroorlogs belang, juist omdat ze nergens te krijgen zijn. Ik moet ambassadeur Onkelinckx rondleiden en heb veel zin om tegen hem te zeggen: 'Kijk, dat is nu een boek.'

Ooit moet Kinshasa de mooiste stad van Afrika geweest zijn.

Het staat vol slordige verleden tijd, vol vervallen, afgebladderde architecturale denkvrijheid. Waarom heeft het modernisme bij ons alleen maar tot kubusdenken geleid en hier tot betonnen lichtzinnigheid? Omdat het in wittebroodswit mocht?

De boulevard du 30 Juin is nog altijd bijna-mooi. Palmbomen. Cactussen als veelarmige kandelaars. Halverwege: het enige verkeerslicht van Kinshasa.

In deze buurt logeer ik. Vroeger gold hier apartheid: de blanke wijk

was van de zwarte gescheiden door een bufferzone waarin de legerka-
zerne lag, en de boys van de blanken hadden pasjes nodig om heen en
weer te mogen. Nu wonen de beter gesitueerde blanken achter hun
twintig hangsloten met binnen hun tuinmuren een zwembad, een ba-
naneboom en een *flamboyant*, een vuurboom, een ontploffing van knal-
rood.

Peter is dierenarts aan het tropisch instituut. Onlangs werd daar de
leeuw die Moboetoe's presidentswoning bewaakt, binnengebracht.
Vergiftigd door een opposant, dacht Moboetoe. Het beest bleek gewoon gestorven van gulzigheid: een te grote brok vlees was in zijn keel
blijven steken.

Zelf eten we erg lekker konijn. Het blijkt een konijn uit Peters labo-
ratorium. We eten proefkonijn.

Wat mijn indrukken zijn? Deze keer is het Jan de B. van de ambassade
die het vraagt. We eten alweer, *Chez Marie*, een Zaïrees *menu touristique*
met geite-ingewanden à l'escargot, boa, antiloop, alligator, schildpad.
Maïskoekjes erbij en een lekkerder soort spinazie: fijngehakte maniok-
bladeren.

(Wat de Zaïrezen zelf eten begin ik nog maar te vermoeden, na een
bezoek aan een markt in de *cité*. Wie de markt geroken heeft, heeft geen
honger meer, wellicht is dat goed geregeld zo. Een maagomkerende
stank van gedroogde vis, rotte vertrapte vruchten, modder. Onder de
tafeltjes liggen oude moeders of gehandicapte kinderen te slapen. Ik
proef *kwanga*, maniok verpakt in zijn eigen blad, een mooi pakje. Het
voelt aan als warme marsepein, het smaakt naar niets, maar het blijft
wél op je maag liggen. 'Dat is ook de reden waarom de Zaïrezen maniok verkiezen boven rijst,' zegt Peter, 'twee uur na rijst heb je alweer
honger, met één maniokmaaltijd kun je twee dagen verder – en gemiddeld eten ze om de drie dagen.' Sprinkhanen heb ik niet geproefd,
maar geroosterd lijken ze op garnalen. En hoe maak je rupsen klaar?
Op de grill, en met veel peper.

'Als het hier regent is de markt één open riool,' zegt Peter, 'dan
spoelt alles gewoon weg.' Als het hier regent is de hele *cité* een open
riool, begrijp ik, en eigenlijk heel Kinshasa. In de wegen zijn putten
van soms een meter diep. Als daar een halve meter regen overheen
komt, zie je de putten niet meer. Niet zo lang geleden zijn er op die
manier nog kinderen verdronken.)

'De schildpad is heel exquis,' zeg ik.

'Eet je hier nooit aap?'

'Nee.'

'Hoeveel apen zijn er nog ongeveer in Zaïre?'
'Dertig miljoen,' zegt iemand.

Verhalen, iedereen heeft verhalen, iedereen wil zich legitimeren voor zijn aanwezigheid hier, iedereen wil verhaal halen.

Dat de enige industrieën die een beetje rendabel zijn, de brouwerijen zijn. In 1987 was er een opstand, waarvan de tien kopstukken publiekelijk geëxecuteerd zijn. Het eerste punt op hun programma was: sluit de brouwerijen. Dat was de enige manier om gegarandeerd revolutie te krijgen.

Dat je in Kinshasa eens in de *Zoo* moet gaan kijken: daar zijn bijna geen dieren meer, ze zijn allemaal opgegeten.

De man die dit vertelt was ooit met Zaïrese vrienden naar de Antwerpse dierentuin geweest, en had daar de hele tijd enthousiaste opmerkingen mogen horen van: 'O, leeuw, da's lekker, dat moet je zo en zo klaarmaken. En oh, slang, mmm!'

Het verhaal van de Zaïrees die een paar jaar geleden geëlektrokuteerd werd. Hij was een elektriciteitspaal opgeklommen om elektriciteit te stelen.

'Je moet ze als blanke voortdurend in de gaten houden, anders maken ze er een potje van,' zegt een ingenieur van verkeerswezen, verantwoordelijk voor spoor en scheepvaart. Hij vertelt van de *botsboten* in Matadi. Er vaart in Zaïre geen ongeblutste boot rond. Het aanleggen vergt namelijk enige handigheid. In Matadi kom je met de stroom mee aangevaren. Om aan te leggen draai je je boot om en vaart op die manier voorzichtig tegen de stroom in, naar de aanlegsteiger. Ze kennen dat wel, de zwarte kapiteins, maar zodra er geen blanke meer in de buurt is, vergeten ze het op slag, komen op volle snelheid aangevaren, knal boem tegen de kaaimuur.

Het verhaal van de professor die op het postkantoor zelf de postzakken voor de universiteit was gaan ophalen. 'Ik kom terug rond twee uur,' had hij tegen een Zaïrese assistent gezegd, 'zie dat je tegen die tijd de post gesorteerd hebt.'

Om twee uur zit de assistent nog altijd boven op de ongeopende postzakken.

'Wel?' vraagt de professor.

'Eh bien, ça n'allait pas, je suis tout seul ici,' zegt de assistent.

'En die man daar dan, en die ginder?' vraagt de prof.

'Ils sont seuls aussi, eux, missié.'

Er wonen nog dertienduizend Belgen in Zaïre, waarvan zevenduizend

Vlamingen, waarvan vierduizend in Kinshasa. Dat zegt André G. tijdens de academische zitting die de viering van veertig jaar Vlaamse Vriendenkring afsluit. Voordien heeft hij het gehad over de geschiedenis van Zaïre vanaf Kongo Vrijstaat tot nu, en zich erover beklaagd dat de zwarten gediscrimineerd werden omdat ze alleen met de Franse cultuur konden kennismaken, niet met de Vlaamse. De Vereniging wil iedereen helpen om Vlaming te blijven in Afrika. In Vlaanderen zelf kon je in het begin van de eeuw Vlaming zijn om Europeeër te worden, in Afrika valt er niks te worden, alleen te blijven.

Ik sluit de ogen en flashback een dag terug. We lopen langs Le Lac de ma Vallée, een zondags uitstapje voor Kinshasa-blanken, twintig kilometer de stad uit waar de brousse begint. Het meer wordt beheerd door zwarte nonnen uit Brazzaville. Uit de luidsprekers klinkt over het water *Te Lourdes op de bergen*.

Voor het slotbuffet is een café-restaurant afgehuurd dat ingericht is als het schip van Christoffel Columbus. Gaston Geens, die hier met een vijfkoppige delegatie mag voorgaan in de eredienst, speecht. Een man komt uit de toiletten en zegt, doelend op de hoge urinoirs: 'Hebde da dor binne gezing? Al e geluk dakkik zoeën schoeën lange bieënen èb, angders was 't peerd-raaide gewest.' Hij draagt een T-shirt waarop *Sinjorenclub Kinshasa* gedrukt staat. Die bestaat dus ook. Als straks de allerlaatste Antwerpenaar hier weg moet, zal hij een T-shirtje dragen met daarop de letters *ikke*.

Een Zaïrees combo in bordeauxrode jasjes speelt hits van twintig jaar terug. *Près de ma Rivière* van Robert Cogoi, *Ik ben zo eenzaam zonder jou*.

'Hoe moet zo'n zwarte zich voelen als hij *dit* soort muziek moet spelen?' vraag ik mijn tafeldame.

'Geweldig,' zegt ze. 'Van Europees niveau.'

Weg van hier, nieuwe avonturen tegemoet.

André G. brengt me naar het vliegveld, bestemming Kisangani.

Hij heeft zijn chauffeur vooraf de stad laten verkennen, zodat hij weet te melden waar er 'des faux flics' staan. Die kruispunten omzeilt hij dan via zandweggetjes. 'Des faux flics' zijn politiemannen die moeilijkheden zoeken, die je tegenhouden, je papieren vragen, je uiteindelijk niet kunnen beboeten maar je wel een half uur kunnen ophouden, zodat je *matabish* betaalt om ervan af te zijn.

Zaïre leeft van de matabish. Het komt erop aan iemand van je clan op een post te krijgen met matabish-mogelijkheden, en die bevoorraadt dan de hele clan. Geen enkele Zaïrees zal zijn geld aan een bank toe-vertrouwen, omdat de matabish die hij de loketbediende moet betalen hoger is dan de rente. Zo dadelijk zal ik ontdekken dat de hele luchtha-ven één grote matabish-keet is. Je kunt er je wagen niet kwijt of je krijgt er een ongevraagde bewaker bij. Matabish. Je kunt je koffer niet openen of drie, vier dragers beginnen te vechten om je bagage te mo-gen dragen. Matabish. Als je bij de bagagecontrole wil vermijden dat al je ondergoed wordt nagesnuffeld, zit er maar één ding op: matabish. Als je zeker weet dat je vlucht geconfirmeerd en je plaats gereserveerd is, want je hebt het deze morgen nog bij Air Zaïre gecheckt, en als de *boarding steward* desondanks beweert van niet: matabish.

Ik begin de eerste principes van *Le miracle zaïrois* te begrijpen.

2

We hebben lang boven de wolken gevlogen, in zaal zeven van de he-mel. Nu gaat het hobbelend naar beneden, als over een stuk slechte kassei. Oerwoud, daar hebben ze hier veel van. En na drieduizend ki-lometer oerwoud een lang grillig zilveren cardiogram: de Tshuapa, bij-rivier van de Zaïre. En geleidelijk aan hier een okergele lemen hut, daar nog een.

Zo onooglijk is de mens. Als je uit de hemel komt, ken je je plaats op aarde.

Kisangani, de stad aan *The Bend in the River*, is op het oerwoud ver-overd, maar het oerwoud vecht terug. Nog een jaar of twintig, en Ki-sangani is er nooit geweest. 'De laatste keer dat ik naar mijn vroegere huis daar ging kijken,' had een Vlaamse handelaar in auto-onderdelen in Kinshasa me gezegd, 'stond er nog één muur van overeind.' Het geldt voor de meeste ex-koloniale woningen langs de Zaïrestroom. Overal heeft gras toegeslagen. Tussen twee, drie, soms vier muren wordt gekampeerd door 'zwarte negers', zoals de consul ze hier noemt. Een gewezen zwembad ligt lichtblauw weg te schilferen.

Ook de Zaïrestroom is al jaren in een gevecht met krachtig gras ge-wikkeld en verslingerd en verward: met waterhyacinten, ooit door een missionaris geïmporteerd en niet meer tegen te houden, onderwaterse lianen, overal rondtastend, aantastend, zelfs in het bruine gebruis van stroomversnellingen niet loslatend.

Het centrum van de stad is mooi geweest, maar nog geweester dan Kinshasa. Er is een *Hôtel de Ville* dat uitziet op een enorm plein waar Moboetoe zopas, op 24 november, het militair defilé ter ere van zijn machtsovername heeft gehouden. Er zijn een paar mooie koloniale ge-

bouwen in patrijspoortjesstijl, die beton luchtig maakt. Twee brouwerijen concurreren met elkaar. Op een gigantische leegstaande opslag-
plaats zijn nog de letters *Dépôt d'alimentation génerale* leesbaar. Vroeger
kon je hier verse mosselen uit Oostende krijgen. Met de zaïrisatie in
1973 heeft Moboetoe een neef van hem tot directeur benoemd, en die
heeft het in een jaar leeggeroofd.

Moboetoe heeft eens gezegd dat hij zesduizend neven heeft.

Kisangani is alleen nog maar per vliegtuig of per boot te bereiken. De
laatste man die het, vanuit Kinshasa, per Landrover geprobeerd heeft,
is drie weken onderweg geweest en heeft er een film over gemaakt.
Soms is er een weg, soms houdt die op. Er zijn kuilen waar een complete vrachtwagen in kan, en die ligt er dan ook meestal in. Langs die kuilen staan mannen met hijskranen en takelwagens van het ministerie
van verkeer, niet om de kuilen te dichten, want dan zijn ze hun brood-
winning kwijt, maar om de auto's er tegen de prijs van de dag weer
uit te takelen. De miljoenen om de weg te herstellen zijn al vaak onderweg geweest, maar nooit aangekomen. Waarschijnlijk in dezelfde put
verdwenen. Maar zelfs áls ze waren terechtgekomen, is het de vraag
of dat geholpen zou hebben.

Hier voeren regenseizoenen hun bewind.

In de bocht van de rivier liggen de *djuba djuba*, een soort sampans; een
heel prauwendorp waarin *lokele* uit het oerwoud wonen, koken, handel
drijven, slapen. Aan deze kant is de markt, waar ze hun groenten en
vruchten en houtskool verkopen. Kleuren en geuren. Modder. Consul
Frans G. loopt er opgewekt, patriarchaal Lingala pratend, afdingend
doorheen. Een man biedt hem een schildpad aan. 'Vijfhonderd zaïre,'
probeert hij. 'Dat is veel te veel,' zegt Frans G., 'jij hebt die van de
goede God gratis voor niks gekregen, gevonden in het bos, en mij
vraag je er vijfhonderd zaïre voor.' Een jongen heeft een termietenheu-
vel in tweeën gekliefd en zit termieten te pellen: vleugeltjes eraf en naar
binnen. 'Het smaakt naar pinda's,' zegt Frans G. Een kraampje verkoopt een soort cement in frietzakjes, gemalen steen. Ook daarmee heb
je voor een dag of twee het gevoel dat je gegeten hebt: het ligt als een
baksteen op je maag. Tussen de kraampjes wordt een lachende peuter
van een jaar of twee in een zinken emmer gewassen. Een man steekt
zijn hand uit en vraagt: '*Mundele*, blanke, *donnez-moi la caisse*.' Om de
hoek een mini-*cité*. Een café met drie tafeltjes en één bak bier draagt
het opschrift *centre culturel*.

Zwarte humor.

'Er wonen er hier veel, dus er sterven er hier veel,' zegt de consul, als we overal door gras overwoekerde houten kruisen tegenkomen. Het vreemde gevoel dat het goed is zo. Kinshasa maakt je opstandig, de gigantische bidonville, de tegenstellingen, maar hier leven en sterven de mensen zoals ze dat altijd gedaan hebben. De lemen huizen, kilometers langs de Tshuapa, zijn geen krotten, maar mooie lemen huizen. Zoals je rijken hebt en nouveaux riches, zo heb je armen en nieuwe armen. Kinshasa zit vol nieuwe armen: ze zijn het altijd geweest, maar ze weten het pas sinds een paar decennia. Hier in Kisangani, oerwoudwaarts, is armoede een natuurlijke staat. In Kinshasa is de vraag of je hier, als je opnieuw beginnen kon, nog wel 'beschaving' zou moeten importeren, een ijdele filosofische vraag. In Kisangani maakt het oerwoud zich klaar voor een antwoord.

Maar misschien is dat sentimenteel toeristisch primitivisme. Het zijn gedachten die zich behaaglijk laten denken aan de professioneel aandoende bar van Frans G., deur open op zijn vijftienmeterzwembad, avondlijk verlicht. Ik heb er net een honderdtal trage schoolslagen in geschreven en luister nu bij een wederzijdse whisky naar zijn verhaal. Frans G. is een ouwe *colon*, maar een sympathieke, een macho van een goedaardige robuustheid, die de *Einsamkeit der Männer* kent, en de sentimentaliteit van zwijgen. Opgepast, gevaarlijke hond, staat er in het Frans, het Lingala en het Swahili op zijn poort.

'Die gevaarlijke hond ben ikzelf,' zegt hij.

Als militair heeft hij met de *Forces Publiques* en met Tsjombe tegen de Simba's slag geleverd. Hij kent de zwarten omdat hij met en tegen hen heeft gevochten. Hij houdt er vanzelfsprekende vriendschappen aan over, realistischer, vermoed ik, dan de vriendschappen van jonge, maar te gloednieuwe coöperanten die verklaren dat de Zaïrezen zulke prachtige mensen zijn. Hij kaffert op zijn boys, maar in het Lingala, en dat stoort minder dan beleefd zijn in het Frans.

Lingala leerde je in die tijd simpel en drastisch. Als je hier aankwam werd je voor een week of twee, drie op militaire zending gestuurd, en als er per ongeluk een paar Frans sprekenden in je groep zaten, werden die er zorgvuldig uitgeselecteerd. Als je terugkwam, kende je Lingala.

Na zijn pensionering heeft Frans G. een paar jaar in België gewoond, tot hij de kans kreeg om hier consul te worden. Zijn vrouw bleef in België, komt soms voor een paar weken op bezoek, zoals hij soms voor een paar weken teruggaat. 'Als ik hier te veel op mijn boys begin te foeteren, wordt het tijd dat ik binnenga,' zegt hij. Binnen is naar België, in het *colons*.

'En als ik ginder te veel op mijn vrouw begin te foeteren, wordt het tijd dat ik terugkom. Grapje.'

Zijn bar hangt vol foto's van zijn vrouw, zijn zeven kinderen, zijn vier kleinkinderen.

Ik ben er haast zeker van dat ik Frans G. eerder ontmoet heb. Ergens in Graham-Greeneland.

'Tja, waarom hou je van een land?' zegt hij. 'Waarom hou je van een vrouw?'

Een paar kilometer noordwaarts midden in het regenwoud heeft Moboetoe zijn geboortedorp Gbadolite een megalomaan paleis geschonken. Momenteel doet hij dat nog eens over, ten zuidwesten daarvan, in een plaats die nog geen plaats is maar oerwoud, van voren krokodil, van achteren aap. Er ligt al voor zestig miljoen marmer, op dit ogenblik worden er in elke kamer gouden waterkranen geïnstalleerd. Een chef mag laten zien dat hij chef is.

Zelfs de blanken zijn nogal te spreken over Moboetoe. De buitenlandse schuld van Zaïre is ongeveer even groot als het buitenlandse kapitaal van Moboetoe, zo slecht is dat niet geregeld. En gegeven het feit dat Zaïre compleet onbestuurbaar is, want te groot en zonder verbindingswegen en met te veel in gewapende vrede levende stammen, doet Moboetoe dat niet-besturen niet zo slecht. De eeuwige vraag is of hij Zaïre had moeten balkaniseren. Maar dan had je een drietal rijke provincies gehad, de streek tegen het Kivumeer aan, de groentenwinkel van het land, Kasai, Shaba – en de rest zou verkommeren. Nu verdeelt en heerst hij. Hij is de enige man die het land kan samenhouden, zegt iedereen. Hij benoemt zijn functionarissen hooguit voor een jaar, zo kan hij om beurt elke stam aan bod laten komen. Dat heeft echter twee gevolgen: tegen de tijd dat ze ingewerkt geraken, moeten ze weer opstappen, dus eigenlijk weten ze nooit ergens van – en dat is duidelijk Moboetoe's bedoeling. Maar ook: ze hebben maar een jaar de tijd om de zaak leeg te roven. En dat moeten ze dus nogal hals over kop doen.

Dát ze het doen, vindt elke Zaïrees normaal, ze roven immers niet voor eigen rekening, maar voor de hele clan.

'Het is zoiets als politieke voorspraak bij ons,' zegt een jonge coöperant-hoogleraar aan de plaatselijke universiteit, 'die is ook onrechtvaardig, maar zelfs wij slagen er niet in de politieke benoemingen af te schaffen. Als in Zaïre de corruptie verdwijnt, lijdt op slag heel het land honger.'

Inmiddels kun je in Kisangani goed merken wanneer het examentijd is aan de universiteit. Dan zit onder elke lantarenpaal een student te studeren, want thuis is er geen elektriciteit.

'Jullie zeggen altijd dat het hier een dictatuur is,' zegt Frans G., 'maar het is een anarchie.'

We zitten in wat ooit de kantine van de luchthaven geweest is. Er zijn geen glazen meer. Er is alleen cola in flesjes.

'Voor mij niks,' zegt Frans G. 'Ik mag vanwege mijn hart geen cola drinken, geen koffie, geen alcohol, en niet roken. Ik heb de cola dan maar afgeschaft.'

Ik moet naar Goma, de laatste stad in Zaïre, en vandaar naar Gisenye, het eerste stadje in Rwanda, maar Air Zaïre, waarvoor ik een ticket heb, heeft geen benzine meer. Scibe, een privé-vliegmaatschappij, nog wel. Dan maar een extra-ticket, want gisteren heb ik een Nederlander ontmoet die hier al vier dagen vastzat.

'Een vriendin van mij heeft een cacao-plantage,' vertelt G. 'Een half jaar geleden krijgt ze twee belastingambtenaren op bezoek. Die vragen bij wijze van nieuwe belasting op buitenlandse bedrijven driehonderd miljoen zaïre. Mijn vriendin schiet in de lach. De twee ambtenaren ook. Ze zijn nog altijd aan het palaveren. Hun laatste eis is drie miljoen: één voor de staat, en één voor elke ambtenaar.'

3

Alsof je uit het oerwoud komende ineens aan de Côte d'Azur zou staan, zo is de aankomst in Gisenye. Ook het klimaat is hier Middellandsezees, Gisenye ligt op 1700 meter hoogte, onder een vulkaan of vijf, en zo hoog wordt ook een zilveren schaal aan de hemel geofferd: het Kivumeer. Als wij u dit meer offeren, mogen wij dan hierrondom nog een tijdje aards paradijs blijven? moeten de mensen hier gevraagd hebben. Dat mocht. En het meer mochten ze houden, de hemel moest toch een spiegel hebben. Ik lig op een honderd meter breed zandstrandje. Links van mij steekt een landtong als de staart van een iguanodon het meer in, rechts van mij probeert een jongetje mijn schoenen te stelen, voor mij, tegen de zon in, het zwart uitgeknipte silhouet van een vissersbootje. Ik heb zin om hier over het water te lopen. Aan de overkant van het meer ligt Klein-Zwitserland, met bergen en koeien en kaas en lavavruchtbaarheid. Het glooit hier allemaal, glooiingen doen met het land wat een trage l doet met je tong.

Ik logeer bij Luc en Ange. Hij werkt als econoom op een bank in Goma, Zaïre, zeven kilometer verderop, maar heeft destijds ook seksuologie gestudeerd zal later blijken. Zij is consul in hetzelfde Goma, en in die hoedanigheid een drievoudige uitzondering: nog geen 35, Vlaamse en vrouw. Wonen doen ze in Gisenye, Rwanda.

Daar blijken ineens de wegen in goede staat, de huizen onderhouden, de tuinen stuk voor stuk zorgvuldig bij elkaar gebloemleesde tuinen van Eden. Rwanda is ongeveer zo groot als België en niet veel minder dicht bevolkt. Hier wordt de meest intensieve landbouw bedreven van het continent. Heuvels met terrasbebouwing, het lijken gigantische bureaus met openstaande laden vol groei. Maïsvelden, theeplantages, eucalyptusbossen, opslagplaatsen van geur.

Morgen zal ik op weg naar de hoofdstad Kigali tweehonderd kilometer aan een stuk mensen tegenkomen, drijvers van langhoornige koeien, schoolkinderen in koningsblauw, vrouwen met twintig kilo maniok op hun kop. Na zes uur 's avonds is het hier levensgevaarlijk autorijden, voor je het weet rijd je een koe of een zwarte omver. Verkeersongevallen zijn de derde of vierde doodsoorzaak. Maar daar komt verandering in. Malaria blijft – ook voor blanken: kinine helpt op den duur niet meer. Ange heeft twee jaar terug *malaria cérébral* gehad, ze herkende haar eigen kinderen niet meer. Longontsteking blijft hoog scoren, de mensen hebben geen vloeren in hun huizen, de vochtigheid komt zo uit de grond. Ook slaapziekte staat hoog genoteerd in het eindklassement van de dood, de natuurparken gonzen van de tseetsees. Zoals de gesprekken gonzen van Aids, Aids, Aids.

In Rwanda is een op de vier zwarten seropositief. Van de baby's een op drie. Een van de problemen van Rwanda is zijn overbevolking, maar daar wordt dus aan gewerkt.

Het aards paradijs heeft de zondeval ontdekt.

'Het drama van Aids,' zegt Luc in zijn hoedanigheid van seksuoloog (als econoom komt hij in de gesprekken minder aan bod, maar dat zal wel aan mij liggen), 'is dat het de bovenlaag van de bevolking treft, de beter gesitueerde zwarten, die er zich een *deuxième* en *een troisième bureau* op na kunnen houden, die mobiel zijn.'

Sociaal aanzien wordt hier uitgedrukt in vrouwen – en vrouwen zijn meubilair. Een vierde en een vijfde vrouw heten *premier* en *deuxième tiroir* enzovoort.

Over tien jaar is het sociaal aanzien in Rwanda afgeschaft.

De vrijetijdsseksuologie van Luc. Een collega-econoom komt klagen dat hij impotent is. 'Probeer eens met een aspirientje,' zegt Luc. 'Jamaar nee, 't is serieus, *j'ai des problèmes*.'

Blijkt dat zijn *troisième bureau* jaloers is op zijn twee andere, omdat hij bij haar maar drie keer per nacht klaarkomt in plaats van vier keer.

Het verhaal van *l'amour à la Ruandaise*. Iets zal er wel van kloppen, want Luc laat me een katholiek boekje van vijftig jaar terug zien, met raadgevingen aan onze Vlaamse kolonialen, en met het imprimatur van kardinaal Van Roey. Kuis blijven in Afrika. Het doet me denken aan het grapje: hoe houden jezuïeten hun broek op? Met wilskracht. In elk geval: reeds in dat boekje is er sprake van de Rwandese gewoonte om bij de meisjes van kleins af aan de binnenste schaamlippen inclusief clitoris uit te rekken. Het wordt streng veroordeeld. Maar er wordt ook veel plezier van gehad, want volgens Luc kan de vrouw daardoor ook een soort ejaculatie krijgen die zelfs zo krachtig is dat hotels bordjes uithangen met *défendu de faire l'amour à la Ruandaise* erop, want ze kunnen hun matrassen wel weggooien.

'De potentie van de zwarten, dat is zoiets als het buitenlands vermogen van Moboetoe,' zeg ik.

'In elk geval moet je ze hier maar eens proberen te leren dat ze condooms moeten gebruiken,' zegt Luc. 'Een zwarte met zo'n rose dingetje aan, da's even belachelijk als een blanke die z'n zwarte sokken aanhoudt. Onlangs kwamen er hier condooms aan uit China. Maar die lengte klopte niet helemaal. Dus sneden ze het topje eraf, dan lukte het.'

'Je zult hier maar vrouw zijn,' zegt Ange. 'Vroeger werden zwangere meisjes in het oerwoud achtergelaten of op een eiland gedropt – waar ze dan vaak werden opgehaald door de stam van de overkant, want zo waren ze zeker dat ze een vruchtbare vrouw hadden. Een vrouw heeft hier gemiddeld twaalf zwangerschappen, en houdt daar gemiddeld vijf kinderen aan over. Ze tellen pas mee vanaf hun derde jaar, anders kun je wel blijven tellen.'

'Een mooie vrouw,' zegt Luc, 'moet heupen en schouders hebben, dat is sexy. Borsten niet, *c'est pour manger*. Maar wel *un beau bassin*. En de ogen van een kalf, dat is hier het mooiste compliment. Van een blanke vrouw zeggen ze vertederd: *"Elle est rose comme un cochon."* Wat blanken in een zwarte vrouw opwindend vinden,' zegt hij freudiaans. 'Of in een zwarte man,' zegt Ange. 'Is dat men daarin niet zijn moeder hoeft te herkennen,' zegt Luc. 'Of zijn vader,' zegt Ange.

Ze moet zowel voor blanken als zwarten een mooie vrouw zijn. In elk geval herken ik in haar mijn moeder niet.

'Zwarten zijn prachtige mensen,' zegt Ange. 'Toen mijn moeder gestorven was en ik hier terugkwam, zat mijn ijskast vol eten en cadeautjes.'

Ze ergert zich blauw aan racisme. Voor een Belgische vriendin en haar Zaïrese man heeft ze in Brussel ooit een appartement lopen zoeken. Het duurde vijf maanden voor ze er een gevonden had.

'Ze zijn zelf toch ook racistisch,' zeg ik, 'de Hutu's kappen van de Tutsi's de benen onder de knieën af, omdat ze groter zijn dan zij. En de Tutsi's snijden van de Hutu's dan weer de nekspieren aan weerszijden door, zodat ze zelf hun knikkebollende hoofd in beide handen moeten houden tot ze doodgaan.'

Dat heb ik in Kinshasa gehoord.

'Tja,' zegt Luc, 'hier zijn zelfs de honden racistisch, honden van blanken vallen honden van zwarten aan en omgekeerd.'

'Ik heb op de Meir in Antwerpen eens een razzia meegemaakt,' zegt Ange, 'waarbij al wat zwart was werd opgepakt. Wees er maar van overtuigd dat Moboetoe dat weet. Hij leest al die kleine krantenberichtjes over racisme bij ons. Toen Van den Bogaert hier al een paar maanden gevangen zat, had zijn dochtertje een brief aan Moboetoe geschreven, of haar papa niet terugmocht. Moboetoe, sentimenteel als hij is, stond op het punt Van den Bogaert meteen vrij te laten. Maar 's anderendaags stond er in *De Morgen* een cartoon van Zak, Moboetoe met een been door zijn neus. Van den Bogaert heeft nog twee maanden vastgezeten.'

Op al deze plaatsen wordt van mij verwacht dat ik gedichten voor kom lezen. Het meest hinderde me dat in Kisangani, de hoofdstad van het oerwoud. Zoals je de Indianen geen westerse griep mag aandoen, want daar gaan ze aan dood, zo zou het verboden moeten zijn dit continent te infecteren met de decadente ziekte van de Europese poëzie, dacht ik toen.

Maar dat kom ik hier natuurlijk ook niet doen, ik kom alleen maar voor Vlamingen lezen die hier, 's avonds, als het met de luiken dicht minder Afrika is, toch ook maar naar hun eigen videotheek zitten te kijken of naar hun eigen klassieke muziek zitten te luisteren. Ik heb bovendien wel eens derde-wereldpoëzie gelezen en gehoord, en die moet liever ook maar in de derde wereld blijven, vind ik, dansritmen, oerwoudbezweringen, het betoveren van de duisternis, taaltamtam, rituelen, een collectief onderbewustzijn dat ritmisch gek wordt. Wij kunnen elkaar onze poëzie maar beter besparen, en dat geldt misschien ook voor een heleboel andere dingen, voor onze wederzijdse pers bijvoorbeeld.

En met de luiken eenmaal dicht, zijn deze lezingen ook informeler en gezelliger dan in Vlaanderen of in Nederland. In Kigali lees ik bij een bankdirecteur thuis, die een aantal vrienden heeft uitgenodigd, een garagehouder, een door het rekenhof afgevaardigde belastingspecialist, de kanselier van de ambassade, een leraar aan de Belgische school, en zo nog twintig.

Zij willen allemaal Vlaming blijven in Afrika.

Na een week denk ik: ik zou dat waarschijnlijk ook willen. Niet omdat ik daar fier op ben, maar omdat ik voor andere nationaliteiten niet zo erg deug.

Daniël, de belastingdeskundige bij wie ik in Kigali logeer, is zo'n Vlaming, omdat hij nu eenmaal niemand anders is. Om dezelfde reden is hij katholiek en 63. Hij slaat een kruis voor het eten, zijn vrouw Simone maakt haar eigen confituur van mango's. Toen ze trouwden had ze hem drie dingen beloofd: dat ze zou leren zwemmen, autorijden en Frans spreken. Geen van de drie is erg gelukt, het huwelijk wel.

Ze leidt me rond in haar tuin.

In Gisenye had ik al een nachtelijke aanvaring van geur gehad. Ik stond in de tuin van Ange ineens midden in een bedwelming die *queen of the night* bleek te heten – overdag een struik waar nauwelijks wat aan te zien is. Simone wijdt me verder in het alfabet van geuren en kleuren in: hibiscus, papegaaiebek, oleander – wit, zalmkleurig en rood – kerstroos, kana's, een tulpenboom, een franqipannier, een avocadoboom, een mannelijke en een vrouwelijke papaya, dat alles tussen sprietje voor sprietje aangeplant gras. Een prachtig voorbeeld van hoe Afrika eruit zou kunnen zien, als het hier allemaal maar Vlaamse huismoeders waren.

'Eigenlijk kunnen we wel wat van hen leren,' zegt Daniël bij een whisky die hij voor de gelegenheid van achter slot en grendel heeft gehaald. 'Ik heb hier geleerd me niet meer te haasten. Als ik een zwarte vraag om voor mij een dossier te zoeken, zegt hij *oui monsieur*, en soms komt hij het na vijf minuten brengen, soms na twee dagen. Dat ze die dingen alfabetisch zouden kunnen rangschikken, wil er niet in. Als je zonder horloge leeft, heb je bovendien een ander tijdsbesef. De tijd dat de koeien moeten gaan drinken: dat is rond tien uur, maar dat kan ook half tien zijn of half elf. De tijd dat de vrouwen moe worden op het veld: dat kan twee uur zijn, dat kan vier uur zijn. En hun clanmentaliteit kennen wij evenmin. Als mijn of jouw broer op zwart zaad zit, zit hij op zwart zaad, dat is zijn zaak. Dat is hier onvoorstelbaar, althans in Zaïre. De Rwandezen zijn individualistischer.'

4

Een dag later ben ik, op de terugweg naar Kinshasa, weer in Goma.
'Hoe vond je de Rwandezen?' vraagt Ange.

'Individualistischer,' zeg ik.

Het is al een paar uur na de tijd dat de vrouwen moe worden op het veld. Het is de tijd dat de mannen gaan filosoferen.

'Vroeger had ik de neiging om landen en volkeren ideologisch te beoordelen,' zeg ik. 'Tot een Bulgaarse vriendin me ooit vertelde, weliswaar na een nacht met Russische champagne, dat ze in Bulgarije niet kon leven, in Rusland wel. "Waarom," vroeg ik, "het is toch hetzelfde regime?" "In Rusland heb je cultuur," zei ze. Het is het mooiste compliment voor cultuur dat ik ooit heb gehoord.' Ik aarzel.

'In Goma heb je putten in de weg, en ineens houden die putten op en heet het Rwanda. Hoe kan dat? En ineens heb je hardwerkende, stuurse boeren, ieder op zijn terrasheuvel schoffelend, ieder met een keurige haag rond zijn domeintje? Ze zijn minder arm, en ze lachen minder.'

We eten *moambe*, een soort kip op z'n Indisch, maar dan op z'n Zaïrees. Als ik de afruimende kelner help door zelf ook een paar borden op elkaar te zetten, zegt hij: *'Nous partagerons le service.'* Een gehandicapte heeft zijn splinternieuwe rolstoel op de stoep van het restaurant geparkeerd, is eruit gekropen en slijmt als een zeehond over de grond, zijn armen als opzijplooiende vinnen gebruikend. Hij komt bedelen. *'Hé patron, how do you do,'* zegt hij en verroert een vin. 'Goed,' zeg ik, van pure alteratie. *'I see you speak English,'* zegt hij, en grapt en lacht twee tanden te weinig bloot en een ziel te veel.

Ik ben terug in Zaïre.

ARIANE AMSBERG

ZICHTBAAR

Op het eerste gezicht bestaat de bevolking van Algerije alleen uit mannen. In de dorpen en stadjes die we op onze reis door de Sahara aandeden, zagen we op straat, in winkels en cafés alleen mannen. Mannen doen boodschappen, mannen staan achter de toonbank, mannen schenken thee en mannen sjouwen met stokbroden, groenten en nog levende kippen.

Vrouwen zijn onzichtbaar. De enkele keer dat we er een verscholen onder prachtige doeken en sluiers voorbij zagen bewegen, riepen we opgewonden: 'Hé kijk, een vrouw!'

Kleine meisjes maken nog wel deel uit van het openbare leven. Ze spelen buiten, of rennen samen met de jongens gillend op je auto af. Ook zie je meisjes met elkaar naar school lopen. Ik vroeg me af of ze hetzelfde onderwijs volgen als jongens en ook net zo goed Frans leren spreken.

'Donne moi le stylo,' zo spreken een paar meisjes me aan.

'Gaan jullie naar school?' vraag ik.

'Oui,' antwoorden ze stralend lachend.

'Leren jullie Frans op school?'

'Oui. Donne moi le bonbon.'

'Ik heb geen snoepjes. In welke klas zit je?'

'Oui.'

'Hoe oud ben je?'

'Oui.'

'Hoe heet je?'

'Oui.'

Toch zijn jongetjes van een jaar of twaalf ons als tolken al menigmaal behulpzaam geweest. En ook de jongens die in het dorpscafé onze tafel omzwermen, stellen ons in vlot Frans allerlei vragen.

'Waar zijn de meisjes?' vraag ik op mijn beurt.

Ze begrijpen me niet.

'Waar zijn jullie zusters?'

'Thuis.'

'Kan je ze niet gaan halen?'

Hiermee bezorg ik ze de stuipen van het lachen.

Omdat ik heb gehoord dat het ook tot de taken van vrouwen behoort de tuintjes te bewerken, begeef ik mij naar het palmbos. Daar lopen twee vrouwen de loten van acacia's te plukken. Ik groet ze en begin een praatje maar ze verstaan me niet. Het enige dat de oudste vrouw me duidelijk weet te maken, is dat ze de moeder is van de jongere. Ze doet dit door met haar hand op een van haar borsten te wijzen.

Een universeel gebaar.

Verderop is een vrouw haar tuin aan het wieden. Haar zoontje van een jaar of twee drentelt met ontbloot onderlijfje om haar heen. Maar ook zij spreekt geen woord Frans.

In een ander stadje heb ik meer geluk. Op een nauw zandsteegje dat tussen de lemen hutten door kronkelt, kruis ik twee ongesluierde jonge vrouwen die mij in het Frans vragen hoe het met mij gaat. Heel goed, dank je, antwoord ik en hoe gaat het met jullie?

'Geef mij dàt,' zegt de ene vrouw, wijzend op de haarknip die achter op mijn hoofd mijn opgestoken haar bijeenhoudt.

Hopend dat een cadeautje tot meer contact zal leiden, maak ik zonder aarzeling mijn haar los en overhandig haar het begeerde. Nauwelijks heeft ze het aangepakt, of ze loopt weg en verdwijnt.

'Je gedraagt je ook als een toerist,' legt mijn gids later uit. 'Met Toearegs wissel je pas geschenken uit nadat de contacten zijn gelegd.'

Nog steeds heb ik geen antwoord op de vraag of meisjes even lang mogen doorleren als jongens en of ze dezelfde kansen hebben. Op zoek naar het waterreservoir van een palmentuin waar we, met toestemming van de daar werkende mannen, onze jerrycans mogen vullen, komt een Toeareg-vrouw haar tent uit. Ze spreekt vloeiend Frans en wil ons een leren kamelentas verkopen. Als niemand van ons geïnteresseerd blijkt en we door willen lopen, wordt ze boos.

'Er is geen water!' schreeuwt ze nijdig. 'De pomp is kapot!'

En als dat ons niet van ons doel afbrengt, roept ze: 'Water is niet cadeau.'

Rustig neemt onze mannelijke gids haar terzijde. 'Sinds wanneer is water niet meer cadeau bij de Toearegs? In de woestijn krijg ik van de Toearegs altijd water en als zij het nodig hebben, krijgen zij het van mij.' Ze lijkt bekoeld.

Als we met onze volle jerrycans teruglopen groet de gids haar en zij groet terug. Maar tegen een vriendin en mij gilt ze hard: 'Kom hier!' Haar stem slaat over en opnieuw beveelt ze: 'Kom hier.'

Voor het eerst wil ik geen contact, want dreigend staat ze daar met een volle kom water in haar handen, klaar om die over ons heen te gooien.

Een duidelijk zichtbare vrouw. Een vrouw die doorgeleerd heeft en weet wat ze wil.

MENS EN MUIS

Wie pech heeft in de woestijn wordt door medereizigers altijd geholpen. Zo hebben wij vandaag Algerijnse chauffeurs bijgestaan om hun reusachtige tankwagen uit het zand te graven.

Het is laat geworden. Op zoek naar een geschikte plek om ons kamp op te slaan komen we zelf nog tot twee keer toe vast te zitten in de verraderlijke geulen vol stofzand die deze stenen hoogvlakte doorkruisen.

De zon is al onder als we onze tenten opzetten. Op de golven van gesteente, die zich tot aan de horizon uitstrekken, groeit niets. Geen sprietje gras, geen dode tak of verdorde wortel steekt uit de kale grond omhoog. Gelukkig hebben we elders droog hout verzameld en met windjakken aan staan we nu in het donker om op het vuur ons potje te koken.

Achter ons staan de dozen en kisten met onze voedselvoorraad: uien, aardappels, wortels, sinaasappels, hompen dadelbrood, worst en kaas.

Dan ineens roept onze vrouwelijke gids: 'Kom eens gauw kijken!'

We gaan kijken: tussen de dozen loopt een muisje. Opgewonden rept het zich heen en weer, verdwijnt even onder de auto, of achter een wiel, en komt dan terug. Het snuffelt aan alles, richt zich op, kijkt om zich heen en gaat weer verder op onderzoek uit. Het is niet in het minst bang voor ons; zelfs het felle licht van onze zaklantaarns verjaagt het beestje niet. We mogen deze muis rustig van alle kanten bekijken.

Wat is ze mooi: haar zachte beige-roze vacht heeft precies de kleur van het woestijnzand. Aan beide zijden van haar spitse ovale hoofdje steken twee grote zwarte ogen als ronde kralen naar buiten. Haar lange delicate snorharen tekenen zich in de schijnwerper duidelijk af tegen de donkere bomen en trillen op de wind.

Onze gids heeft wat brood en wortel en look voor haar neergelegd. De muis kiest een groot stuk brood en verdwijnt ermee in de donkere steenmassa.

Hoe kan een muis hier, op dit lege, vijandige rotsplateau overleven? Van torretjes? Planten groeien hier immers niet. We raken er niet over uitgepraat.

Dan roept onze gids opnieuw: 'De muis is terug!' Ze heeft nu ook water neergezet, maar dat raakt de muis niet aan. Trillend van opwinding rent ze van doos naar doos. Zoveel voedsel! Zoveel keus! Zoveel geuren! Haar lange, prachtige lichtbeige staart strekt ze recht naar achteren. Telkens weer gaat ze op haar achterpootjes staan en af en toe lijkt het of ze van pure verrukking zelfs een sprongetje maakt. En hoor ik haar niet ook heel zachtjes piepen?

Als we in een wijde kring om het vuur zitten te eten vertelt onze mannelijke gids hoe goed woestijndieren zich aan hun omgeving aanpassen. Deze muis heeft haar dag-nachtritme omgedraaid. De nacht is veiliger dan de dag. Het is 's nachts koeler en ze is minder zichtbaar voor roofvogels en andere natuurlijke vijanden.

'Wie wil er nog wat?' vraagt hij dan en loopt in het donker naar het vuur. Met de pan in zijn handen komt hij terug. Zijn grote geschoeide voet komt zwaar neer op het onverhoeds onder hem door schuifelende muisje. Een paar stuiptrekkingen en ze is dood.

De andere gids pakt haar op en strijkt met haar vinger over het zachte velletje. Ik zie dat uit haar bekje een heel klein beetje lichtrood bloed is gevloeid.

'Misschien had ze wel kleintjes,' zegt onze gids tegen haar collega.

BLOOT

Grote volwassen mannen die hand in hand naast elkaar over straat lopen, of met hun armen om elkaars middel geslagen, zullen in Nederland met open mond worden nagestaard, of in elkaar worden geslagen.

In Algerije lopen mannen heel vaak zo. Het heeft wel iets, vind ik, twee mannen gearmd, of drie hand in hand, of twee die elkaars rechterhand vasthouden terwijl de rechtslopende met zijn linkerhand de schouder van zijn vriend omvat.

Van islamitische vrouwen mogen in het openbaar alleen de ogen worden gezien. Bij de Toearegs gaan niet de vrouwen maar de mannen gesluierd. De *chèche* die zij om het hoofd wikkelen, laat alleen de ogen en de brug van hun neus vrij. Ik vroeg de Toearegs hoe zij elkaar ondanks hun wijde lange jurken en doeken kunnen herkennen. 'Aan de ogen,' antwoordden ze mij. 'En verder aan iemands gang en houding.'

Zoals wij onze billen bedekken, zo verbergen Toeareg-mannen hun gezicht. In de vrije natuur kan een Toeareg zijn gezicht ontbloten, maar ziet hij in de verte een andere Toeareg aankomen, dan doet hij zijn *chèche* voor.

Mij is het volgende verhaal verteld: in een oase was een Toeareg zich helemaal bloot aan het wassen. Nu hoort het in de woestijn tot de goede manieren om duidelijk zichtbaar, liefst via een vlakke toegangsweg, een oase te naderen. Zo geeft men de eventuele aanwezigen de tijd om zich te bedekken.

Maar nu dook plotseling van achter een rots een Toeareg op. Geschrokken bedekte de naakte Toeareg meteen zijn gelaat. De rest kon bloot blijven.

Als je met gesluierde mannen praat, wordt je blik onontkoombaar naar hun ogen getrokken en dat heeft wel iets, moet ik bekennen. Niet afgeleid worden door flaporen, bruine tanden of spuugjes in de mondhoeken van mannen, werkt buitengewoon aantrekkelijk. Op de marktjes in de Sahara raakten mijn reisvriendinnen en ik zo verrukt van de schoonheid van de rijzige Toearegs dat we vergaten dat we alleen maar hun ogen konden zien.

Doet u, meneer, vanavond voor uw vrouw maar eens een *chèche* om en een jurk aan. U zult versteld staan van het resultaat.

SIERK VAN HOUT

REISBRIEVEN UIT DE SAHARA

De plaatsnamen op de kaart van de Sahara hadden me even zovele waarschuwingen geleken: Béchar (Keer om!), Taghit (Tot hier!), Beni Abbès (Je bent gek!) en Kerzaz (Je graf), maar dit gedeelte, 'Le Grand Erg Occidental' was in de auto comfortabel te genieten geweest en het smalle lint asfalt, dat slechts op een enkele plaats verdween onder een zandverschuiving, had regelrecht naar dit hotel in Timimoun geleid. 'Nachtdier' had het bordje onder een knullig opgezette schorpioen in het museumpje te Beni Abbès vermeld en dat was precies de informatie waaraan ik geen behoefte had. Dit exemplaar was weliswaar tot niets meer in staat, maar hoe zat dat met zijn broertjes en zusjes? Voorlopig geen overnachtingen onder de sterrenhemel, met vier sterren viel ook te leven.

Gourara is een luxehotel, zeker voor Algerijnse begrippen. Het ligt aan de rand van Timimoun en bij fraai weer biedt het hooggelegen terras een weids uitzicht over de woestijn met in de verte het Tademaït-plateau. Nu staan de stoelen er tegen elkaar geklapt en het zwembad is op een laag zand na leeg. Binnen schuiven bedienden in pofbroeken en op slofjes met omgebogen punten langs de wanden met schitterende zwartwit reliëfs waar geen patroon een tweede keer in voorkomt. In de dikke muren bevinden zich op regelmatige afstand grote airconditioners. De stad ligt in de zogenaamde vuurdriehoek waar binnen de temperatuur 's zomers tot zestig graden kan oplopen. Nu staan ze uit. Buiten is het gemeen guur en in de lounge wordt veel gehoest. De schrale, droge wind is vanmorgen overgegaan in een zandstorm die, volgens het barpersoneel, één, twee, maar ook wel drie dagen kan aanhouden. Ook reizigers van de nabij gelegen camping hebben beschutting gezocht in de lounge, waar uit in het plafond weggewerkte luidsprekers de Pastorale klinkt. Een Italiaanse regisseur van reclamespots voor cosmetica beent onrustig rokend op en neer tussen de receptie, waar hij een gesprek heeft aangevraagd, en het tafeltje met zijn crew. Het model, een jonge, mooie vrouw met onwaarschijnlijk grote glazen in haar montuur, werkt ontspannen aan een ragfijn borduurwerkje. De crewleden hangen onderuit in hun fauteuils en werpen van onder half gesloten oogleden broeierige blikken op haar.

Tussen het schrijven van brieven en het bijhouden van dagboeken door vertellen de reizigers elkaar hun belevenissen of waar gebeurde verhalen over de onverschrokkenen die zich buiten de piste hebben gewaagd en verdwaald zijn. De verhalen, alle even absurd, eindigen er steevast mee dat de ongelukkige nog honderden kilometers gedwaald heeft en aan uitputting stierf, terwijl zich nog slechts één zandduin verder de redding brengende oase bevond. Ook de hond die is blijven vechten voor het leven van zijn bewusteloze baasje en zelfs de Landrover nog in de versnelling heeft gekregen, behoort tot het genre. Is het verhaal uit, dan leunt de verteller doorgaans achterover, steekt een Algerijnse Hoggar op en besluit, de rook uitblazend met een algemene waarschuwing, iets van: 'Ja, ja, man soll aufpassen, nah!' of: 'Quitter la piste, c'est la mort, hein!' Over de Sahara wordt met respect gesproken, als had de woestijn het volste recht de roekeloze te doden.

Als een ander begint met: 'Het kan nog erger,' sta ik op, verontschuldig me en loop de drieëntwintig marmeren tegels naar mijn kamer. Op mijn bed liggen mijn 'collapsible watercontainer' en mijn Oostduitse primus, beide nog in de winkelverpakking. Boven mijn flesje hoestsiroop en strippen antibioticum kijk ik naar mezelf in de wastafelspiegel: een man in een bodywarmer met een hier, in de Sahara, opgelopen bronchitis, wie gaat mij geloven?! Als ik alles naga, ligt de oorsprong van mijn reis in een op zichzelf onbenullig krantebericht: een Nederlands touringcarbedrijf had een speciale bus met aanhanger laten bouwen om, uitgerust met 'eten en water van thuis', per reis aan vijfentwintig personen de Sahara te presenteren. Volgend jaar zou de eerste reis van start gaan. Een gat in de markt vonden zij. Nu of nooit meer, dacht ik.

Ik neem mijn notitieboekje op, het is praktisch nog leeg. Hoe beschreef je in 's hemelsnaam leegte, ruimte, stilte en los zand? Over het marmer in de gang nadert het getik van een kruk en het geruis van textiel: een jonge Japanner, twee dagen geleden Gourara binnengebracht door een vrachtwagenchauffeur die hem, met gebroken voet naast zijn motor, in de woestijn had aangetroffen. Hij spreekt geen woord van welke mensentaal dan ook en verkeert in een afschuwelijk isolement. Vlak voor de lounge haal ik hem in. Na eenvoudige zinnen van niet meer dan drie woorden, schakel ik terug op vragen van slechts één woord, maar de conversatie levert van zijn kant niet meer op dan een lachend uitgestoten: '*Lietel, lietel.*' Bij het woord '*accident*' dat ik achter elkaar in het Engels, Frans en Esperanto uitspreek, houdt hij het hoofd schuin en draait zijn ogen achterwaarts bijna zijn schedel in, waarna hij verontschuldigend het hoofd schudt, wat betekent dat hij de vraag weer niet begrepen heeft. Als ik wijs op het gips, reageert hij met veel gebaren; hij trekt denkbeeldige strepen met zijn kruk en stoot een dierlijk en langgerekt 'ooohhh!' uit waarbij hij om zijn as hinkt. Veel meer dan dat er plotseling een rotsblok van rechts kwam, kan ik er niet van maken. Ik schud zijn hand maar eens en vraag me af of hij zijn eigen naam nog wel weet.

Achter ons in de hall ontstaat gedruis als een grote groep Duitsers binnenkomt. Buiten staat hun bus met aanhangwagen. 'ROTEL, das rollende Hotel' staat er in trotse belettering op de zijkant. Opgewonden drommen ze rond de bar. Uit flarden maak ik op wat er gebeurd is: even buiten Timimoun was het uit met het gerol toen een heuse zandbank de weg versperde. Iedereen had in de storm naar buiten gemoeten om mee te helpen de weg zo ver vrij te krijgen dat het rijdende stukje Heimat erdoor kon. *'Furchtbar,'* roepen ze naar iedereen die het horen wil, maar hun ogen glanzen. Ze hebben nu ieder een hartversterking en proosten elkaar toe, tevreden over de goede afloop. In 1805 kwam door toedoen van een zandstorm tussen Tombouctou en Taoudenni een karavaan van tweeduizend mensen en achttienhonderd kamelen, in haar geheel om van dorst. De woestijn is niet alleen wreed, maar ook unfair. Net zo onverwacht als ze gekomen zijn, vertrekken de Duitsers weer, om hun tochtige duiventil voor de nacht in te richten.

Gemiddeld veel jonger is de groep Australiërs die in een oude legervrachtwagen een georganiseerde overlandtrek maakt. Dagen achtereen hebben ze in hun nauwelijks afgeveerde laadbak over hobbelige pistes gedanst en ze lijken voorlopig niet van plan de gerieflijke fauteuils in de lounge op te geven. Buiten was me de merkwaardige plaatsing van de zitbanken op de truck opgevallen. De plaatsen waren zo ingericht dat iedereen uitzicht had op de ander in plaats van op het voorbijtrekkende landschap. Leslie, hun chauffeur en tourleider, is een man van weinig woorden: de helft van zijn groep bestaat uit mannen die uit zijn op een vrouw, de andere helft vrouwen op zoek naar een man, terwijl ze elkaar in stilte verwijten dat de andere groep niet de verlangde partner voortbrengt. 'Ik zit achter het stuur en heb nergens last van. Bij elk gekissebis achter me, trap ik de gasplank in en laat ik de motor wat meer toeren maken, zodat het lawaai alle gekrakeel achter me smoort.'

De heren in zijn groep worden op dit moment extra beproefd, nu de Algerijnse mannen in de lounge interesse aan de dag leggen voor de in alle opzichten ongesluierde dames. Niet zonder eigenbelang hangen ze beschermend op de armleuningen van de meisjes, die juist geïnteresseerd voorover leunen en zich de aandacht en de attenties van de Algerijnen laten welgevallen. Richten de laatsten, tussen de complimentjes door, al het woord tot de jongens, dan is het steevast om te vragen of die ook whisky of kleren te verkopen hebben.

'Waar zitten die apen?'

Op deze vraag begint een landgenoot, een jonge diplomaat met standplaats Tunis, koortsachtig in zijn reisgids te bladeren. Twee dagen zitten we nu, gedwongen door het tempeest buiten, in het hotel en alles is gezegd. Aanvankelijk bood het land nog enige gespreksstof. De Fransen, onze vaste tafelgenoten, prezen de vooruitgang en de attaché noemde president Chadli Benjedid een flinke vent. Daarna werden de verhalen sterker en de Fransen vertelden met welke superwinst zij een fles whisky hadden weten te verkopen, waarbij de attaché zo'n overdreven onwetendheid speelde dat althans ik graag een blik in zijn diplomatiek onschendbare kofferbak had geworpen. Toen ook de onverwoestbare waarheden als: 'Het boek is altijd beter dan de film,' en: 'Een beetje Volvo gaat tachtig jaar mee,' weer waren gedebiteerd, bleef er niets anders over dan het in spelvorm vergelijken van elkaars reisgidsen. Om de beurt stellen de Fransen of de Nederlander een vraag die de ander(en) met behulp van zijn reisgids moet oplossen. De Fransen zijn in het bezit van de *Guide Bleu*, zonder meer de draagbare encyclopedie over de Sahara, en leunen ontspannen achterover. De Nederlander doet het met de weliswaar eenvoudigere Dumont-uitgave (*Richtig reisen in Algerien*) maar geeft goed partij. Wanneer de uitgaven elkaar tegenspreken, wordt de ober erbij geroepen. Deze brengt dan beide geschriften tot vlak bij zijn ogen, tilt zijn bril weg, slaat een paar bladzijden om, waarbij hij met een vies gezicht de lettertekens betast, trekt dan zijn wenkbrauwen op en tikt resoluut op een van de boeken met de stellige verzekering dat dit het bij het rechte eind heeft en het andere abuis is, waarna hij zijn bril weer opzet en, in Arabisch schrift, onze wensen voor het diner noteert.

Evenals gisteren en eergisteren verschijnt er een gezet heertje in de entree van de eetzaal: de directeur van hotel Gourara. Pochetje, handen op de rug, staat hij daar en overziet hij ons als de nu eenmaal onmisbare bewoners van zijn dierentuin, die op tijd dienen te worden gevoederd. Ook deze keer is alles in orde en haastig doet hij een pas opzij om de nijdig stampende Italiaan door te laten, die wederom niet verder is gekomen dan een wanhopig herhaald 'pronto, pronto', gevolgd door de klap van hoorn op haak en een krachtterm. 'Het is een schande,' horen we, en hij slaat zo hard op de tafel dat bestek en asbak opspringen. 'Het moet de verbinding zijn,' stelt het sterretje gerust en het knapt tussen haar fijne tandjes het laatste draadje van haar handwerkje af. Verbluft door zoveel inzicht, zakt zijn mond half open en morst as op zijn das, die zij er weer afblaast.

Verderop met niets of niemand anders aan zijn tafeltje dan zijn gipsen voet op de stoel tegenover hem, begint de Japanner met zijn vertrouwde slurp- en sloebergeluidjes zijn maal, van achter een palm nieuwsgierig gadegeslagen door de ober, die het voedsel niet verder dan op de uiterste rand van zijn tafeltje heeft gezet, als was hij bang vinger of hand te verliezen.

'Voilà les singes!'

Triomfantelijk draait mijn landgenoot *Richtig reisen* voor de verblufte Fransen, die met een zuur gezicht toegeven en beleefd de uitgave complimenteren. Dan wordt de maaltijd opgediend en de diplomaat begint zacht en indringend over ontwikkelingshulp en het goede voorbeeld van Nederland, dat maar liefst anderhalf procent van zijn bruto nationaal produkt aan de derde wereld besteedt. De Fransen glimlachen wat en buigen zich over de overzichtelijker wereld van hun platte etensbord. Wanneer de wijn wordt geserveerd, proeven zij voor en hervinden hun spraak. Ze roemen 'la Cuvée du Président' als een van de beste wijnen ter wereld en stellen dat Algerije zich geen gelukkiger kolonisator dan Frankrijk had kunnen wensen. Ze stoten hun glazen tegen dat van de Nederlander, die schaapachtig kijkt en er voor de rest van de maaltijd het zwijgen toe doet.

De volgende morgen herinnert niets meer aan de storm. Strakblauwe lucht en stekende zon: de woestijn lijkt weer op orde, zij het met wat verschoven zandduinen. Opgeruimd nemen buiten de Fransen en de Nederlander afscheid van elkaar. Hun wensen voor een goede reis worden echter overstemd wanneer met veel geraas en zwarte rook de truck van de Australiërs wordt gestart. De eromheen gedromde Algerijnse ridders nemen afscheid van de meisjes, die weer onbereikbaar hoog op de laadbak zitten. Het gevaarte komt schokkend in beweging en volgt aanvankelijk de ROTEL-combinatie. Maar niet verder dan tot een meter buiten de bebouwde kom, waar de truck zich onmiddellijk van de voorspelbare asfaltroute afwendt en het zand induikt. Dan vertrekt mijn bus. Meteen buiten Timimoun wijzen Algerijnse medepassagiers me op een merkwaardig schouwspel. Onder aan een zandduin zit, op een kennelijk als rekwisiet ingehuurde kameel, de Italiaanse in een fraai indigo gewaad. Daarvoor, onder een grote parasol, staat de camera met eromheen de verveelde crew. De enige beweging in het tafereel vormt de regisseur, die met een stroom van verwensingen de herkauwer overeind tracht te krijgen. Net voor zij achter de bocht verdwijnen, zie ik nog hoe hij, de wanhoop nabij, op handen en voeten de gewenste handeling voordoet.

Diezelfde dag, laat in de middag, draaien alle passagiers de hoofden opzij als een stofwolk naast de weg de bus inhaalt. De motorrijder wordt druk becommentarieerd en als ik nog eens kijk, ontdek ik een witte, gipsen voet die op ingenieuze wijze, met behulp van een riempje aan het schakelpedaal verbonden is. Het laatste dat we van hem zien, is hoe hij met zijn kruk als een Samoerai-zwaard op zijn rug, als silhouet tegen de laagstaande zon verdwijnt in de oneindigheid.

In Mopti is het marktdag. Touareg, Bellas, Peulh, Songhaï, Bambara's en Bozo's zijn in ranke *pirogues* het modderige haventje aan de Niger ingegleden en hebben op de kade hun goederen uitgestald: sieraden, gierst, pinda's, tot trossen bijeengebonden, onduidelijke bruine visjes en een half vergane koeiekop, overdekt met duizenden vliegen. Naast de vele inheemse waren ook verpakte artikelen als Calvé-mayonaise en gecondenseerde melk uit Leeuwarden. Een oude vrouw met een lange en een korte borst zit achter een omgekeerde wieldop met daarop tien maggiblokjes. Ze heeft ze in een piramidetje opgestapeld en kwettert tegen een buurvrouw met vier pakjes Castella-zeeppoeder. Het doet er niet toe wat je verkoopt, als je er maar bent. Op het dijkje naar de oude stad buigen honderden geknielde mannen, aangespoord door elektrisch gekraak uit de moskee, precies gelijk voorover in het stof. Wanneer ze omhoogkomen, zien ze gelaten uit over het stinkende moeras dat Mopti omgeeft. Achter Bar Bozo is een werf waar uit het hout van de baobab de *pirogues* worden gemaakt die nog steeds de communicatie met plaatsen als Tombouctou en Djenné verzorgen. Op het terras met het mooiste uitzicht over de Niger en de haven zitten Fransen zo verdiept boven hun Michelin, dat een tweede schoenpoetsertje de kans grijpt en ongevraagd en onopgemerkt aan hun schoeisel begint. Over een paar dagen, als in onbegrijpelijke razernij de jaarlijkse stofwolk van Parijs naar Dakar voorbijstuift, willen de reizigers in Tombouctou zijn. Ver achter de Niger vervormt de zon zich tot een ei, wanneer zij zich door de horizon drukt. De smalle puntscheepjes en de figuurtjes op de rivier verliezen hun kleur en worden silhouetten op het goudkleurige water. Aan de overkant van het haventje hangt een oude rivierboot gevaarlijk scheef. Het is de uitgebrande *Général Samouré* die, beroet en verroest, zonder elektriciteit en met geen ander stromend water dan dat onder zijn kiel, zijn laatste dagen slijt als hotel en bordeel. Een dezer dagen zal het schip, als een olifant die zich op zijn kant legt om te sterven, geluidloos kapseizen en in één zucht wegzinken.

Door de gloeiend hete savanne zijn we uit Bankas het gebied van de Dogon ingetrokken: Ousmane, een twaalfjarige gids met niet meer dan een gescheurd hemd en een broek zonder knopen en ik, met een pak op mijn rug als een maanwandelaar. Ousmane kwebbelt aan een stuk door om langs slinkse omwegen steeds weer op hetzelfde onderwerp uit te komen: de bodywarmer die hij in mijn bagage heeft gezien en de cadeautjes die hij van andere klanten heeft gekregen. Op een gier na, die met krachtige bewegingen iets onduidelijks uit elkaar scheurt, zijn we de enige levende wezens in het landschap. Door het rulle zand ploegen we van baobab tot baobab, waar ik water drink dat ik er ter plekke weer uitzweet en Ousmane zijn losse zool met een grashalm aan zijn gympie bindt.

In de namiddag bereiken we de *falaise*, de loodrechte wand van zandsteen die zich over meer dan tweehonderd kilometer uitstrekt en waar de Dogon leven. Aan de voet ligt ons voorlopig doel, het dorpje Teli. Als mijn gids zich meldt bij de *chef de village*, hoor ik voor het eerst het fantastische begroetingsritueel.

'Poh! Poh!'

'Ya Poh?'

'Ya Poh!'

Minutenlang gaat het door, meer een verlangen ritmisch iets met elkaar te zingen dan een groet. Het gaat zo vloeiend, zo geroutineerd dat de chef tussen de vraag- en antwoordbeurten door, kans ziet mij in het Frans te begroeten.

'Ca vaaahhh...?'

Een zachte hand wordt als een plak klei in de mijne gelegd. Hij gebaart me te zitten en ik krijg konio, gierstbier in een wijde kalebas. Het is lauw en smaakt naar hooi en vee. De verzamelde mannen knikken wanneer ik, uitgedroogd en trillend, de kom in één teug leeg. Met behulp van vuursteentjes steken ze de brand in hun pijpjes en ik krijg een nieuwe nap. De warmte en de vermoeidheid zakken in mijn benen. Dat mag, want ik wil ze niet meer gebruiken, nooit meer. Een gedeukt transistorradiootje onder het bankje van de chef staat afgestemd op een Franse zender en geeft onwaarschijnlijke berichten door over lawinegevaar en temperaturen die onder nul zouden zijn. Ousmane legt uit dat er wel eens Fransen in het dorp komen en de chef dan iets heeft om over te praten. Want als ze hier waren, wilden ze altijd weten hoe het daar was.

'France?' vraagt de chef me.

'Pays-Bas,' zeg ik en er komt verwarring op zijn gezicht.

Wat nu? Was er behalve France nu nog een land? Uit mijn bagage haal ik een foto van een Hollands landschap. Het plaatje gaat van hand tot hand en wordt zwijgend bekeken als vonden ze zoveel groen maar obsceen. Via Ousmane vraag ik de chef wat voor tabak hij rookt. Hij lijkt verbaasd en kijkt de kring mannen rond.

'Tabac Dogon!'

Alle mannen glimlachen als hadden ze het altijd al geweten en herhalen als bevestiging het antwoord. De chef wenkt Ousmane en zegt hem dat het onderhoud is afgelopen. Als hij zich omdraait, pakt de chef hem bij zijn arm en fluistert hij het rijtje plaatsen waar ik niet mag komen. Ousmane knikt. Het zijn huisjes, voornamelijk in het oude Teli, die zich als zwaluwnesten in de rotswand bevinden. Daar ergens liggen de meterslange Sigimaskers, die slechts eenmaal in de zestig jaar op het Sigifeest door de mannen naar beneden worden gedragen en in de tussenliggende tijd noch door hun eigen vrouwen, noch door buitenstaanders mogen worden aanschouwd. Tussen de kleine, vierkante lemen huisjes met ronde dakjes wijst Ousmane op een huisje dat op het eerste gezicht niet afwijkt van de andere. Op het dak vormen twee takken een kruis: het is een imitatie van een katholiek kerkje. Twintig passen verderop staat een piepkleine uitvoering van een willekeurige moskee langs de Niger. Veel gebruikt lijken me de godshuizen niet en binnen de omheining voor de moskee graast zelfs een geit. Overal waar we langs komen, onderbreken de vrouwen het gierststampen en klappen ze lachend in de handen als ze mijn terreinschoenen zien. Ik herken één klank en maak op dat ze me meneer Landrover noemen.

Een snoer van kinderen volgt ons. Uitpuilende buikjes met daar weer uitpuilende naveltjes. Een cynische toerist moet ooit het shirt geschonken hebben dat de kleinste van hen draagt: Kentucky Fried Chicken staat erop, en naast de inmiddels groezelige maar nog altijd lachende kop van kolonel Sanders is door een scheur de ondervoeding te zien. Zo is de hummel, op dit hemd na, ongekleed en, zonder het zelf te weten, drager van een boodschap die keer op keer de bezoekers van Teli te denken geeft. De anderen zijn naakt. Een oude vrouw kruipt op handen en voeten naar haar hut en voert een gesprek met de geit die naast haar meeloopt. Geen van de kinderen lacht haar uit.

Ousmane wijst me de plaatsen, veelal gemerkt met witte gierstpap, waar ik niet mag komen en vertelt over het leven van de Dogon. Alles is even verbijsterend en steeds als ik doorvraag, raakt hij in verwarring waaruit hij zich dan weer redt door erbij te fantaseren. Dicht bij dat van de chef hebben de grootouders van Ousmane hun lemen huisje, waar we zullen overnachten. Ousmane is, in overeenstemming met de Dogon-traditie, waarin een man zijn schoonouders schadeloos moet stellen voor het wegnemen van hun dochter, aan zijn grootouders geschonken. Gedwongen door de noodlottige droogte van de afgelopen jaren zijn zijn ouders naar het buitenland vertrokken: zijn vader werkt als seizoenarbeider op de cacaoplantages in Ivoorkust en zijn moeder als hulp in de huishouding in Ghana. Eens in het jaar komen ze terug en nemen ze iets voor hem mee, een nog knappe broek of een paar gympies ongeveer in zijn maat. Het eten, gierst aangelengd met water en op smaak gebracht met wat suiker die Ousmane uit Bankas heeft meegenomen, wordt met de hand genuttigd uit een gemeenschappelijke kom. Daarna toont de gastheer zijn geweer, een wapen uit het begin van de eeuw, waarmee hij óf tegen óf met de Fransen – duidelijkheid is op dit punt niet te verkrijgen – heeft gevochten. Zijn vrouw, draagster van een krop, vraagt me om aspirine. Als ik haar, bezorgd voor haar maag, via Ousmane uitleg hoe die in te nemen, moet hij lachen om haar reactie. In plaats van het tablet zomaar in te slikken – ik moest wel gek zijn – zal ze het in haar hoofddoek dragen, precies op de plek waar ze pijn heeft. Als de pijn gezakt is, zal ze het kostbaar kleinood zorgvuldig bewaren voor een volgende gelegenheid of aan haar buurvrouw uitlenen.

's Nachts lig ik op het platte dak van het huisje. Er valt een warme wind vanaf het plateau en de volle maan tovert met de apebroodbomen een Marten-Toonderlandschap. Als ik mijn ogen sluit, zie ik spontaan beelden uit de documentaire die de cineast Jean Rouch van een begrafenisritueel hier bij de Dogon maakte. De overledene was zeer oud en van hoog aanzien geweest. Bij de ceremonie was een pop naar zijn beeltenis op het dak van zijn huis geplaatst. Het hele dorp had, met de pop als enige toeschouwer, een dag lang het leven van de overledene nagespeeld. Dan volgen mijn eigen beelden, verward en zonder samenhang, van de reis die achter me ligt en ademloos verbaas ik me over de niet te rijmen verscheidenheid hier en de Eurovisie-eenheidsworst bij ons. Hoe lang nog? Ik open mijn ogen en zie de zwarte, overhangende rotswand dreigend boven de kabouterhuisjes van Teli. Slapen gaat niet meer. Er is te veel dat begrepen wil worden. Maar in welk kader, en moest je wel meer dan één kader hebben? Mijn ogen, gewend aan het halfduister, nemen de spelonken hoog in de wand waar. Daar zouden de Tellem hebben geleefd, een mysterieus volk, ergens in de vijftiende eeuw van de aardbodem verdwenen en waarvan we alleen datgene weten wat de Dogon erover willen loslaten. Wat was waar van alles wat Ousmane me had verteld, en wat maakte deel uit van de fantasie van een twaalfjarige jongen?

Ik buig me over de lemen rand van het dak. Beneden aan de trap, een kale boomstam waarvan de uitsteeksels als treden dienen en die schuin tegen het huisje is geplaatst, slaapt mijn gids, zijn magere knieën opgetrokken tot onder zijn kin en met mijn bodywarmer als kussen onder zijn hoofd. Ik laat me terugvallen. Hoe misplaatst was alles. Een jongen die eenmaal per jaar zijn vader en moeder zag en die in de tussentijd maar moest optrekken met vreemden met hun oneindige hoeveelheid vragen, die elk antwoord weer aangrepen voor een nieuwe vraag. En wat had mijn reis hierheen opgeleverd, wat was hij van mij wijzer geworden? Hier in dit snikhete stuk Afrika? Een bodywarmer.

Gewoontegetrouw tracht ik de nu oprukkende gedachtenchaos met citaten te bezweren. 'Je zeilde wat met de aarde door de ijzige, donkere ruimte,' had de Uitvreter gevonden. *'The creator loves order and hates chaos,'* probeer ik, maar die bevalt niet. 'De mensen sterven en zijn niet gelukkig.' Ik herhaal het honderd keer. Van beneden komen flarden nutteloze informatie van de Franse zender: Marseille-St.-Etienne 4-1, Reims-Cherbourg 2-0, St.-Nazaire-Grenoble 1-2. Ritmisch gesproken moet het de dorpschef voorkomen als een gebed. Als ik na een dommeling weer wakker word, bericht een andere stem de dood van filmregisseur en 'master of the weepies' Douglas Sirk. Weer sluimer ik in en weer word ik wakker. Driemaal is een teken. Of de geest of het lichaam – dat zochten we morgen wel uit – wil naar huis en de ander zal moeten volgen. Genoeg is genoeg. De radio ruist en onder mij geeft een klokkende kip me gelijk, maar verderop, vastgebonden aan een boom, balkt een ezel hartverscheurend over het leed van de wereld.

Hoewel Michelin 153 ons de zeshonderdzestig kilometer tot Tamanrasset asfalt belooft, is van de ooit door Algerijnse militairen aangelegde weg niet veel meer over. *'L'Algérie avance et le désert recule,'* staat er trots op de vrachtwagens, maar hier heeft de woestijn grotendeels bezit van de weg genomen.

Ironie: dezelfde vrachtwagens die het in de hitte weerloze asfalt stuk hebben gereden, als was het een binnengedrongen slang, laten het nu links liggen en kiezen weer de oude piste door het zand.

Voor ons, in een auto met weinig grondspeling, zit er niets anders op dan stapvoets en behoedzaam van kuil tot kuil te hobbelen.

Het leven in de woestijn is eenvoudig. Om een uur of zes vertrekt de zon en daarvóór moet een plek met beschutting tegen de wind zijn gevonden. Het eten bestaat uit aardappelen, peen, ui en tomaten, waarbij we elke dag de hoeveelheden wisselen en onszelf wijsmaken steeds iets anders te eten. Daarna lopen we, ieder een andere kant, een nutteloos stuk de onmetelijkheid in om ons te laten overweldigen door ruimte en stilte. De Sahara, 4800 km lang en 1600 km breed, een gebied even groot als de Verenigde Staten. Gebergten, rotsen, stenen en ten slotte zand: de vergruizing in alle stadia.

's Nachts in mijn slaapzak onderga ik de adembenemende film met de traag opschuivende en elkaar opvolgende sterren boven me en mompel hun namen. In de mondeling overgeleverde legenden van de nomaden is de sterrenhemel niets anders dan een grote, tijdelijk opgezette tent waar toevallig wat gaten in zitten.

Om vier uur word ik wakker door de kou. Door het kleine gaatje in mijn cocon beloer ik het heelal en zie met de komst van de morgenster de nacht wijken. In majesteit en doodse stilte komt de zon op en de temperatuur loopt vlot op. Twee maanwandelaars lopen even later met stramme leden wat in het rond tot het keteltje het ijs aan de kook heeft. Het in de nacht in ons haar en gezicht gestoven zand blijkt een voorproefje. Dezelfde middag, als we, het asfalt beu, de oude piste hebben genomen, steekt de gevreesde zandstorm op. Regelmatig moeten we stoppen. Het zicht is slecht, en voor je het weet volg je de verkeerde sporen. Dan verhevigt de storm en verlangt dat we definitief stoppen.

We wachten af, eten dadels en praten zachtjes over de wonderen van de woestijn, over de karavanen van duizenden kamelen die tussen zes uur 's morgens en tien uur 's avonds genoodzaakt waren door te gaan – zelfs de thee werd onder het lopen bereid – , en over hun gidsen, blinden soms, die aan de geur van het zand hun positie konden bepalen. Ieder jaar in november vertrokken vanuit Agadez karavanen naar Bilma om zout te halen in ruil voor gierst. Het waren de grootste aller tijden. Op een morgen in het jaar 1913 kwamen 26 017 kamelen overeind om één karavaan te vormen!

Maar ook de dadel in onze hand, afkomstig van een palm die met een zuigspanning van vijftig atmosfeer de bodem in een brede straal van zijn laatste druppel ontdoet, is een klein wonder.

Als ik hoofdpijn en een vage misselijkheid voel opkomen, legt mijn reisgenoot me uit dat het door de elektrische lading komt die de auto door het schurende zand oploopt. Er zit niets anders op dan naar buiten te gaan en een eind met de krik door het zand te slepen. Ik sla een vier meter lange *chèche* om mijn hoofd, haal diep adem en waag me naar buiten. De wind buldert en het zand is overal. In mijn nek, op mijn handen, overal waar de huid bloot is, voel ik een regen van naalden. Ik geef een brul van woede die ik zelf amper hoor en sleep een eindje het gereedschap achter me aan. Net op tijd realiseer ik me dat ik vlak bij de auto moet blijven, wil ik deze ooit terugvinden. Als in een godsdienstige handeling loop ik zesmaal met de krik achter me aan rond de auto. Daniël, die de leuning van zijn stoel achterover heeft gezet, wuift en gebaart me vol te houden. Haalde hij een geintje uit en liep ik hier voor zot? Ik doe alsof ik de krik door de ruit wil slingeren. Hij steekt een sigaartje op en blaast kringetjes. Weer verbaas ik me over de aantrekkingskracht van de Sahara op de meest uiteenlopende mensen. Daniël, gevierd tuinarchitect in Zwitserland, maar elke winter in de woestijn, naar eigen zeggen om leeg te worden en inspiratie op te doen.

Ik knap op en nadat ik de krik zo geplaatst heb dat de auto aarde maakt, kruip ik naar binnen. Daniël zegt dat ik niets te klagen heb. In een vorig jaar was een storm zo hevig geweest, dat hij de contactsleutel niet uit het slot had kunnen halen zonder dat het binnendringende zand het gebruik ervan voorgoed onmogelijk zou maken.

De volgende morgen is de storm verhevigd en zien we niet veel verder dan het einde van de motorkap. Tussen de voorstoelen hebben we een brander opgesteld en we proberen thee te zetten als de Toearegs. Het resultaat is matig. Ik kan me slecht concentreren. Het piekeren begint. We hadden nooit de weg moeten verlaten. Onze sporen zijn nu zeker dichtgewaaid. We hebben niet, zoals de bijgelovige vrachtwagenchauffeurs, driemaal om de gedenkplaats van maraboet Moulay Hassan gecirkeld en ik verwijt Daniël lichtzinnigheid. Hij antwoordt dat een storm hier zelden langer dan drie dagen aanhoudt en ik tel de ongelezen bladzijden van Anthony Burgess' *Earthly Powers*.

's Middags luwt de storm en het zicht verbetert iets. Mijn boek is uit en met mijn handen gevouwen achter mijn hoofd staar ik, nog onder de indruk van het meesterlijke slot, door de voorruit. Voor het tot me doordringt wat ik zie, is het alweer weg, maar even later is het er weer: een vaag, zwart vierkant. Ik waarschuw Daniël, die zijn schouders ophaalt maar blijft kijken. Dan, tussen twee vlagen zand door, is het er weer, sterker, en we ontwaren duidelijk de contouren van een touringcar. Een bus? Hier? Achtergelaten?

De bus is bewoond. Als we op de ruit tikken, zwaait, keurig op luchtdruk, de deur open. Helga, Yvonne, Laura en Beate, vier jonge Duitse vrouwen uit Kiel, zijn op weg naar Togo, om daar de in Duitsland afgeschreven bus te verkopen. Helga is ingenieur in een fabriek voor scheepsmotoren en heeft de tijd tijdens de storm goed besteed met achterstallig onderhoud. De bus is van alle gemakken voorzien: de stoelen zijn grotendeels verwijderd om ruimte te maken voor een gezellige zithoek, en in een heuse ijskast van onwaarschijnlijke afmetingen liggen Duitse worst, Duits bier en Duits *Weihnachtsbrot*. '*Alles der Mikroben wegen,*' legt Beate uit. Ze houdt twee blikjes op. '*Wolt ihr?*'

We accelereren fel op het wasbord, waarbij de wagen zo dendert dat ik bang ben dashboard en voorruit op mijn schoot te krijgen. Met honderd duiken we in de *fech-fech*, velden poederzand, verraderlijk bedekt met een dun, hard laagje. De motor zwoegt, het chassis schuurt, maar we halen de overkant. De bus achter ons kan op het korte, harde stuk niet voldoende snelheid maken en zijn luchthoorn meldt laconiek dat de dames vastzitten en we weer aan moeten treden. We vloeken in stilte. Twee dagen lang busuitgraven en in rul zand op gang duwen hebben onze mening over de Duitse gastvrijheid diepgaand gewijzigd.

We zitten in de duinen van Laouni, zo'n tweehonderddertig kilometer ten zuiden van Tamanrasset, het beruchtste stuk. Hier staan over enkele kilometers honderden autowrakken die in de loop der jaren zijn achtergebleven. Vanaf een heuvel overzien we het slagveld met de kadavers van vw-busjes, Peugeots, Amerikanen uit de jaren vijftig en daar, op z'n kop maar onmiskenbaar, het wrak van een Daf 33. Geduld is hier de boodschap. Veel uitstappen en soms een half uur lopen om een doorgang tussen stenen en zandvelden te vinden. Eén ongelukkige steen die het carter of de tank openscheurt en we kunnen overladen. Dan, als we denken dat het nooit meer eindigt, hebben we het gehad. Voor ons ligt een gladde, harde zandvlakte met grillige rotsformaties als op een doek van Dali. In de kijker zien we wat lemen huizen: In Guezzam.

De douanier spreidt zonder haast onze documenten uit. In zijn linkerwang zit een uitpuilend oog, centimeters lager dan het andere. Het draait onafhankelijk als bij een kameleon. Voor hem moet het een extra zintuig zijn om vervalsingen te ontdekken, zo dicht brengt hij het bij onze stempels. Hoewel onze papieren in orde zijn, klopt het hart in de keel. We hebben te veel verhalen gehoord, en buiten, voor de keet, loopt een radeloze Nederlander op en neer. Hij is met de auto van zijn zuster, die zelf na twee weken vakantie aan de kust teruggevlogen is. Toen andere reizigers hem erop wezen dat de Algerijnse overheid hem meteen voor een dief zou houden, tenzij hij een document had met stempel waaruit bleek dat hij met toestemming van de eigenaresse in de auto reed, had hij zijn heil gezocht in de onder Afrika-gangers bekende 'Doublemint-trick': in voorgekauwde kauwgum wordt de beeltenis van een munt, in dit geval een Nederlandse gulden, gedrukt, waarna het aldus verkregen stempel voorzien van wat inkt op een getypt document wordt gedrukt. Juist bij dit stempel was het beweeglijke oog van de douanier tot rust gekomen en het papier werd tot tien centimeter afstand gebracht.

Daarna had hij, tevreden knorrend achterovergeleund, een bureaula opengetrokken en na wat zoeken in een bakje een Nederlandse gulden op het bureaublad geworpen. Terwijl de gulden uittolde, had hij zijn armen als slagbomen over elkaar geslagen en genoten van het wit wegtrekkende gezicht tegenover hem. De Nederlander had nog iets gemompeld van dat het toch zeker niet verboden was in de auto van zijn bloedeigen zus te rijden en dat hij die wet wel 'ns wilde zien. *'La loi... c'est moi,'* had de douanier geantwoord, wijzend op zijn uniform dat in Afrika zowel de politieke, wetgevende als uitvoerende macht achter één rij knopen bijeenhoudt.

In onze papieren geen valse stempels en de beambte knikt langzaam met vooruitgestoken onderlip als had hij bewondering voor onze handigheid in het omzeilen van alle toch zorgvuldig uitgezette valkuilen en voetangels. Dan schiet zijn hand uit om een beetje nijdig de passen af te stempelen en we mogen de volksdemocratie verlaten.

Buiten omringen de meisjes de Nederlander en geven hem raad. Zijn auto staat achter een gespannen ketting en hij mag deze op komen halen als hij met een officieel document kan aantonen dat zijn zus toestemming heeft gegeven. Zo niet, dan vervalt de auto na een jaar aan de staat. In de praktijk betekent dit dat hij voort moet maken, want zolang de auto in het depot staat, ontfermt de ene grensemployé, bang dat zijn collega hem voor zal zijn, zich gauw over accu, banden et cetera. Plotseling zwijgt iedereen en kijkt naar de grond. In de deuropening is de wet verschenen en met één vingertje wenkt hij mij. Trillerig stap ik het hok weer in. Hij biedt me een stoel aan, vist uit zijn borstzak een zonnebril met de opdruk Porsche, zet hem op en vraagt of ik vind dat hij hem staat. Het zweet breekt me uit.

Een bevestiging kan, gezien het afwijkende oog, licht als een belediging worden opgevat.

'*Pas mal,*' knik ik.

Het blijkt slechts een inleiding. Tien meter over de grens staat de door hem uitgeklaarde bus met Helga én Beate én Laura én Yvonne en daar wil hij heen. Zou het niet mogelijk zijn dat ik, die zowel Frans als Duits spreek, hem vanavond bij hen introduceerde? 'Een volk dat voor tirannen zwicht...' zingt een stem in mij. Hij, bier drinken met de meisjes en dan nog niet eens hoeven duwen?

'Nederlanders kunnen zeer behulpzaam zijn...,' begin ik. 'Zou hij, op zijn beurt, ook... behulpzaam... jegens een bepaalde Nederlander kunnen zijn?'

'*Pas de question!*' Hij slaat het boek dat voor hem ligt dicht en werpt het in een la.

De volgende morgen stond hij voor zijn gebouwtje en zag met lede ogen toe hoe de bus met vier meisjes en één jongen zich met schokjes in beweging zette. Je kon niet alles hebben, gebaarde de jongen op de trede, waarna de deur zich achter hem sloot.

Heel veel later hebben we hem bij toeval weer ontmoet. Na weken van telegraferen en telexen vanuit Niger, was hij met het vereiste document op de grenspost teruggekeerd en had daar dezelfde douanier getroffen. De auto kreeg hij terug, dat sprak vanzelf, daar had hij recht op, maar eenmaal buiten het keetje had datzelfde vingertje hem teruggewenkt. De formaliteiten bleken nog niet afgesloten, want hoewel op de grens, was hij toch in Algerije en of hij maar weer de verplichte duizend dinar wilde opnemen. Waar? Het vingertje wees, voorbij de paar huizen van In Guezzam, over de zandvlakte en de duinen van Laouni, naar Tamanrasset, vierhonderd kilometer naar het noorden, waar zich de dichtstbijzijnde bank bevond. Ontzet had de jongen tegengeworpen dat hij zonder brandstof en zonder Algerijns geld om te tanken... Toen had de douanier in de opening, zo getrouw als maar enigszins mogelijk, het gebaar van de jongen van weken terug geïmiteerd en de deur achter zich gesloten.

Toch blijft Algerije, in de herinnering, een schitterend gewaad met de gastvrije inwoners als even zovele versierselen. De besmeurde zoom doet daar niets aan af.

LINDA POLMAN

ENKELE REIS KISANGANI

Pas tegen de avond, als ook de laatste containers en balen met toren-kranen aan boord zijn gehesen, maakt de MS *Tshaitshi* zich onder oor-verdovende hoornstoten langzaam los van de kade. De rivierbootreis van de Zaïrese hoofdstad Kinshasa naar Kisangani, midden in de wil-dernis, gaat zeker twee weken duren.

Ik heb een enkele reis eerste klasse geboekt naar Kisangani. Het gros van de benauwde tweepersoonshutten, blijkt gereserveerd door com-plete families, met heel veel kinderen en bagage. Er is aan boord van de *Tshaitshi* plaats voor vijftienhonderd passagiers maar de rederij heeft, zoals gebruikelijk, zeker tweeduizend plaatsbewijzen verkocht.

Echte passagiers zijn er maar weinig aan boord. Sterker nog, die zijn nauwelijks welkom. De *Tshaitshi* is er voor beroepsreizigers, kooplie-den die vaak al generaties lang heen en weer varen door het oerwoud om handel te drijven met de bewoners van de binnenlanden van Zaïre.

De handelaars voelen zich meteen thuis; nog voordat we een meter gevaren hebben wappert al wasgoed aan alle railingen en roepen glim-mend zwarte *mamans*, achter grote pannen pruttelend eten, hun uitge-laten blote peuters met pollepels tot de orde. De mannen doen een dut-je of leggen een kaartje met elkaar op rieten matjes in de schaduw.

De rederij onderneemt de ongeveer tweeduizend kilometer lange reis met een karavaan van aaneengekoppelde boten en dekschuiten. Het moederschip *Tshaitshi* duwt en trekt zes andere volgeladen boten. Er valt veel te verdienen onderweg, want de botenkaravaan heeft het mo-nopolie op de handel in de jungle. Markten zijn er niet in het immense gebied, alleen geïsoleerde gemeenschapjes van steeds andere stammen. De oeverbewoners zijn voor alles afhankelijk van *la ville flottante*, de 'drijvende stad', die twee keer per maand langskomt. En in het droge seizoen, als het water laag staat, maar één keer.

De eerste nacht aan boord doe ik geen oog dicht. Mijn hut ligt pal boven de machinekamer. Het gestamp en de herrie overstemmen alles en de hitte van de motoren dringt door de vloer heen. Hut en bed deel ik met een gigantische kolonie kakkerlakken. Ze zijn zo brutaal als de beul: als ik in bed lig, rennen ze zelfs over mijn gezicht. Boven de rivier bliksemt en regent het hevig. Of het ook dondert is niet te horen.

Het was de ontdekkingsreiziger Stanley die, ruim honderd jaar geleden, het stroomgebied van de Zaïre-stroom als een der eerste Europeanen verkende. Land en rivier heetten toen nog Kongo. Stanley ontdekte dat de grote rivier een kant en klare waterweg van maar liefst achttienhonderd kilometer lengte vormde. Een weg dwars door het ondoordringbare oerwoud, naar het middelpunt van het continent, het hart van donker Afrika. Goed nieuws voor Stanley's opdrachtgever, de Belgische koning Leopold II. Aan beide uiteinden van het bevaarbare deel van de rivier verrezen handelsnederzettingen: Stanleyville, nu Kisangani, diep in het oerwoud, en Leopoldville, het huidige Kinshasa, nu de hoofdstad van Zaïre en met twee miljoen inwoners een van de weinige echt grote steden op het continent. De stad is sinds de dagen van Stanley het knooppunt van de handel van en naar de binnenlanden van Afrika en de rivier is nog steeds de enige verkeersader die het enorme gebied doorstroomt. De weinige landwegen in het oerwoud zijn kort en voeren steeds terug naar het water, net als de nijlpaardensporen waarlangs Stanley zich destijds een weg baande.

De boten van onze karavaan zijn in één dag nauwelijks te belopen. Ze hebben twee verdiepingen, drie als je de daken meetelt. Om in de tweede en derde klassen te komen, het zenuwcentrum van de handel aan boord, kan ik het beste over de railing voor mijn hut klimmen en zo het dak op. De officiële weg is onbegaanbaar. Ik zou langs de wc's moeten en dat zijn er maar vijf voor alle lagere klassen. De doordringende urinewalm is er niet te harden.

Ik schuifel tussen de mensenmassa's door. Handelswaar puilt over de smalle looppaadjes, die toch al druk bezet zijn door rondscharrelende venters in sigaretten, pinda's en gedroogde rupsen in puntzakjes van krantepapier: een populaire snack. Om de paar meter word ik aan mijn mouw getrokken voor een praatje, een hapje of een uitnodiging om iets te kopen.

Dekken en daken zijn als zodanig nauwelijks nog herkenbaar. De tweedeklashutten zijn stuk voor stuk omgebouwd tot uitdragerijen en de houten stapelbedden tot schappen. Op de derdeklasdekschuiten hebben honderden families hun eigen marktkramen opgezet, met afdakjes van lappen plastic om zichzelf en de waar te beschermen tegen de felle zon overdag en de nachtelijke tropische stortbuien.

Alles wat de grote stad Kinshasa te bieden heeft, heeft de varende stad ook. Er is brandstof te koop, dekens, matrassen, kleding, gereedschappen en medicijnen. Blikken eten staan tot de plafonds opgestapeld. Speciale aanbieding deze reis is een grote partij sardientjes in tomaten-saus, volgens de etiketten ooit bedoeld als gift van het Japanse volk aan Unicef. De laatste hits uit Kinshasa, met Michael Jackson en Madon-na onbetwist aan top, schallen uit honderden cassetterecorders en transistorradio's, ook te koop.

We hebben tover- en gewone dokters aan boord en tandartsen, alle-maal met hun eigen spreekuren op hun eigen stukjes dek of dak. Er zijn handlezers, waarzeggers en schoenpoetsers en er zijn bordelen: ge-woon rieten matjes op het dek discreet achter een lap textiel. Bij de *ma-mans*, gehurkt achter hun ketels op houtskoolstelletjes, kun je voor een paar centen een bord gekookte vis bestellen, die je staande naar binnen werkt. We hebben soldaten en politie aan boord om de orde te handha-ven, en de kapitein heeft als rechter de bevoegdheid om passagiers te laten arresteren en te straffen.

De kapitein schuift bij me aan tijdens het diner in de eersteklas-se-eetzaal: een dikke, want belangrijke, donkerbruine man in een ver-schoten, blauw uniform, eens ongetwijfeld van groot allure, maar nu met rafels aan de manchetten. Knappe uniformen voor het personeel staan laag op de prioriteitenlijst van de rederij. De kapitein vindt zich-zelf streng, maar rechtvaardig waar het zijn oordeel over raddraaiers betreft. 'Verstekelingen, *par example*, gooi ik nooit zomaar overboord,' vertelt hij. Andere kapiteins doen dat soms wel en helemaal ongelijk hebben ze niet, want verstekelingen zijn een ware plaag. Hij schat dat we er deze reis zo'n vijfhonderd aan boord hebben.

De kapitein laat zich glunderend een berg gekookte aardappelen op-scheppen, het toppunt van chic, want on-Zaïrees. Thuis krijgt hij elke dag maniok, een weinig voedzame maar wel vullende pasta van de cas-savewortel. De gasten aan tafel smullen. Geen reden dus voor de *maître d'hôtel*, de hoofdober, om het menu te wijzigen.

Het eten heeft de *maître* kennelijk naar tevredenheid geregeld, maar met het drinken is het beroerd gesteld aan boord. Na drie dagen varen is al het drinkwater op. De grote tanks met *eau potable* op de dekken zijn leeg, waarschijnlijk nooit vol geweest, en voor mensen zonder geld zit er niets anders op dan het bruine rivierwater te drinken. Ze halen het met blikjes en emmertjes aan touwen op als ze dorst hebben. Al snel doen geruchten de ronde dat de eerste gevallen van cholera aan boord zijn geconstateerd.

De bar in de eetzaal opent elke dag keurig op tijd, om drie uur 's middags, maar verkoopt niets. De *maître* slijt zijn barvoorraad liever voor een paar centen meer in de derde klasse. Er zijn nóg drie kroegen aan boord, maar ook die zijn inmiddels door hun voorraden frisdranken heen. Nu is alleen nog bier te krijgen. Enkele malen per dag haal ik een paar flessen, denk er zelfs over om te gaan hamsteren, maar mijn buurvrouw links verzekert me dat dat niet hoeft. 'Bier gaat nooit op in Afrika,' zegt ze. Een ieder die het zich kan veroorloven verkeert vanaf de dag dat het drinkwater opraakt in permanente staat van dronkenschap.

Laat in de middag van de vierde reisdag lopen we het kleine haventje van Mbandaka binnen, onze eerste stop. Het dorpje lijkt uit weinig meer te bestaan dan drie stoffige straten die steil omhoog weglopen van de kade, tegen de heuvels op.

'*Oui madame,*' zegt de kapitein. 'U mag best een uurtje aan wal, maar ik raad het u af. Ik weet dat de politie van Mbandaka al in geen half jaar salaris heeft ontvangen uit Kinshasa, dus ze zullen u zeker arresteren en dan moet u dik betalen om weer vrij te komen, *sans question.*' Ik blijf maar aan boord.

'*How do you do, American woman?*' Breed lachend, met uitgestrekte armen komt een boomlange, donkere jongeman op me af. Hij stelt zich voor als Frank, student in de Engelse taal. Hij wil op me oefenen. Van gedachten wisselen, als intellectuelen onder elkaar. Frank wil twee dingen van me weten, zoals zoveel Afrikanen: hoeveel kinderen ik heb en waar volgens mij Aids vandaan komt. Deze keer zeg ik maar eens dat ik drie kinderen heb. Drie is net genoeg om niet zielig of abnormaal gevonden te worden, terwijl ik misschien een beetje knabbel aan het Afrikaanse ideaal van het grote gezin. En Aids, zeg ik, komt uit het Westen, want het is laat in de ochtend en te warm om me in een discussie te storten over wiens schuld Aids nou eigenlijk is. De schuldvraag is in Afrika vaak meer aan de orde dan de vraag wat eraan te doen valt.

Met een gang van acht kilometer per uur vaart de *ville flottante* verder over het bruine water, tegen de sterke stroom op. Aan beide oevers is al dagenlang niets te zien dan jungle: machtige mahonie- en kapokbomen en metersdikke baobabs. Als we dicht genoeg langs de kant varen, zie ik kolonies grijsrode papegaaien krijsend opfladderen.

De wildernis blijkt overal bewoond, ook door mensen. Dat is vaak moeilijk te zien vanaf de botenkaravaan, want van dorpen is zelden sprake. Eerder wonen de mensen in verspreide onopvallende hutten, met daken van bananebladeren, verborgen achter hoge struiken en varens.

Tot Mbandaka is de relatieve nabijheid van Kinshasa in het nadeel van de kooplui aan boord. Veel oerwoudbewoners komen nog niet op onze langzaam voorbijvarende stad af. Nu en dan peddelt ons een *piroque*, een uitgeholde boomstam, tegemoet, komt langszij en meert aan met een touw van lianen.

Als we Mbandaka voorbij zijn, wordt het met het uur drukker. Als vliegen komen de *piroques* op onze geuren en geluiden af, ook 's nachts, in het licht van de grote schijnwerpers waarmee de stuurman eventuele zandbanken in het oog houdt.

Hele families staan rechtop in hun uitgeholde boomstammen, waarvan sommige niet meer zijn dan houten surfplanken met opstaande randjes, en peddelen snel op ons af. Het wordt voor de *piroques* steeds moeilijker om langszij aan te leggen. Op ieder mogelijk aanmeerpunt liggen al trossen kano's, vaak acht rijen dik. Peddelaars schromen niet om andere kano's los te snijden of eenvoudig boven op een kleinere te gaan liggen. *Piroques* botsen en slaan met alle inzittenden om. Soms springen er redders achteraan. Alles verdwijnt in de sterke stroming snel uit zicht, zodat ik zelden de afloop meemaak van de diverse drama's. Wat gebeurde bijvoorbeeld met die vrouw die haar peuter net bij ons aan boord had getild, zelf in het water viel en schreeuwend en spartelend wegdreef, nagehuild door haar kind? Niemand sprong haar na, zover ik weet. En haar peuter verloor ik al gauw uit het oog.

Kijken naar de *piroques* is een geliefd tijdverdrijf van iedereen die even niks beters te doen heeft. Er wordt massaal over de railingen gehangen, urenlang, en luid gejoeld en gelachen bij alles wat verkeerd afloopt. De oeverbewoners mogen geen fout maken, móeten onze karavaan te pakken krijgen, anders kunnen ze twee weken of langer wachten op een volgende kans op levensbenodigdheden. Ze worden weinig gastvrij onthaald. Ruzies over aanlegplekken worden door soldaten met houten knuppels beslecht, ook al tot groot vermaak van de toekijkers. De winkeliers aan boord kiepen bakken vuilnis en emmers drek zó overboord, de *piroques* in. Protesten en kreten om hulp uit de kano's worden genegeerd.

Te oordelen naar de koopwaar van de oeverbewoners varen we nu door gebieden van jagers en vissers. Meervallen en moddervissen liggen in stapels naar adem te happen op de dekken. Er wordt met slangen en schildpadden gezeuld en bootladingen geroosterde aapjes worden aan dek gedragen. Hun pootjes zijn met touwen strak langs hun lijven gebonden, hun staarten en een stuk van hun billen zijn afgesneden. Ze grijnzen de koper aan met ontblote tandjes. Ongeveer acht gulden kost zo'n lekkernij.

Als ik de eerste levende krokodillen aan boord ontdek, ben ik opgetogen. Met hun korte pootjes op hun rug vastgebonden en een stevig touw om hun kaken durf ik ze van dichtbij te bekijken en zelfs aan te raken. Een exemplaar van een meter of drie moet tienduizend zaïre opbrengen, ongeveer honderd gulden: vijftig voor het vlees en vijftig voor de huid. Al snel worden de krokodillen een plaag op de drukke dekken. De oeverbewoners blijven ze maar aanslepen en ze liggen her en der opgestapeld, roerloos tot je eroverheen stapt. Dan blijken ze lang niet allemaal dichtgebonden kaken te hebben.

Omdat mijn wc bijna permanent bezet wordt door mijn kroostrijke linkerburen, doe ik soms een beroep op het toilet van mijn Hongaarse buurman rechts, maar ook bij hem kan ik slechts op bepaalde momenten terecht. Hij heeft een deal met zijn Zaïrese hutgenoot, een radioloog met bijverdiensten in de textielbusiness: als de één binnen is met een *femme libre*, een prostituée, blijft de ander buiten op zijn beurt wachten. De *femmes libres* die ik bij de buren in en uit zie lopen zijn steevast rubensiaans uitgevoerd. 'Dat is een garantie tegen Aids,' zegt de radioloog. 'Aids is de vermageringsziekte. Dikke vrouwen hebben geen Aids.'

De kapitein vertelt me aan de avondaardappelen trots het laatste nieuws: we hebben een moordenaar aan boord! Hij was ontsnapt uit de gevangenis in Mbandaka en had zich verstopt in de derde klasse. Toen onze soldaten hem ontdekten en arresteerden heeft hij gevochten als een leeuw. Een van zijn belagers heeft hij zelfs een vinger afgebeten. Inderdaad zie ik die soldaat later lopen, fier met een hand in een dikke laag bloederig verband.

De moordenaar is een dankbaar onderwerp van gesprek aan tafel. Vele verhalen doen over hem de ronde, want het is een beroemde misdadiger. Hij haalde de laatste maanden regelmatig de krant: tweeëndertig mensen zou hij om het leven gebracht hebben, met kopstoten. Zijn kop gebonkt tegen die van zijn slachtoffers. En hij heeft grote magische krachten, want hij kan zichzelf zomaar laten verdwijnen. In die gevangenis van Mbandaka ook: zo was hij er nog en zo was hij weg.

Nu zit hij vastgebonden op het dek van de kapitein en is hij te bezichtigen, exclusief voor eersteklassepassagiers. Ik ga kijken: hij slaapt, rechtop zittend. Zijn handen achter de rug vastgebonden aan een ijzeren paal. Zijn gezicht is bloederig en gezwollen.

Twee dagen later, in het haventje van Lisala, wordt de moordenaar uitgeleverd aan de politie. Vier soldaten marcheren de trap van het kapiteinsdek af, de moordenaar tussen hen in. Zijn handen en voeten zijn aan elkaar vastgebonden en de man hangt in een zwaantje aan een lange stok die de soldaten tussen zich indragen op hun schouders. *Head first* komt de moordenaar de trap af, zijn ribben bonken op de ijzeren treden. Ondanks zijn benarde positie lijkt de man verre van gepijnigd of bang. Integendeel: hij kijkt de wereld recht in de ogen, vol spot en triomfantelijk zelfvertrouwen. Misschien gelooft hij zelf in zijn grote verdwijntruc.

Een drijvend slachthuis, daar lijken we de laatste dagen nog het meest op. De oerwoudbewoners blijven maar beesten aanvoeren en de bootbewoners slachten, villen, ontbenen en drogen het vlees in hoog tempo. Het mag niet bederven voor we Kisangani bereiken, waar traditioneel een feestelijke vleesmarkt wordt gehouden als een karavaan binnenloopt. De dekken zijn glibberig van bloed en slijm en op de looppaden liggen ingewanden en lillende stukken vlees bedekt met vliegen en maden. Bijna nog misselijkmakender is de penetrante geur van verbrand haar van gazellen, die kennelijk gerookt het best geconserveerd blijven.

Elke avond komen wolken insekten op onze lichten af. Gisteren waren het grote motten, vanavond vliegende mieren. De dekken, de muren bewegen ervan, zoveel zijn het er. De mieren blijven plakken in het zweet op mijn gezicht en als ik mijn mond open vliegen ze naar binnen. Vol walging sla ik een grote kever uit mijn haar, die met een pijnlijke tik tegen mijn hoofd aan vloog. Hij belandt op zijn rug op het dek, hulpeloos trappelend. De buurvrouw pakt hem snel op, trekt hem zijn pootjes uit en mikt hem in een gedeukte pan. *'Pour demain,'* zegt ze. Voor morgen.

In ruil voor gratis passage, want studenten zijn arm, begeleidt Frank psalmen tijdens de kerkdiensten in de derde klasse, op een bongo. Ik heb hem vaak horen spelen. Van de preken in het Lingala versta ik geen woord, maar de psalmen swingen de pan uit, met veel halleluja's, amens en blije gezichten. Daarnaast doet Frank kaartcontroles. Deze avond, vertrouwt hij me toe, zal een razzia worden gehouden op verstekelingen. En inderdaad zie ik Frank en zijn collega's tot diep in de nacht hevig tegenstribbelende slachtoffers de trap naar het kapiteinsdek op slaan. Sommigen hebben bloedneuzen en touwen om hun polsen.

Na afloop komt hij me de score vertellen: ze hebben er tweeënvijftig gearresteerd, waarvan er maar zestien daadwerkelijk illegaal bleken. De rest had gewoon toevallig zijn kaartje niet op zak op het moment van aanhouding of het bleken winkelende oeverbewoners. De zestien verstekelingen, vertelt Frank tevreden, worden op dit moment kaalgeschoren en ze moeten de wc's schrobben tot we in Kisangani aankomen, morgenavond.

Kisangani is in zicht. Ik zit net als iedereen, onder de vlooiebeten en kan haast niet wachten om aan land te komen. Als ik in de hut mijn spullen bij elkaar zoek, klopt Frank nog even aan: of ik zijn Engelse huiswerk wil nakijken. Het is een lang verhaal, dat eindigt met: *'Having been on this boattrip I now know that Zaïre is a prosperous, rich and well organized country.'* Het staat er foutloos.

GERRIT JAN ZWIER

HELENA VAN TROJE

Een paar maanden geleden was ik voor het eerst in Amerika. Ik ging er niet als een onbeschreven blad heen; het is eigenlijk verbazingwekkend hoeveel je van een ander land weet waar je nog nooit bent geweest. Voor de meeste Europeanen heeft Amerika twee gezichten: dat van het beloofde land en dat van de *airconditioned nightmare*. Voor de berooide volksverhuizers die vanuit Ierland, Nederland of Italië de Atlantische Oceaan overstaken, waren de Verenigde Staten het land van de ongekende mogelijkheden. Wie flink aanpakte, kon er gemakkelijk tot welstand komen. De Europese burgerij oordeelde negatief over een maatschappij waar de kneuzen van eigen bodem fortuin maakten. Zij vonden het niet gepast dat mensen van lage komaf en hoge inkomens zich in grote auto's van het ene hotel naar het andere begaven. Voor hen is – in de woorden van de amerikanist A.N.J. den Hollander – Amerika een 'enorme kermis, een onvolwassen, rommelig carnaval, rijk, machtig, ongedisciplineerd, ondeftig, bevolkt door goedgeefse, glimlachende filantropen, gangsters, negers, cowboys en oliemagnaten, eeuwig fotograferende mannen in kleurige overhemden, waar men de ene natuurramp na de andere beleeft, een land waar de vrouw heerst en de kinderen doen waar ze zin in hebben.'

Anderen, vooral intellectuelen en kunstenaars, stonden en staan negatief tegenover de veronderstelde materialistische geest, de oppervlakkigheid, de eredienst van het comfort van de Amerikaanse cultuur. In de tijd tussen de twee wereldoorlogen sprak men dan gemakshalve, en met een minachtende trek om de mond, van de 'opstand der horden'.

Vervuld van een vaag Columbus-gevoel gaf ik mijn handbagage aan een Schiphol-beambte, die met grote belangstelling mijn triviale spullen begon te inspecteren. Louter uit vriendelijkheid en bonhomie nam hij zelfs een foto van mij, met mijn eigen toestel, die nu op de eerste bladzij van mijn Amerikaans reisalbum prijkt. Naast mij protesteerde een mevrouw tegen het besluit van een ambtenaar om alvast alle cadeautjes uit te pakken die ze voor haar in Amerika wonende familie had meegebracht. Zeven potten zelfgemaakte pruimenjam kwamen er te voorschijn. Een verdachte substantie. Toen de man in het uniform aan de deksels begon te wrikken, raakte de vrouw, en haar echtgenoot, in alle staten. Luidkeels lieten zij de vertrekhal weten dat het openmaken van de potten inhield dat ze met bedorven jam in Milwaukee zouden aankomen! Niemand nam het voor hen op.

Integendeel, een oudere man met een witte panamahoed op zijn gelooide hoofd, merkte op dat er in Amerika geen fruit en voedselwaren mochten worden ingevoerd. Menigeen wierp wantrouwige blikken op de gele smurrie achter het glas, waarin de veiligheidsbeambte nu een speurende vinger liet rondgaan. Hoewel twee mensen samen nog geen horde vormen, maakten ze toch zoveel misbaar dat ik onwillekeurig aan de 'opstand der horden' moest denken. Terwijl ik nog met beide benen boven de Haarlemmermeer stond!

Een uur na het vertrek zaten velen, met een budweiser of Californisch wijntje voor zich, en met een koptelefoon over de oren, naar een film vol geweld te kijken. Het thema ervan komt zó vaak voor in Amerikaanse films dat dit wel naar iets essentieels in de Amerikaanse maatschappij moet verwijzen. Steeds gaat het daarbij om normale medemensen die ineens mataglap raken en levensgevaarlijk voor hun omgeving worden. Een schoolmeisje begint haar familie uit te moorden; een oude vrouw laat iedereen die aan de deur belt even binnen en hakt dan met een kapmes op hen in; een dorpsdokter wurgt zijn jeugdige patiënten en een losgeslagen kantoorklerk trekt verkrachtend en slachtend door het land. Al deze dingen gebeuren ook in werkelijkheid; vaak gaat het om verfilmingen van reële gebeurtenissen; soms speelt de hoofdpersoon een figuur die in de dodencel op de uitvoering van zijn vonnis wacht. Nog geen tien jaar geleden berichtten de kranten over de zinloze aanslagen die in de metrostations van New York op willekeurige passanten werden gepleegd: een onbekende hand duwde hen voor een aanstormende trein. Nu heerst er onder vertroebelde geesten een nieuwe rage: betreedt met uw schiettuig een snackbar of schoolplein en maak er een slagveld van.

Achter mij zat een man die net zo waanzinnig uit zijn ogen keek als Jack Nicholson in een van zijn gekkenfilms. Hij fixeerde een vrouw met een overdreven bolle boezem, aan de andere kant van het gangpad. Een poosje later streek ik naast hem neer met een sigaar in de hand, aangezien hij wel maar ik niet op een vrijplaats voor rokers zat. Toen pas zag ik dat zijn gezicht parelde van het zweet en dat zijn handen krampachtig de stoelleuningen vasthielden. Even vreesde ik dat het noodlot mij naast een amokmaker had gedirigeerd, maar nee, dat was niet het geval. Mijn buurman bleek last te hebben van vliegangst. Hij was een *proper Bostonian*, een *Harvard-man*, die woonde in Chestnut

Street op Beacon Hill, de oude voorname wijk van Boston, die inge-
klemd ligt tussen de Charles Rivier en de wolkenkrabbers. Zijn psy-
chotherapeut had hem een patent middel aan de hand gedaan om zich
van deze angst te bevrijden. Niemand werd met fobieën geboren. Die
waren aangeleerd en wat is aangeleerd, kan ook worden afgeleerd.
Daarom had het ook geen zin om bij de psychiater op de divan te gaan
liggen. Volgens de therapeut kreeg je dan voor iets ergs alleen maar
iets ergers terug. De kans dat je klachten na de behandeling verdwijnen
is even groot als de kans om midden in een weiland door een haai gebe-
ten te worden. Wie leed aan een vliegfobie, diende tijdens de vlucht
zijn gedachten op heel andere zaken te concentreren. 'Waarop dan?'
vroeg ik, een zijdelingse blik werpend op de volle boezem bij het pad.
Hij knikte. 'Ik geef haar negenhonderd millihelena,' fluisterde hij. Hij
was bezig met het Helena-van-Trojespelletje. In het kader van zijn the-
rapie kleedde hij in zijn fantasie alle vrouwen in het vliegtuig uit en
vergeleek hen met de weelderige, Penthouse-achtige schoonheid van
Helena. Hoeveel Helena's zouden er in het toestel moeten zitten om
zijn onrust enigszins te dempen? Misschien had hij meer belang bij een
platte seksfilm dan bij de bloedfilm die nu op het scherm vertoond
werd.

Uren later, toen Boston onder ons opdoemde, en ik hem weer even
gezelschap hield, leek hij een stuk rustiger. Hij gaf me enkele nuttige
wenken voor een aangenaam verblijf in zijn geboortestad. De zwarte
wijk in het zuiden van de stad moest ik mijden, evenals de Italiaanse
buurt in het centrum en Chinatown. 's Avonds kon ik maar het beste
binnen blijven. Kom nooit op metrostations, neem nooit een trein of
bus, laat je uitsluitend per taxi vervoeren. Vertoon je nimmer in een
snackbar of bij een schoolplein.

Ik heb me aan zijn adviezen gehouden en werkelijk, ik ben heelhuids
teruggekeerd.

FRANK VAN DIXHOORN

MISSISSIPPI

's Morgens vroeg zetten we zonthee op de rivier. Een paar liter koud water in een grote glazen pot met tapkraantje, acht theezakjes erbij, van boven goed afsluiten met een draaideksel en dan tot ver in de middag buiten laten staan. De pot zit zo vol dat het trekken en duwen van de motoren zich niet verplaatst in dit blok van vocht waar de zon doorheen boort, voorzichtig bewegend van achteren naar voren, over het deksel heen, langs de zijkanten, totdat we tegen vieren de eerste slok nemen en beseffen dat we tachtig mijl dieper naar het zuiden zijn afgezakt.

De mannen aan boord hebben negentig meter lengte en vijftien meter breedte voordat ze in de rivier vallen en vrijwel zeker verdrinken onder de containervloot die we voor ons uit duwen door de vaargeul. Niemand zal met twee treden tegelijk een trapje oprennen of een bruuske beweging maken, ook al omdat het metaal van de containers de hitte opzuigt als een spons; je spijkerbroek wordt tijdens het werk zo zwaar van het zweet dat hij over je billen zakt – een voorzichtige zwaai met het been en je scheurt van voor tot achter uit. Een paar uur later zit je op de rand van je bed en staan er blaren op je voetzolen.

Het is hier niet moeilijk om de dag van gisteren te vergeten, behalve voor Steve. Zijn vrouw heeft bijna vierentwintig uur in coma gelegen na een wilde autorit met een dronken chauffeur; vanmorgen kon ze alleen maar horen, alles bleef zwart en ze is bang, de doktoren hebben testen gedaan, misschien is er niets aan de hand, het kan ook terugkomen, wie weet hoe lang het dan duurt, hij wil naar de wal bellen om met haar te praten. Steve is overal verbrand na zes uur werk op de containers: pompen installeren omdat de lading oud roest water maakt, stalen kabels spannen met hengsels en sleutels die net zo groot zijn als hijzelf, containers losmaken en nieuwe containers aannemen. Hij wil van de boot af, maar zijn dertig dagen zijn nog niet om en hij heeft allang geconstateerd dat de klok ook doorloopt als hij geen ophef maakt. Op het hoofdkantoor is men niet blij met werknemers die voortijdig van boord willen.

En dus vertellen de mannen elkaar verhalen. Misschien had ik daar een voorgevoel van, toen het donker was op een zaterdagavond terwijl ik met een kleine boot vol kruidenierswaar de rivier op ging bij Memphis, in gezelschap van twee sjouwers die nauwelijks met elkaar of met mij spraken.

Het water stroomde alle kanten op en vele meters onder ons ging de rivierbodem steeds opnieuw verliggen; in deze wereld kon ik als vreemdeling alleen maar stilzitten en luisteren naar geluiden die ik nooit eerder had gehoord. De boot die me mee zou nemen naar New Orleans dreef verderop in de duisternis, maar de gedachte aan een reisdoel had me reeds losgelaten – op de rivier ga je nergens heen, je komt altijd ergens vandaan.

Behalve een dikke jongen die mijn tas aanpakte, en een oude man die achter een fel verlicht ruitje zijn sokken stond te wassen, zag ik niemand toen we langszij kwamen.

De dikke jongen ging me voor naar mijn kamer waar het geluid van de motoren uit de muren kwam, trillend in mijn voeten, met een onregelmatig, hijgend ritme. Ik bevond me een paar meter boven de waterspiegel en tijdens het uitpakken probeerde ik me voor te stellen waar deze boot op zou houden, wat er zou gebeuren als ik de deur opendeed, het gangetje door liep, de trap af naar beneden, terug naar buiten de avond in, op zoek naar het voorste uiteinde van de lading, die we met zoveel geweld door het water ploegen.

In plaats daarvan meldde ik me bij de kapitein, een jongen van mijn eigen leeftijd, die op de pikdonkere brug alleen maar een stem had en een atletisch profiel, en die me na een poosje zwijgend liet wennen aan het uitzicht. Het wateroppervlak rimpelde en blonk en liet zich aftasten door het zoeklicht dat zeker tweehonderd meter voor ons uit de weg verkende en boeien traceerde. Zwermen grote insekten dansten wanhopig door de lichtbaan alsof ze wilden ontsnappen aan een meedogenloze stofzuiger, die de rivierlucht zuiverde terwijl wij doorstoomden op onze reis stroomafwaarts.

Natuurlijk sprak de kapitein, Carl Page, vrijwel uitsluitend over de droogte en de ongekend lage waterstand. Terwijl ik naast hem stond, staarde hij naar buiten en vertelde over de dalende waterspiegel alsof het in werkelijkheid de rivierbodem was die almaar verder omhoog kwam, met gezonken vaartuigen uit de burgeroorlog, containers die tijdens een storm op drift waren geraakt en onder water aan de grond gelopen, of verraderlijke zandbanken die op geen enkele rivierkaart voorkomen. Rechts van hem bevond zich een radarscherm met een

klein puntje in het midden en een lijn die van daaruit door een landschap van vlekken cirkelde, op zoek naar de juiste koers, twee monitoren hielden de waterstand aan weerskanten van het schip nauwkeurig
bij, maar al die apparaten leken daar geplaatst voor het gemak van iemand anders; deze man speelde al pratend een spel met lijnen en
obstakels, aan de oever of onder water, alsof hij zijn leven lang niets
anders had gedaan. In het zoeklicht kon ik vaag de contouren van de
containervloot onderscheiden, en verderop in een bocht kwamen de
zwarte lijnen van de oever bij elkaar om de rivier voor vijf minuten
schijnbaar hermetisch af te sluiten − totdat het perspectief weer open-
schoof als we dichterbij kwamen.

Terug op mijn kamer (ontbijt om half zes morgenochtend) tilde ik
een gordijntje op waar inderdaad een ruitje achter zat dat open kon;
ik nam een douche en luisterde half slapend in bed naar de geluiden
van het water. Het onregelmatige dreunen van de motor kreeg na verloop van tijd iets monotoons, maar daardoorheen hoorde ik een mens
die op zijn rug in het zwembad ligt te spetteren met armen en benen
totdat hij moe wordt en zich rustig mee laat drijven met de stroom.

Na het ontbijt neemt een van de dekknechten me mee naar buiten. Hij
heet Chris, in zijn shirt zitten alleen nog armsgaten met rafels en hij
heeft de hele nacht doorgewerkt aan de lading. Die stalen kabels daar
kunnen knappen als er te veel spanning op komt, tijdens een storm,
en als je niet maakt dat je wegkomt, slaan ze dwars door je heen. Hij
maakt een afwerende beweging met zijn arm en kijkt me aan alsof hij
zelf niet helemaal gelooft in de waarheid van zijn woorden. Dan loopt
hij door, totdat we bijna achter op de boot zijn, en blijft vier meter voor
de rand stil staan.

Als ik hier in de rivier zou vallen, duwt het schroefwater me in eerste
instantie stroomopwaarts en dan kan ik mezelf redden door zo snel mogelijk naar de wal te zwemmen. Als ik verder naar voren in het water
terecht zou komen, zuigt de schroef me eerst onder de boot naar zich
toe en hakt me vervolgens in kleine stukjes visvoer. Als Chris in de rivier zou vallen zocht hij onmiddellijk een andere baan. Aangenomen
dat hij het zou overleven, natuurlijk. Hij heeft thuis een zwangere
vrouw van zestien en een dochtertje van vier maanden − dertig dagen
zwaar en gevaarlijk werk op de rivier, dan vijftien dagen vrijaf, het valt
niet mee. Hij kan zich hier opwerken tot stuurman, maar de twijfel
staat op zijn gezicht te lezen en de wetenschap dat hij twee derde van
zijn leven op de rivier door zal brengen, weegt zwaar. Chris is negentien.

De hitte van die ochtend pakt me langzaam beet terwijl ik met mijn camera de boot verken en toekijk hoe een van de andere dekknechten de dode insekten wegspuit die elkaar hadden gevonden in een enkel moment van lichtzinnigheid. De rivier stroomt door de zoeker van mijn camera in grijs, blauw en zelfs groen. Afdrukken zou mijn hele uitzicht terugbrengen tot een moment dat ik me later nooit meer kan herinneren, en de camera blijft op mijn buik hangen zoals een polshorloge dat je de hele dag meedraagt zonder te controleren hoe laat het is. Het water vreet aan de oevers waar die niet verstevigd zijn met beton en verrast zo nu en dan blijkbaar een enkele kampeerder, die in een oogwenk wordt weggespoeld, met de zandbak het water in. Ik moet denken aan een van de meest penetrante beelden uit *Huckleberry Finn*, het huis dat voorbijdrijft in de rivier met het lijk van Pap Finn erin; huiveringwekkend omdat het ook hier niets van zijn concrete, buitengewone werkelijkheid verliest, in een streek waar mensen de eerstkomende decennia geen huizen zullen bouwen en waar de wilgen als onkruid bijna tot in het water groeien.

Nu hij geen dekknecht meer is voelt Carl Page dat hij zich niet meer kan meten met zwaar metaal. Misschien is het niet eens zozeer een kwestie van kracht als wel van mentale controle, en als ik boven kom zit hij op een trimfiets van de rederij, bedoeld voor kapiteins die zich op de boot hooguit in hun slaap bewegen – een hand aan het roer, zodat de containers niet uit de vaargeul glijden en in laag water aan de grond lopen. Straks, als zijn wacht over is, traint hij nog met zware gewichten, dan maakt hij de middag vol met een paar uur slaap totdat zijn tweede wacht begint om zes uur. Na dertig dagen geeft hij dat strenge regime op voor vijftien dagen vakantie met vrouw en kind in een voorstad van St. Louis.

Terwijl hij vertelt over de middelbare scholier die hij vroeger was, zet Page de machines helemaal stil en laat de boot met zestien containers meevoeren in de stroom om zo een moeilijke bocht te nemen. Ik hoor verhalen over een jongen op een *farm* midden in Missouri die op de middelbare school een verhouding kreeg met zijn muzieklerares in wier gezelschap hij drie maanden aan de rand van het Ontariomeer in upstate New York bivakkeerde en die hem meenam naar de bruiloft van een vriendin in een familie met nauwe maffia-connecties; hij beschrijft een kerk waar de hele containervloot ruimschoots in zou passen, mannen die door de zijdeur naar binnen kwamen met dikke bulten onder hun oksels (fotograferen was absoluut verboden), een diner van *prime ribs* met champagne voor zevenhonderdvijftig gasten. Zijn stem doet vermoeden dat hij het verhaal voor het eerst sinds lange tijd vertelt.

Negen mensen die wekenlang over de rivier varen, raken vroeger of later doordrongen van het toeval dat hen bij elkaar heeft gebracht, een samenloop van omstandigheden die voor niemand meer valt te ontwarren en waarin iedereen alleen is met zijn eigen geschiedenis. Misschien is het alleen maar logisch dat men dat wil vertellen, en ik hoor in de loop van mijn tocht naar het zuiden verhalen over chemische oorlogvoering in Vietnam, over de krokodillejacht in Florida, terreinen in Illinois waar je nog altijd stenen gereedschap van de Indianen kunt vinden en over de vrachtwagenterminal in Jersey City, vlak bij mijn eigen huis.

Daar kom je alleen uit als jouw revolver van het zwaarst mogelijke kaliber is. Stil is het nooit aan boord, alleen al vanwege de motoren, maar wanneer een groepje de conversatie langzaam uit laat doven, is het zwijgen evenzeer beladen met herinneringen als de volstrekte duisternis, die hier op het water invalt na een uur of tien en waarin iedereen zich heel langzaam bewust wordt van zijn eigen lichaam in een lege ruimte.

Heel lang blijft New Orleans onzichtbaar voor de reiziger die aankomt over de rivier, achter de horizon, waar alleen een prachtig roodoranje gloed opstijgt als het schijnsel van een gigantische gloeilamp. Even speelde ik met het idee dat de stad misschien niet bestond, dat het licht en de mensen en de huizen steeds verder terug zouden wijken als ik straks aan land de reis voortzette.

Het eerste dat ik zie als we de haven binnenvaren, is een groepje hijskranen. Ze staan zo dicht op elkaar dat het lijkt alsof iedere kraan twee armen de lucht in steekt, met rode lampjes aan het uiteinde, verwezen en schijnbaar niet eens in staat om de schepen die langskomen leeg te ruimen.

Als ik helemaal alleen en een beetje besluiteloos op de kleine kade sta en uiteindelijk de verkeerde kant oploop, kraakt er onmiddellijk een stem door een luidspreker, die me terugroept en de goede kant op wijst; in de duisternis probeer ik te achterhalen waar de stem zich verbergt maar dat blijkt onmogelijk en uiteindelijk ontdek ik tussen donkere, verlaten loodsen en wildgroeiend struikgewas het bedoelde pad.

Vrijwel geen enkel huis op St. Charles Avenue, waar ik logeer, laat zich in een oogopslag waarnemen.

Dikke, knoestige wilgen staan als schildwachten langs de rand van het trottoir, en wie een parkeerplaats vindt om dan uit te stappen en van dichtbij een kijkje te nemen, ontdekt glooiingen in het terrein, schitterend aangelegde tuinen met varens, wisteria's en andere struiken, palmbomen en fonteintjes, alles achter ouderwets hekwerk, dan de voorgevel met veranda's, trapjes, Romeinse of Griekse zuilen, sierlijke patronen van smeedijzer, houtsnijwerk, soms afgewerkt in variaties van blauw, grijs en wit, en pas veel later ramen en gordijnen en daarachter kamers waarin mensen hun boterham eten of de krant lezen.

Mijn eigen tijdelijke bed staat op de eerste verdieping in het huis van een joods echtpaar, dat zo nu en dan gasten ontvangt in een kamer waar de gebedenboeken en de romans van Kafka, Flaubert en Tolstoj op de boekenplank staan. Hij groeide hier op, in dit huis, en is feitelijk nooit weggeweest; zij kwam achtendertig jaar geleden uit Alabama naar New Orleans en laat dat nog steeds horen in klinkers met een eindeloze reeks variaties. Aan de deur in de serre hangt een inspirerende fotocollage van een reis die de familie maakte door New England, met herfstbladeren, landschapsopnamen en routekaarten.

Op mijn wandelingen door deze stad, die zich niet alleen op St. Charles Avenue maar vrijwel overal verbergt in haar eigen uiterlijk van portieken, gangetjes, portalen en smeedijzer, waag ik me niet in de nieuwbouwwijk die vroeger bekendstond als Storyville, de hoerenbuurt waar Louis Armstrong zulke sterke verhalen over kon vertellen. Ook maak ik een omweg langs het St. Louis-kerkhof, waar de Voodoo Queen Marie Leveau begraven ligt. Vooral de moorden die op het kerkhof zijn gepleegd, schrikken me af, maar de doden van New Orleans zijn wijd en zijd bekend vanwege de graven die zij voor zichzelf lieten bouwen. Op een morgen rij ik in een huurwagen naar de rand van de stad voor een bezoek aan de *Metairie*, een begraafplaats waar ik in ieder geval kan denken dat ik helemaal alleen ben.

De burgers van New Orleans vertellen graag dat ze hun dierbaren boven de grond begraven omdat de deltagrond hier zo drassig is dat de lijken na verloop van tijd simpelweg weer te voorschijn zouden komen. Dat kan waar zijn, het verklaart nog niet waarom ze tempels bouwden met glas-in-lood-ramen, Griekse mausolea, Egyptische piramides en zelfs een ruïne van een middeleeuws kasteel. In het ongenadige zonlicht staan alle marmeren zuilen, maagden met fakkels in hun handen, torenspitsen en kruisen zo naakt geëxposeerd, zo volstrekt ontdaan van iedere waardigheid, dat het lijkt alsof ze hier puur door toeval en willekeur terecht zijn gekomen.

Met de ramen dicht en de airconditioning op de hoogste stand rij ik in uitvaarttempo over de smalle asfaltpaden, verbaasd over de imitaties van de eeuwigheid (met hier en daar een tuinstoel voor treurende of mediterende familieleden) en ook een beetje geschokt als ik de heilige Rosalia zie, met een doodskop en een boek in haar linkerarm en een ijzige blik, die me dwars door de lens van m'n camera in mijn geheugen treft. Op zoek naar de uitgang gebruik ik de snelweg die zich verderop buiten de omheining verheft en met een grote boog de stad indraait als oriëntatiepunt, maar dat werkt niet echt en hoe langer ik rondrij des te gemener drukt een kloppende hoofdpijn tegen mijn linkerslaap. Vlak voor me uit strijkt een enorme zwarte kraai neer in een van de weinige bomen die men hier heeft geplant. Tussen de grafheuvels door zie ik een begrafenisstoet, die zich verzamelt rondom een vers gedolven kuil (niet iedereen ligt hier boven de grond). Ik sla rechtsaf, klaarblijkelijk het signaal voor vier andere kraaien om op te stijgen, en dan zie ik dat deze voormalige renbaan ook nog zijuitgangen heeft voor verdwaalde nieuwsgierigen die wat vrijer adem willen halen.

's Middags dwaal ik urenlang door het *French Quarter*, niet om uit te vinden wanneer al deze kleine huisjes met hun deuren die steeds weer openen op nieuwe kamers zijn gebouwd, maar juist om ze voorzichtig van al die historische aankleding te ontdoen en te genieten van wat er uiteindelijk te voorschijn komt: straten die veranderen als er iemand verhuist, waar mensen goede ideeën krijgen, een veelkleurige vlek, die je niet zo gauw meer tegenkomt op de plattegronden van de meeste andere Amerikaanse steden, waar de torenflats en de kantoren en de McDonald's' razend snel worden opgetrokken uit eenheidsbeton en eenheidsglas als je even een dag niet oplet.

Door puur toeval raak ik verzeild in de woning van een binnenhuisarchitect en zijn partner die me laat zien hoe een combinatie van moderne kunst en antiek meubilair uit de plantagehuizen van Mississippi en Louisiana hun blik op de wereld vlak om hen heen weerspiegelt; als we door het zolderraam naar buiten kijken over de daken van het *French Quarter*, met aan de horizon de wolkenkrabbers van het moderne New Orleans, is het alsof de bewoners van deze buurt zich plotseling allemaal laten zien in hun meest afgesloten privé-wereld.

Ten zuiden van New Orleans graait de Amerikaanse economie met hebberige handen in het moerasland aan weerskanten van highway 23. Wie de stad verlaat, ziet aanvankelijk alleen maar verspreide winkelcentra en kleine huisjes – haast tenten – van hout waar men *creole tomatoes* en knoflook per streng verkoopt, trailerpakken en een enkel middenstandshuis, dat hier lijkt op een paleisje, maar waar iedereen in Teaneck New Jersey zonder om te kijken langs zou rijden. Daarna komen echter de zwavelmijnen en de raffinaderijen, om nog verderop plaats te maken voor olievelden. In de wegrestaurants staat de radio afgestemd op het lokale country & western-station en de kok bakt hamburgers voor mannen met getatoeëerde panters op hun armen die zwijgend aan hun tafeltje zitten in een uitgebeten spijkerbroek en een groezelig wit hemd met een honkbalpetje op hun hoofd.

Toch lijkt het of de natuur weer langzaam bezit neemt van het landschap en misschien ook wel van de mensen die hier thuis zijn. Een grote oceaantanker schuift aan de andere kant van de dijk over de Mississippi naar de Golf van Mexico, zonder rekening te houden met de verhoudingen die in deze dorpjes gelden, als de pronkwagen in een carnavalsoptocht.

De weg is versleten, en tussen de barsten in het beton schieten de eerste loten omhoog van het onderaardse leven, dat in stilte voortwoekert als een gerucht dat zich maar niet laat ontzenuwen. Een zwerm kraanvogels landt tussen de koeien in een weiland aan de rand van de weg. Langzaam maar zeker komt het water dichterbij en uiteindelijk, dat weet ik al, zal de reiziger alleen maar rechtsomkeert kunnen maken om over dezelfde weg weer terug de beschaving in te trekken.

In het haventje van Venice kan de reis naar het zuiden alleen worden voortgezet per boot, en de laatste mens die ik daar tegenkom, is bereid om me te helpen. Jimmy vist al zesentwintig jaar op krab in ondiep water vlak bij de open zee, en hij komt alleen aan land om te verkopen wat hij heeft gevangen of om boodschappen te doen voor het kamp waar hij woont, vlak bij zijn vangstgebied. Terwijl we in zijn kleine boot met een buitenboordmotor van zeventig PK over het enorme watertapijt in de monding van de rivier dansen, legt hij uit dat de krabben die hij vangt, blijven leven in de grote tanks totdat ze hun schild verliezen en vrijwel helemaal bestaan uit zacht vlees, een voortreffelijke delicatesse.

We schieten met zo'n razende snelheid over het water dat ik bang ben om overboord te slaan als ik maar even om me heen kijk, en als we afscheid nemen op het kleine steigertje van Pilottown realiseer ik me pas dat de wildernis hier geen onderscheid maakt tussen water en land maar overal doorgroeit en de vormen van het landschap bepaalt zonder mededogen voor mensen die hier toevallig verzeild raken. Onder de steiger, die als een primitieve boulevard uit het zicht verdwijnt bij de eerste huizen, schiet een wirwar van planten en struiken omhoog

uit de modder, die overal doorzeefd is met gaten waar honderden kleine krabbetjes in verdwijnen, die er een beetje monsterlijk uitzien met
slechts een spastisch bewegende schaar. Ik denk niet aan de gifslangen
en de vuistspinnen, die onzichtbaar in het groen kruipen en rennen en
op de loer liggen, maar loop naar de huizen toe om kennis te maken
met de mensen die hier hebben leren leven met zichzelf en met het geluid van een leger krekels.

Pilottown is een nederzetting van pakweg dertig of veertig loodsen die
meevaren op oceaanschepen tussen New Orleans en de Golf van Mexico; ze wonen in huisjes die eruitzien als sjofele vakantiebungalows aan
weerszijden van de boulevard, die zich naar links en rechts splitst als
ik van het steigertje landinwaarts loop. Na een aarzelende kennisma-
king praten de mannen, net als Carl Page, over de droogte en de lage
waterstand, maar ook over het land om ons heen dat onzichtbaar voor
mensenogen centimeter voor centimeter in de oceaan zal verdwijnen,
totdat er een smalle strook overblijft, uitgemergeld door de Mississippi, die steeds minder slijk stroomafwaarts brengt en het beleg van de
zee, waar niemand zich tegen lijkt te willen verdedigen; niets is hier
gemaakt voor de eeuwigheid en wie zich onzeker begint te voelen in
deze onafzienbare vlakte van water, modder en groen, waar de Mississippi na ruim tweeduizend mijl haar naam kwijtraakt, heeft altijd nog
het geluid van zijn eigen voetstappen.

Niemand kende de man die bij het vallen van de avond zijn wagen
keerde op de kade van Venice en wegreed naar het noorden. Onderweg haalde hij regelmatig lokaal verkeer in, maar het enige dat op zou
kunnen vallen, was het feit dat hij in de duisternis van de avond nog
altijd zonder licht reed. Pas in de buurt van New Orleans trok een andere automobilist luid scheldend en claxonnerend zijn aandacht toen
ze samen voor een stoplicht stonden.
'Sorry hoor,' mompelde de man, 'ik moet altijd even wennen aan
huurwagens.' Vlak bij dat stoplicht, aan de rand van een snelweg,
vond hij een hotel en huurde een kamer voor een nacht; vanaf de volgende ochtend zou het hier volzitten met afgevaardigden voor de Re-
publikeinse conventie, maar dan wilde hij al lang mijlen verderop zitten. Nu laat hij het bad vollopen en kijkt ondertussen naar het programma van de televisiepredikant Oral Roberts, met het volume op
nul. De beelden komen uit Afrika, lammen laten hun krukken vallen
en lopen met knikkende knieën een paar meter voordat ze terechtko-
men in de armen van een lange blanke man met een kazuifel, dat alles

ten overstaan van een extatische menigte. Zonder geluid krijgen die beelden iets opwindends, alsof iemand werkelijk uit kan leggen wat hier gebeurt. De man schakelt de televisie uit met de afstandsbediening, stapt in het bad en leest een paperback totdat hij slaap krijgt.

In de dagen die daarop volgen, rijdt hij almaar verder door naar het noorden, via een route waarvan hij alleen zelf de logica lijkt te kennen: langs de westoever van de Mississippi, waar hij op een afgelegen weggetje levensgevaarlijk in de slip schiet zonder dat iemand het merkt, door kleine kerkdorpjes die haast Vlaams aandoen, tot aan Baton Rouge, waar hij over de brug naar de oostelijke oever rijdt, en vervolgens via highway 61 naar Natchez, Mississippi. Al die tijd is het alsof hij nog het meeste plezier beleeft aan zijn eigen eenzaamheid; hier en daar parkeert hij zijn wagen aan de rand van de weg en maakt een kleine wandeling tussen de wilgen met het Spaanse mos in sluiers aan iedere tak – dan lijkt het of hij pardoes in dit landschap zou kunnen verdwijnen, een trucopname in een surrealistische film.

Voor de mensen die hij ontmoet, heeft de man alleen maar vragen; niemand komt veel over hem te weten. De aristocratische Jeanette Feltus vertelt hem spookverhalen over haar landgoed aan de rand van Natchez, waar de naam van een illuster geslacht met haar uit zal sterven; de man heeft in een van haar kamers overnacht en laat zich 's ochtends bij het ontbijt bedienen door het zwarte personeel van mevrouw Feltus.

In Rolling Fork, nog verder naar het noorden, wacht iedereen op de oogst in het najaar, die waarschijnlijk wederom tegen zal vallen. De tijd waarin de kolonisten gewoon verder trokken op zoek naar nieuwe, vruchtbare grond is voorbij en nu weten de mensen hier alleen nog hoe de weg aan de horizon in het niets verdwijnt tussen de katoenvelden, als een pijl waar ze zelf nooit de punt van zullen zien. De man gaat een benzinestation binnen waar je voor drie dollar *red beans* en rijst kunt eten. Aan de gemeenschappelijke tafel raakt hij in gesprek met vier andere eters over het accent waarmee iedereen vroeger of later zijn afkomst verraadt.

'Hier spreken we maar één taal,' zegt een van hen, een man met rode vlekken over zijn hele gezicht. 'Of eigenlijk twee: Engels en *colored*.'

'Hoe bedoelt u, *colored*?'

'Je weet wel,' zegt de man, terwijl hij zijn mond in een grijns draait, '*Shut the doo*, en zo zo.'

'Spreekt u het zelf soms, *colored*?'

'Nee, maar hij wel!' *Hij* is een lange neger, die toevallig net aan de kassa betaalt voor een pakje sigaretten.

'Kent u hem dan?'

'Nee, dat niet, en we hebben ook geen problemen meer hoor, daar niet van, maar...'

'Tweehonderdduizend,' zegt een van de anderen zonder iemand speciaal aan te kijken.

'Tweehonderdduizend?'

'We hebben er hier in de buurt tweehonderdduizend van zijn soort. Dat is minstens honderdduizend te veel.'

Een dag later doet de man verslag van dit gesprek aan rechter Harold Ward van Mount Bayou, de enige *all black community* in de Mississippi-vallei. De rechter vertelt hem een ander verhaal, over de blanke dame die in Mount Bayou op de bon werd geslingerd omdat ze door rood licht reed. Ze kwam betalen in het gemeentehuis, hield bij hoog en laag vol dat ze vlakbij in een greppel was gevallen en verlangde een schadevergoeding van vijftigduizend dollar. De zaak diende voor het gerechtshof in Cleveland, tien mijl verderop, waar de jury vond dat de dame weliswaar geen bewijzen had, maar toch haar geld verdiende. Een acute crisis voor Mount Bayou kon alleen worden vermeden als de gemeente in hoger beroep ging bij het Hooggerechtshof van de staat Mississippi, maar daar kreeg de dame nogmaals gelijk en nu waren de juridische wegen uitgeput. Het elektriciteitsbedrijf maakte aanstalte om Mount Bayou van de ene dag op de andere af te sluiten en de staat wilde alle gemeentegrond bij opbod verkopen. Alleen een landelijke actie, begonnen door een zwart radiostation in Memphis, kon het gevaar afwenden: binnen een paar dagen verzamelde men honderdtwintigduizend dollar.

De man luistert naar de rechter en krijgt een boekwerk over de honderdjarige geschiedenis van dit stadje, waar jonge bewoners vandaan trekken om alleen in de zomer terug te keren voor grootscheepse reüniefeesten met hun families. Hij wandelt door de straten, waar de zon het asfalt langzaam verbrokkelt.

Twee dagen later stapt hij op het vliegveld in Memphis aan boord van een Boeing met onbekende bestemming. Sindsdien heeft niemand meer iets van hem vernomen.

J. RENTES DE CARVALHO

HANDEL IN KOFFIE

Op een dag in april van het jaar 1960 nam ik, niet in staat om de willekeur van mijn chef nog langer te verdragen, ontslag uit mijn baan op
de handelsafdeling van de Braziliaanse ambassade in Amsterdam. Terwijl daarna de maanden verstreken met wachten op een gerechtigheid
die niet kwam, leerde ik – zonder geld, zonder vrienden, en te trots
om een beroep te doen op de bijstand – de wanhoop kennen van de
schipbreukeling die langzaam maar onherroepelijk door de golven de
zee en de ondergang in wordt gesleurd. Al mijn dagen waren donker,
de meeste uren staan me bij als verstikkend. En omdat de twee grote
Braziliaanse kranten waarvoor ik eerder had gewerkt, de ene in Rio de
Janeiro, de andere in São Paulo, geen belang zagen in het handha-
ven van een correspondent in een Nederland waar weinig gebeurde,
en het me evenmin mogelijk leek om, nu met vrouw en kinderen, terug
te keren naar het Parijs van mijn bohémienleven, klampte ik mij vast
aan het eerste het beste stuk drijfhout dat ik te pakken kon krijgen: de
handel in koffie.

Wanneer het belang dat op het spel staat ver uitstijgt boven wat een
van de partijen aankan, krijgt de slotfase van iedere handelstransactie
de koortsachtige spanning van het *rien ne va plus* uit het casino. Het
wordt alles of het wordt niets. Stap voor stap bereikt men de onwezen-
lijke toestand waarin dromen zekerheid worden, alle berichten zijn po-
sitief, in de toekomstvisioenen overheerst het rose. Het wordt alles.

De kans op verlies achtte ik op dat moment definitief uitgesloten: het
toekomstige gewin hing nog maar af van één man, en toen ik begin oktober diens telegram ontving waarin hij mij meedeelde enkele dagen
later in Rio de Janeiro het contract te zullen tekenen waarop ik wachtte, zag ik mijzelf als een rijk man. Ik haastte me om een ticket te kopen,
stopte het weinige dat nodig was voor een snelle heen- en terugreis in
mijn koffer, kwam een half uur voor het vertrek van het vliegtuig op
het oude Schiphol aan en merkte, toen ik de taxichauffeur betaalde, tot
mijn stomme verbazing maar zonder enige angst dat ik zegge en schrij-
ve nog maar één papieren rijksdaalder op zak had.

Naar Brazilië vliegen betekende toentertijd avontuur en luxe. In de toeristenklasse waren de stoelen net zo ruim en breed bemeten als in de huidige Royal Class, de stewardessen waren onberispelijk wat elegantie en beleefdheid betreft, en de DC-7 waar ik in beland was, een kolos, had de robuustheid die men verwacht van ruimteschepen. Via verschillende etappes, die thans kort lijken, landden we eerst in Parijs en Lissabon, en terwijl we boven de Sahara vlogen kregen we een heus diner geserveerd in onvervalst porselein. Bij het vallen van de avond kwamen we aan in Dakar. Daar wachtte ons het schouwspel van enkele tientallen half verkoolde lijken op een rij tegen de muur van het luchthavengebouw, slachtoffers uit een vliegtuig dat iets eerder tijdens een hevige regenbui bij de landing was doorgeschoten en ontploft in het aangrenzende woud.

Ik herinner me dat we wat gelegenheidswoorden wisselden – waarbij we zorgvuldig de gedachte 'liever zij dan wij' verhulden – en ons installeerden op de banken van een wachtkamer waar een enorme ventilator traag de met vocht bezwangerde lucht liet circuleren. Aan de andere kant van de zaal zat een zwaar gedecoreerde, norse Franse beambte aan een presidentiële tafel – Senegal genoot in die tijd nog slechts een halve onafhankelijkheid – de paspoorten af te stempelen die een zwarte ondergeschikte ons één voor één kwam vragen en naar hem toe bracht. Intussen werd de tijd gedood met roken en drinken. Ten slotte kondigden de stewardessen aan dat alles gereed was om de vlucht voort te zetten. Of we wilden of niet, we moesten opnieuw langs de doden, die, nog steeds open en bloot in de regen, inmiddels al een geur verspreidden die ons dwong onze neus dicht te knijpen en te hollen.

In Parijs had de vrouw van een Braziliaans Kamerlid naast mij plaatsgenomen, een onvoorstelbare kletstante. Ze had een bandrecorder op schoot en hield alleen haar mond om mij te dwingen naar de stem van haar man te luisteren, die een toespraak hield in het parlement. 'Wat een timbre, hè! Wat een volume! Als hij spreekt, beeft de oppositie!' Op een bepaald moment deelde ze me mee dat ze haar make-up ging verwijderen, en verdween voor geruime tijd op de wc. Toen ze terugkwam had ze een blauwe voile voor haar gezicht. Naar mijn kant leunend, haar schoenen uitgetrokken, was ze met haar mond open en haar handen om de bandrecorder geklemd in slaap gevallen, waarbij ze de sluier deed inzakken en opbollen met de regelmaat van een pendule. Zittend bij het raam, niet in staat om mijn over elkaar buitelende gedachten tot rust te brengen en te slapen, wierp ik zo nu en dan een bezorgde blik op de motoren die, roodgloeiend van de hitte, blauwige vlammen uitspuwden. Hier en daar zaten andere passagiers, ongetwijfeld net zo ongerust als ik, eveneens met hun gezicht tegen de raampjes gedrukt in het ons omringende donker te turen en probeerden met glimlachen het bange besef te bezweren dat we daar volstrekt hulpeloos boven de oceaan hingen.

Vele uren later, maar nog steeds pikdonker, landden we in Recife. Hoewel we uitgeput en totaal doorgezeten waren, mochten we het vliegtuig niet uit: omdat we uit Afrika kwamen, wilde de gezondheidsdienst ter plekke zijn controle uitvoeren. De deuren gingen open en behalve een stroom lauwe, plakkerige lucht kwamen twee beambten in witte jassen binnen, die verstrooid en vrolijk met elkaar babbelend de inentingsbewijzen controleerden. Toen die formaliteit achter de rug was, verdwenen ze door de deur bij de cockpit, terwijl door de achteruitgang twee anderen binnenkwamen met een spuit op hun rug. Ze liepen het gangpad door en lieten methodisch een dikke wolk DDT over ons heen dalen.

'Vanwege de tseetse en ander ongedierte,' legde iemand uit. Half gestikt en hoestend werden we naar een grote loods gebracht waar we – de vrouwen links, de mannen rechts – onze kleren uitklopten en douchten.

Behalve onbruikbaar zou mijn rijksdaalder ook bij lange na niet genoeg zijn om een taxi van de luchthaven Galeão naar het centrum van Rio te betalen, maar toen ik de zaak eenmaal had uitgelegd aan de chauffeur, verklaarde die zich bereid mij op krediet naar Copacabana te rijden. Een vriend van me die daar woonde zou alles in orde brengen. Zo gebeurde het, en mijn vriend, nog slaapdronken van het middagdutje waar ik hem had uitgehaald, legde ik de reden van mijn komst uit, mijn penibele toestand, de noodzaak om een paar dagen mijn intrek te nemen in een hotel. Hij wuifde lichtjes met zijn hand, alsof hij me wilde vragen alsjeblieft niet zoveel te praten, en half achterovergeleund pakte hij een fles whisky van tafel, mij beduidend dat ik twee glazen en ijsblokjes moest halen. Niets aan de hand. Een hotel was nergens voor nodig: ik kon daar blijven, want zijn vrouw was met de kinderen op vakantie en hij ging diezelfde avond nog naar het huis van zijn minnares. Wat geld betrof was er ook geen vuiltje aan de lucht, maar eerst moesten we nog maar eens een glas drinken, het derde, proostend op de vreugde van onze ontmoeting. De laatste tijd straalde zijn geluksster dag en nacht, het bewijs lag in een netjes in een hoek neergezette kartonnen doos die hij mij liet openen. In plaats van de oorspronkelijke flessen wijn lag daar een vermogen aan dollars in opgestapeld. Ik kon nemen zoveel ik wou. Terugbetalen kon wachten tot het geluk ook bij mij zou aankloppen. En nu moesten we dan nog maar een keer klinken om dat gelukzalige moment gunstig te stemmen.

'Maar zo'n hoop geld... Kun je dat niet beter naar de bank brengen of op z'n minst bewaren in een brandkast?' vroeg ik. Om redenen die ik niet begreep had hij alle vertrouwen in de Braziliaanse banken verloren en die brandkast... – onverwacht energiek stond hij op om de sleutel te zoeken, hij koos de cijfercombinatie en trok met een theatraal gebaar de deur open – de brandkast puilde uit. In zijn flat stonden nog meer dozen vol dollars te wachten tot hij tijd had om ze naar Zwitserland te brengen, 'waar de banken, ten minste de banken' betrouwbaar waren.

De man van de koffie had plotseling zijn plannen gewijzigd en bevond zich in São Paulo, maar dat was maar een lichte verschuiving, een vertraging van niets, zo verzekerde mij een van zijn compagnons. Geen enkele reden om me zorgen te maken. Hij had het contract persoonlijk in handen gehad, het was allemaal in kannen en kruiken. Als ik de volgende middag naar São Paulo zou vliegen en ervoor zou zorgen dat ik daar rond een uur of vijf op kantoor was, dan werd de zaak meteen beklonken. Zenuwachtig, murw geslagen door de vochtige hitte, dwaalde ik doelloos door Copacabana, at slecht in een Italiaans restaurant, sliep een onrustige slaap, en rond tien uur stond ik op het vliegveld Santos Dumont op mijn beurt te wachten voor een van de vliegtuigen die dienst deden als 'luchtbrug' tussen de twee steden. De stewardess die ik er attent op maakte dat een of andere grapjas mijn veiligheidsriem half had doorgesneden, glimlachte, haalde haar schouders op – 'Ja, dat doen ze soms, hè' – en liep door, mij biddend achterlatend dat er toch vooral niets mocht gebeuren op onze vlucht en we zonder al te veel schokken zouden landen.

Met tijd in overvloed en gekweld door slechte voorgevoelens, besloot ik in plaats van door de straten te wandelen, op de redactie van mijn oude krant langs te gaan. Onder veel gelach en omarmingen hielden mijn collega's niet op te herhalen dat Holland de saaiheid zelf was, overal alleen maar molens en koeien gehoed door lange slungels op klompen en met een pijp in de mond. Als ik er niets op tegen had mijn vroegere werk te hervatten, moest ik maar terugkeren in hun midden, was ik meteen van alle ellende af. In hetzelfde gebouw had de krant een groot hotel en een voortreffelijk restaurant en daar voerden ze me gezamenlijk heen om mijn onverwachte bezoek en mijn op handen zijnde bevrijding te vieren. Een al wat oudere collega wilde weten of het waar was dat de koningin van Nederland in waarzeggers en marsmannetjes geloofde, maar daar wist ik niets van. Een ander beweerde dat er in Amsterdam meer smeerkezerij was dan in heel Brazilië bij elkaar. Een derde bracht ons op de hoogte van een regeringsplan om de complete Nederlandse oorlogsvloot te kopen en daarmee front te maken tegen het agressieve Argentinië.

Op het kantoor wist niemand dat de man van de koffie om vijf uur een afspraak met mij had, ze hadden zelfs geen bericht gekregen dat hij in de stad was. Ze belden voor me naar Rio, naar zijn huis in Santos, naar het buitenhuis dat hij had in Paraná en naar de flat van twee of drie meisjes die misschien wisten waar hij uithing. Toen de mogelijkheden uitgeput waren, keerde ik verslagen terug naar het hotel, me afvragend of het niet verstandiger was de hele zaak maar te vergeten en terug te vliegen naar Amsterdam.

De redactie zat nog voltallig in de bar. Toen ze mijn bedrukte gezicht zagen, besloten mijn collega's dat we allemaal ogenblikkelijk een dubbele whisky nodig hadden, en omdat niets spookbeelden beter verjaagt dan drinken in goed gezelschap, nam ik in een euforische stemming aan toen ik een paar uur later aan de telefoon werd geroepen. De koffiemagnaat in hoogsteigen persoon jammerde in mijn oor hoe zonde het was dat we elkaar nog niet hadden kunnen ontmoeten, dat kwam doordat er een klein probleempje was gerezen. Niet in verband met ons contract, want dat 'stond nog steeds als een huis', zoals hij het uitdrukte, maar andere zaken van hem waren ineens precair gebleken, reden waarom hij over een paar minuten naar New York zou vliegen. En ik had de keus: vijf, hooguit zes dagen wachten tot hij terug was in São Paulo, of ook naar Amerika gaan. Zodra ik daar aankwam moest ik hem in het Waldorf bellen, dan zouden we samen gaan lunchen, praten en alle papieren tekenen.

De dag van mijn vertrek begon onheilspellend. De enige mogelijkheid om snel in New York te komen was de vlucht waarmee de luchtvaartmaatschappij Braniff de eerste straalverbinding tussen de Verenigde Staten en Brazilië verzorgde. Tegen een astronomische prijs. En omdat de internationale luchthaven van de stad nog niet was voorbereid op het ontvangen van straalvliegtuigen, zou het toestel opstijgen vanaf een luchtmachtbasis op een dertigtal kilometer van de stad. De taxichauffeur liet spontaan weten dat hij me korting zou geven op de meterstand. Voor een zo lange rit was het echter wel raadzaam eerst de tank bij te vullen, want die was bijna leeg, maar omdat hij ongelukkigerwijs net pas was begonnen te werken en hij het nodige geld nog niet bij elkaar had... Begrijpend en vol vertrouwen schoot ik hem het geld voor de benzine voor. Nog geen honderd meter verder kreeg de auto panne, wonderwel vlak naast een andere taxi, die, 'om zijn collega uit de brand te helpen', bereid was de stad uit te rijden en mij naar die 'godvergeten rimboe' te brengen. Mijn haast en zijn ongemak rechtvaardigden een tariefverhoging van vijftig procent. Het was barsten of buigen.

Mijn herinnering aan het moment dat ik achter uit het gebouw van de luchtmachtbasis kwam, is nog steeds zeer levendig. Men stelle zich een onmetelijke vlakte voor, totaal verlaten, gelig, zinderend in de middagzon, doorsneden door een geasfalteerde landingsbaan. Aan het dichtstbij gelegen uiteinde van de piste een kolossaal vliegtuig – en met een voor die tijd verontrustend voorkomen, want het had geen propellers – waarvan de trap wordt voorafgegaan door een rode loper, twintig of dertig meter luxe die volkomen detoneert met het asfalt en de stoffige klei van de grond. Ik ben de laatste passagier en rep me naar het vliegtuig, gevolgd door twee lui van het luchthavenpersoneel die de loper bijna onder mijn voeten oprollen. We vlogen over het Amazonegebied, maakten een tussenlanding in Tobago, en midden in de nacht landden we in New York, in een drukkende Indian-summerhitte.

Het einde laat zich raden: toen ik de man de volgende ochtend belde, had hij zijn koffie al aan een ander verkocht, die hem drie cent per kilo meer had geboden en contant betaalde.

'Reken maar na. Vijftigduizend balen van zestig kilo maal drie cent, dat scheelt een boel, dat is toch niet wat je noemt een kleinigheid!'

Dat wist ik. Al mijn slapeloze nachten had ik dat liggen uitrekenen: twee cent commissie per kilo was zestigduizend dollar, drie cent negentigduizend, vier cent...

'Maar kom in ieder geval lunchen. Dan praten we verder. D'r valt altijd zaken te doen.'

Ik weet niet meer wat ik hem heb geantwoord, en al evenmin herinner ik me veel van de straten waar ik blind doorheen doolde, meer gericht als ik was op mijn eigen zorgen en angsten dan op hetgeen mij omringde. Onverschillig voor de wolkenkrabbers en zonder enige belangstelling voor de wervelende drukte en de zee van mensen, liep ik waarschijnlijk rondjes, want af en toe overkwam het me dat ik een straathoek herkende waar ik al eerder langs was gekomen, of een winkel die ik reeds eerder had gezien. Uit gewoonte kocht ik alvorens mijn hotel weer op te zoeken een paar kranten, liet me op bed neervallen en wilde alleen nog maar dood. *Khrushchev to address* UN. De betekenis van wat mijn slaperige ogen daar lazen drong niet onmiddellijk tot me door, maar het duurde niet lang of ik veerde met een ruk overeind. Chroesjtsjov was in Amerika! Naar de hel met de hele koffiehandel, waar ik niet voor in de wieg was gelegd! Mijn collega's uit São Paulo hadden gelijk: het beste was weer te gaan schrijven, de kans te grijpen die zich hier aanbood en de toespraak van de Sovjetleider te verslaan. Wie weet zou het me zelfs lukken een primeur te krijgen. Ik rende de straat op, zenuwachtig wordend omdat ik niet meteen een taxi wist te bemachtigen. *To the United Nations, please.*

Mijn haast had niet veel zin: weliswaar was mijn perskaart nog geldig, maar voor de zitting van de volgende dag was er geen plaats op de perstribune. De enige mogelijkheid, na lang aandringen, was de vergadering te volgen via de monitoren. En zo zag ik op 12 oktober 1960 in een zaal bomvol journalisten hoe Chroesjtsjov zich achter de tafel waar hij zijn toespraak hield bukte, overeind kwam met een witte schoen in zijn hand en daarmee ter onderstreping van zijn ontevredenheid op het tafelblad sloeg, waar hij hem vervolgens liet staan.

Bloody guy! Die woedende woorden van mijn buurman waren niet bedoeld voor de Sovjetleider, maar voor een collega die hem tijdens de massale ren op de telefoons een zet gaf, waardoor hij struikelde en bijna viel. Het had geen enkele zin het op te nemen tegen die meute hysterici die brullend en schreeuwend hun redacties aan het informeren waren en slaand en schoppend verhinderden dat de anderen bezit namen van de toestellen. Toen de vergadering afgelopen was, ging ik terug naar mijn hotel, werkte mijn aantekeningen uit, voegde er een paar ernstige overpeinzingen over het gevaar van de Russische houding voor de wereldvrede aan toe, verzocht de telefoniste me te verbinden met São Paulo en wachtte. Urenlang. Maar toen er eindelijk iemand van de redactie aan de lijn kwam, was dat alleen maar om te zeggen dat ze via de telex al genoeg materiaal voor een afdoende berichtgeving hadden binnengekregen en dat er ook geen commentaar nodig was, want dat zou de directeur zelf schrijven. Tot ziens en bedankt.

Het meisje van het reisbureau bestudeerde mijn ticket. Ze keek me aan, glimlachte, maakte een paar berekeningen, glimlachte opnieuw. Als ik geen haast had om in Nederland te komen, zei ze, was het voordeliger de dure vlucht waarop ik had gereserveerd te ruilen voor een vlucht met het toestel dat vroeg op de avond vertrok. Dat duurde wel langer, maar het verschil was niet onaanzienlijk. Vooral niet voor mij, die niet bepaald werd toegelachen door vrouwe Fortuna en wie het geld, ook al draaide ik het nog zo vaak om, door de vingers leek te glijden.

Of er tussenlandingen waren, weet ik niet. Aangezien de hele rij stoelen naast de mijne leeg was, ging ik languit liggen en viel in een cataleptische slaap, waaruit de stewardessen me wakker schudden in Amsterdam – het vliegtuig al aan de grond en leeg. Nog half in slaap liep ik naar de paspoortcontrole, maar toen ik mijn jaszakken afzocht naar mijn papieren, verstijfde ik ineens van schrik: mijn portefeuille was weg. Met stomheid geslagen reikte ik de agent met een automatisch gebaar mijn pas aan, tastte nog een keer al mijn kleren af, keerde vergeefs mijn jaszak binnenste buiten, en pas toen slaagde ik erin te zeggen dat mijn portefeuille gestolen was. Hij kalmeerde me. Ik moest maar teruggaan naar het vliegtuig en daar zoeken, hij kon immers best op de grond zijn gevallen.

Ik ging, zocht onder, op en tussen de stoelen, kroop rond over de vloer, maar ten slotte moest ik me erbij neerleggen dat mijn portefeuille gestolen of verloren, maar hoe dan ook weg was, samen met alles wat ik nog aan geld had. Mijn koffer en reistas achter me aanslepend liep ik naar de uitgang en daar stond ik weer op dezelfde stoep als waar mijn avontuur tien dagen eerder begonnen was. Zoveel pech kon ik eenvoudig niet geloven en opnieuw voelde ik in mijn zakken. Ik haalde ze één voor één leeg, maar te midden van mijn papieren, enveloppen en lucifersdoosjes vond ik alleen, helemaal verfrommeld, de papieren rijksdaalder waarmee ik vertrokken was.

Vertaling: Harrie Lemmens

CAROLIJN VISSER

TUSSEN GROTE VISSEN

We zijn aangekomen aan het einde van de vallei, met een bus, want de spoorlijn is veel zuidelijker al afgebogen. Nanxiong, de stad die we binnenrijden, is de meest noordelijke stad in de provincie Guandong en wat Wu betreft, de Chinese vriend met wie ik reis, is dit het einde van de wereld. 'Als we de grens oversteken en in de provincie Jiangxi komen, zal het eten verschrikkelijk zijn,' voorspelt hij somber.

Alle passagiers staren ons aan, de conductrice stelt verlegen een vraag. 'Of we buitenlanders zijn,' smaalt Wu. 'Wij allebei! Ze kan niet zien dat ik een Kantonees ben!' Hij wijst naar de spandoeken die over de straat gespannen hangen. 'Bouw socialisme met Chinese eigenschappen,' vertaalt hij misprijzend en: 'Lang leve de revolutionaire spirit.' 'Bah,' zegt hij, 'ze zijn trots op hun verleden, laat ze vooruitkijken. Waarom schrijven ze niet: "Open het venster naar de wereld; bouw aan de vier moderniseringen," daar gaat het om tegenwoordig.'

Nanxiong mag nu een slaperig stadje zijn met achterhaalde slogans, ooit was het een bloeiend handelscentrum. Omdat de Chinese keizers vroeger de zee tot verboden gebied verklaarden, moesten mensen en goederen door het binnenland vervoerd worden. Tot aan de opiumoorlog, toen China gedwongen werd zeehavens open te stellen, was er een drukke handelsroute van Kanton naar Peking die voerde over rivieren, meren en kanalen. Op één punt werd die waterroute onderbroken: op de plaats waar de Bei-rivier en de Gan-rivier ontspringen. Over het gebergte dat tussen die rivieren ligt, moesten de reizigers verder te voet, te paard of in een draagstoel. Nanxiong vormde het eindpunt van de Bei-rivier.

Wu en ik maken onze reis in de voetsporen van de oude handelaars. Dat was nog voordat de studenten begonnen te demonstreren. Wu is een werknemer van een fabriek waar ijskasten gemaakt worden en hij had toen nog een ijzeren vertrouwen in de toekomst. 'Als alle Chinezen een ijskast hebben, zijn ze allemaal gelukkig,' was een van zijn geliefkoosde uitspraken. Elke cementfabriek die we onderweg passeerden vervulde Wu met hoop.

Een paar dagen nog maar zijn we onderweg, maar Wu is al gaan twijfelen aan het nut van de missie. 'In Hangzhou is het mooi,' weet hij, 'in Peking ook, hier zijn alleen maar boeren.' Hij heeft geïnformeerd naar hotels in Nanxiong en volgens hem is er maar een fatsoenlijk onderkomen in de stad, het regeringshotel. We stappen daar vlak voor uit de bus en zien dat het een gebouw is van zes verdiepingen, geheel van grijs beton, een van de nieuwste gebouwen in de stad. 'Niet slecht,' zegt Wu, maar bij de receptie staat een ontmoedigend bord: Vol. Een meisje dat doelloos achter een balie zit vertelt wie er op dit moment allemaal logeren in het hotel: het bestuur van de stad Nanxiong, het bestuur van het district, de leden van de communistische partij en de voltallige leiding van de politie.

Wu laat het er niet bij zitten. We gaan een kantoortje binnen waar twee serieuze heren onder een ventilator zitten. 'Kader,' zegt Wu. Dat zegt hij altijd als hooggeplaatste heren ons pad kruisen. Wu steekt van wal. Vriendelijk glimlachend begint hij te praten en ondertussen steekt hij de mannen Marlboro-sigaretten toe die ze eerst afslaan en dan aannemen. Ik heb er spijt van dat we ons in dit hol van de leeuw gewaagd hebben, als we bij een eenvoudig hotel hadden aangeklopt waren we niemand opgevallen. Misschien willen deze heren officiële documenten zien, die ik niet heb, misschien is Nanxiong gesloten voor buitenlanders. 'Het komt allemaal wel in orde,' stelt Wu mij gerust. 'Dit is de provincie Guandong, buitenlanders mogen overal komen.'

De twee heren vertelt hij over het doel van onze reis. We zijn afgevaardigden van de Nederlandse regering, liegt hij, en we worden in ons project gesteund door de Chinese overheid, wat ook niet waar is. We volgen de sporen van een Nederlandse handelaar die in de zeventiende eeuw Nanxiong bezocht. Ter illustratie moet ik mijn boek met oude landkaarten laten zien. De mannen turen aandachtig op het papier. Hun gezichten lichten op: 'Nanxiong,' wijst een van hen, 'op de oude kaart van deze buitenlander staat onze stad Nanxiong.'

De sfeer in het kantoortje wordt nu welwillender. De oudste van de twee mannen vraagt mijn paspoort en begint daar in te bladeren. 'We kunnen er wel voor zorgen dat jullie in dit hotel kunnen logeren,' zegt hij. 'We kunnen zelfs twee kamers aanbieden voor de prijs van één. Maar er is een probleem.' Hij houdt zijn ogen gericht op mijn paspoort. 'Deze buitenlander moet een Chinese naam hebben, want anders kan ik niets opschrijven.' Gelukkig heb ik een Chinese naam: Kalolien, wat zoiets betekent als Ochtenddauw-op-lotusblad. Alles is nu in orde. *'They think we are big potatoes,'* zegt Wu tevreden.

Het hotel lijkt binnen een herensociëteit. Door de gangen banjeren kaders in koele kleding, veel deuren staan open en binnen zitten de leiders van de provincie in de airconditioned kamers naar de televisie te kijken en pinda's te eten. Beneden worden een paar stokoude vrouwen het restaurant binnen geleid. *'Old communists,'* fluistert Wu. Het zijn breekbare vrouwen die gekrompen zijn tot een waanzinnig klein formaat.

'Wat hebben die vroeger gedaan?' vraag ik.

'Meegelopen in de Lange Mars misschien,' zegt Wu verveeld.

De volgende ochtend, als we een ontbijt van noodles en gevulde dumplings achter de kiezen hebben, zeg ik tegen Wu: 'Laten we de oude haven opzoeken, misschien kunnen we zien waar de reizigers vroeger aanlegden.' Wu heeft een beter idee. 'We zijn immers officiële gasten,' zegt hij, 'nu hebben we een officiële gids nodig.' Vanuit mijn kamer belt hij naar de historische afdeling van het gemeentehuis. 'Een buitenlandse bezoeker?' wordt er aan de andere kant angstig tegengeworpen, 'daar moeten we ons op voorbereiden, belt u morgen maar terug.' Maar Wu houdt vol. 'Morgen moeten we weer verder, we komen vandaag.'

Het gemeentehuis ligt aan een rotonde die eigenlijk nergens toe dient, want veel verkeer is er in Nanxiong niet, maar Wu is zeer tevreden over deze moderne toevoeging. Het gemeentehuis is nog mooier dan ons hotel, het golvende dak is bedekt met pannen van oranje geglazuurd keramiek die flonkeren in de zon. Maar binnen is van de allure niet veel over, de gangen zijn van stoffig beton, de traptreden al versleten en het is zo druk als op een markt. De deuren van de verschillende kamers staan open. De meeste ambtenaren zijn verdiept in een krant en ze onderbreken het lezen om op luide toon met hun collega's van mening te verschillen.

De kamer waar we moeten zijn is een oase. Dit is de kamer van de gemeentelijke historici. Mr. Wei is de chef, Mr. Liu zijn assistent en die zit met een pen in de aanslag. Hij zal elk woord dat gewisseld wordt zorgvuldig vastleggen. Elegant zijn de twee heren niet, hun haar staat recht overeind, als een borstel, en Mr. Wei heeft zijn broekspijpen opgestroopt omdat het warm is.

'In 1665, tijdens de Qing-dynastie,' laat ik Wu vertalen, 'was er een Nederlandse koopman die door deze stad reisde, Johan Nieuhof heette hij, weet u misschien iets van hem?' Mr. Wei krabbelt aan zijn hoofd en zucht: 'Vervelend genoeg hebben we geen enkel boek of document uit die tijd. Het stadhuis is sindsdien twee keer volledig verwoest. Onze geschiedenis houdt 160 jaar geleden op.' Maar dat wil niet zeggen dat er niet veel geschiedenis is in Nanxiong. 'Weet u wat,' stelt Mr. Wei voor, die schik begint te krijgen in ons bezoek, 'laten we de stad in gaan, want daar kan ik u wel overblijfselen van de geschiedenis aanwijzen.'

Wij volgen Mr. Wei door de hoofdstraat van Nanxiong. Om de drie stappen komt hij iemand tegen die hij groet. Aan iedereen vertelt hij op luide toon dat hij een buitenlandse bezoeker onder zijn hoede heeft en haast heeft. *'You give him a big face,'* legt Wu uit.

'Wat buitengewoon attent van u om ons op zo'n korte termijn te ontvangen,' laat ik Wu zeggen.

'De eer is geheel de mijne,' zegt meneer Wei.

'We treffen het zo dat we u, die zoveel van de geschiedenis weet, ontmoeten,' probeer ik hem in Chinese beleefdheid te overtroeven.

'Mijn kennis is heel gering,' glundert Mr. Wei, 'ik moet mij verontschuldigen voor mijn onwetendheid.'

Hij wil weten of we de winkel hebben gezien waar ijskasten en televisies verkocht worden. Weten we ook dat de hoofdstraat elke dag met water schoon gespoten wordt? Als we onze reis vervolgen en in de provincie Jiangxi komen, zullen we met eigen ogen kunnen concluderen dat Nanxiong in welvaart en luxe alle steden daar overtreft.

Nu snijden we een stuk af en lopen door smalle steegjes die bestraat zijn met grote vlakke stenen. De wit geverfde huizen hebben geen ramen maar houten poorten die openstaan. Binnen, in de duisternis, staan eenvoudige meubels, een oude man rookt een pijp in een bamboestoel, een moeder voedt een kind.

'Hier,' zegt Mr. Wei met een breed gebaar, 'is niets veranderd sinds de Qing-dynastie. Toen uw landgenoot onze stad bezocht heeft hij dezelfde huizen gezien, hij heeft de overgrootouders ontmoet van deze mensen.'

Mr. Wei wil ons de pagode laten zien die in het jaar 1000 gebouwd is en in 1984 geheel gerestaureerd. Binnen in de toren is een prachtig trappenhuis dat ons naar de negende verdieping leidt. Beneden zien we de Bei-rivier zich rond de stad buigen en steeds smaller worden. Bij een brug liggen houten schepen bamboe te laden, de vorm van die schepen is in honderden jaren niet veranderd. Ze worden nu alleen niet meer gejaagd zoals in de tijd dat Johan Nieuhof hier was, maar in een lange sliert voortgetrokken door een sleepboot.

'Bijna alles wordt tegenwoordig over de weg vervoerd,' mijmert Mr. Wei. 'Per boot naar Shaoguan duurt ongeveer een week, over de weg duurt het drie uur.' Nanxiong ligt tegenwoordig aan de grote noord-zuidautoweg, al had ik die niet als zodanig herkend. Elke dag rijden er zevenduizend vrachtwagens langs de stad.

'Vroeger,' zegt Mr. Wei, wijzend naar een bocht in de rivier, 'legden de schepen die uit het zuiden kwamen daar aan.' Er waren duizenden koelies die de vracht uitlaadden en ongeveer veertig kilometer naar het noorden brachten, over de Meiling bergpas naar Dayu, waar de Gan-rivier ontspringt. Daar werden alle goederen weer in andere schepen geladen en kon er verder naar het noorden gevaren worden. 'Vooral zout werd er vervoerd,' zegt Mr. Wei, 'en de meeste vracht ging van het zuiden naar het noorden, naar de keizer in Peking: paddestoelen, ingemaakt fruit, gedroogde vis, toiletpapier, tabak.'

'En de vrachtwagens?' vraag ik, 'wat vervoeren die tegenwoordig?'

'Van noord naar zuid nog steeds min of meer hetzelfde,' zegt Mr. Wei peinzend, 'maar van zuid naar noord zijn het moderne produkten: televisies, moderne kleding.'

We dalen af in het hart van de pagode en Mr. Wei vervolgt zijn verhaal over het verleden. 'Het was een welvarende stad hier,' zegt hij, 'er waren tienduizend inwoners en duizend bedrijfjes. Honderden mensen passeerden de stad elke dag en iedereen moest tol betalen. Gouden jaren waren dat. Toen kwam de opiumoorlog en was het gedaan met Nanxiong.' We staan weer beneden. Mr. Wei wijst op de resten van een grote boeddha die aan de voet van de pagode heeft gestaan maar tijdens de Culturele Revolutie in gruzelementen is geslagen. 'Ach ja,' zegt Mr. Wei, 'zo verandert de wereld voortdurend.'

We lopen terug naar het hotel. 'Ik zal overleggen met het departement van algemene zaken,' zegt Mr. Wei, 'wat betreft uw verzoek de Meiling-pas te bezoeken. Ik zal vragen of ze een minibus ter beschikking kunnen stellen. U zult dan de weg zien waarover uw landgenoot gelopen heeft naar Dayu, naar de Gan-rivier.' Maar we zullen versteld staan, waarschuwt hij, hoe achterlijk het daar is. Dayu is ongeveer even groot als Nanxiong, maar er is daar maar één gebouw met meer dan drie verdiepingen! 'Nanxiong en Dayu zijn twee werelden.'

Mr. Wei neemt afscheid. Hij excuseert zich voor de ontoereikende ontvangst. Ik verzeker hem dat ik meer dan tevreden ben en dan sloft hij op zijn plastic schoenen naar de uitgang.

Mr. Liu staat keurig op tijd voor het hotel te wachten, met een chauffeur en een minibus. Zijn gekwelde blik doet vermoeden dat de minibus niet zonder slag of stoot is afgestaan door algemene zaken. Eerst rijden we een paar kilometer over een smalle tweebaansweg, de grote verbindingsroute noord-zuid. Vrachtwagens kruipen voort, een truck staat scheef langs de kant met een gebroken as. Het lijkt een aangeschoten vogel. Dan zien we door de lichtgroene rijstvelden een voetpad slingeren, bestraat met grijze steen. Mr. Liu wijst: dat is de eeuwenoude weg waarover handelslieden en buitenlandse reizigers, in draagstoelen gezeten, vervoerd werden.

We stoppen in een dorpje. Er staat een vervallen herberg en een eeuwenoude banyanboom werpt een schaduw die weldadig geweest moet zijn voor de koelies. Deuren van de kleine huisjes langs het pad worden krakend opengedaan, nieuwsgierige ogen kijken ons na. Een optocht van kinderen begint ons te volgen, een jongetje voert een varken aan een touw met zich mee.

We hobbelen verder in de minibus, nagekeken door honderden donkere ogen. Na een paar kilometer wordt de weg te steil, verder moeten we lopen. Het pad is veranderd in brede stenen treden die ons steeds hoger brengen. Er zijn geen huizen of akkers meer te zien, de bergen zijn begroeid met ceders. De hellingen zijn prachtig lichtgroen. 'Vroeger,' zegt Mr. Liu zwetend, 'stonden hier overal theehuisjes langs de kant van de weg, overal kon een mens zich verfrissen.' Hier en daar zijn nog de ruïnes te zien van die gelegenheden, veel is kort geleden vernield, tijdens de Culturele Revolutie, vertelt Mr. Liu.

We zijn nu bij de top van de berg aangekomen, bij de waterscheiding. In het zuiden glooien de heuvels van Guandong, in het noorden strekt zich de provincie Jiangxi uit. Van de oude poort die de grens markeerde staat nog een boog overeind. Van de grote tempel die hier ooit geweest moet zijn, is alleen nog puin te vinden, het gebouw is met de grond gelijk gemaakt tijdens de Culturele Revolutie. 'Door mensen uit Guandong of uit Jiangxi?' laat ik Wu vragen. Mr. Liu denkt na, zijn eerlijkheid overwint. 'Iedereen deed eraan mee, de mensen waren arm, ze hadden honger. Ze hebben de stenen gebruikt om eigen huizen te bouwen.' We gaan terug naar Guandong, Mr. Liu heeft geen enkele behoefte een voet in Jiangxi te zetten.

Mr. Wei staat vertwijfeld te wachten voor het restaurant. Zijn gezicht klaart op als hij ons in het oog krijgt. 'Snel, snel,' roept hij. Binnen een paar tellen staat er een tiental schalen op tafel en worden grote flessen bier opengemaakt. Iedereen ontspant zich, het gesprek komt op gang. Mr. Wei vertelt over Tsjeng Ji Tang, een 'warlord' die Nanxiong regeerde tussen 1930 en 1936, een van de weinige goede machthebbers in die tijd. 'Het waren gouden jaren voor de stad,' zegt hij.

In 1937 was de strijd ontbrand in Nanxiong tussen de communisten en de warlords die samenwerkten met de Kwo Min Tang. Drie dagen en twee nachten lang werd er onafgebroken gevochten. De munitie raakte op en daarna gingen de soldaten elkaar te lijf met messen. Ze trokken hun kleren uit zodat niemand hen kon vastgrijpen. Naakt probeerden ze elkaar te doden. 'De Bei-rivier was rood van het bloed,' zegt Mr. Wei.

'Rood van het bloed,' herhaalt Mr. Liu. 'Ze zijn trots op hun geschiedenis, ook al is het een bloedige geschiedenis,' legt Wu uit.

Zo is het, knikken Mr. Wei en Mr. Liu. 'Daarna kwamen de Japanners,' vertelt Mr. Wei enthousiast verder. 'We hadden nog nooit een auto gezien toen de Japanse vliegtuigen kwamen. Nanxiong werd wel honderd keer gebombardeerd.' In de buurt van Nanxiong werd een landingsstrip aangelegd en Amerikaanse piloten, avonturiers, stegen daar op om de Japanners aan te vallen. Er was ook een beroemde Chinese piloot uit Kanton, Flying Tiger noemde iedereen hem, die haalde drie Japanse toestellen neer. Toen hij sneuvelde kreeg hij een zeer eervolle begrafenis, herinnert Mr. Wei zich. 'Met de Kwo Min Tang-vlag over zijn kist gedrapeerd.'

'Tijdens de Culturele Revolutie was het hier net zo slecht als overal,' zegt Mr. Wei. Mr. Liu heeft het niet over de Rode Garde of over de Bende van Vier, maar over de maaltijden die hij in die tijd at. Drie keer per dag drie kommetjes rijst, zelden met iets erbij. Nu eet hij elke dag vlees. 'Maar,' zegt hij, 'mijn vrouw en ik zouden wel erg graag een ijskast willen hebben en daar hebben we geen geld voor.'

Wu vertaalt zijn woorden en voegt eraan toe: 'Hij klaagt, hij moet gewoon meer sparen.'

Over het algemeen zijn Mr. Wei en Mr. Liu zeer tevreden over hun bestaan. 'Nanxiong heeft een geweldige ontwikkeling meegemaakt,' zeggen ze. Ze raken niet uitgepraat over alle plannen die er zijn.

'Een nieuwe gouden tijd breekt aan.'

'Hopen ze,' vult Wu aan.

De gemeente heeft pas een nieuwe slogan bedacht die binnenkort op spandoeken in de hoofdstraat zal worden aangebracht: 'We leven in de bergen van de bergen.'

's Morgens vroeg wordt er op de deur geklopt. Het is Mr. Liu. Tot zijn grote spijt heeft hij geen auto kunnen krijgen van algemene zaken, we moeten ons haasten om de bus te halen naar de provincie Jiangxi. Hij neemt mijn tas achter op zijn fiets en achter hem aan hollen we naar het busstation.

'Het spijt me zo,' roept hij ons na als we wegrijden in een overvolle bus, 'dit onwaardige vertrek. Maar in Jiangxi zult u de gast zijn van de regering. Ze weten dat u eraan komt.'

Wu glundert. 'In Jiangxi zwemmen we weer tussen de grote vissen,' zegt hij.

Dayu, dat we een uur later binnenrijden, is arm. De straten hebben geen trottoirs, de voetgangers baggeren door de modder. De hoofdstraat doet me denken aan foto's van het oude China. Alle gebouwen bestaan uit twee verdiepingen waarvan de bovenste uitsteekt en ondersteund wordt door pilaren. Daaronder, beschermd tegen de regen, zijn winkels. Die zijn schamel ingericht, veel is er niet te krijgen. Sommige zaakjes hebben een vloer van aangestampte aarde.

'Had ik het niet voorspeld?' zegt Wu, 'wat zal het eten hier verschrikkelijk zijn!' Aangegaapt door honderden voorbijgangers gaan we op zoek naar het gemeentehuis. Als Wu de weg vraagt, deinzen de mensen van schrik achteruit. Een soldaat in de poort houdt de wacht en laat ons pas door als we uitgebreid hebben uitgelegd wat we komen doen. Hier heeft het gewone volk niets te zoeken.

Tot onze verbazing worden we niet door een historicus ontvangen, maar door iemand van algemene zaken, Mr. Cheng. Hij lijkt niet echt blij met onze komst, we mogen niet plaatsnemen in zijn kantoor, we moeten hem volgen naar het aangrenzende hotel, een paar gebouwtjes rondom een vijver. Mr. Cheng moet lang en hard roepen voordat er iemand verschijnt die de ontvangstkamer kan openen. Pas na veel gerommel met verschillende sleutelbossen lukt dat.

De ruimte moet in maanden niet gebruikt zijn, het ruikt er verschrikkelijk muf. We gaan zitten in stoelen die bedekt zijn met witte hoezen. De stilte die volgt hangt zwaar in de ouderwetse ruimte. Mr. Cheng schraapt zijn keel, rochelt en zegt dan dat hij weliswaar wist dat we zouden komen, maar hij kan ons helaas geen welkom heten omdat Dayu verboden gebied is voor buitenlanders. Zenuwachtig trommelt hij met zijn vingers op de tafel. Zwijgend drinken we onze thee. 'We volgen een historische route,' zeg ik. 'Dayu heeft een grote rol gespeeld in het verleden, daarom willen wij uw stad graag bezoeken.'

Mr. Cheng knikt. Als het aan hem lag, mochten we zolang als we wilden blijven logeren in Dayu. 'Maar hoe overtuig ik de chef van algemene zaken, de partijvoorzitter, het hoofd van de politie? Het beste zou zijn als u de eerste bus terug neemt, terug naar Nanxiong.'

Wu geeft hem een sigaret, de twee mannen roken. Een half uur lang worden de verschillende kanten van de zaak bekeken. 'Ons land moet de deuren naar de buitenwereld openen,' bepleit Wu. Maar Mr. Cheng beroept zich op de wet. Hij lijkt niet zozeer onwelwillend als bang. 'Dit moet verder worden uitgezocht,' besluit hij, woorden die ons hoop geven. Hij stopt mijn paspoort in zijn zak.

Inmiddels is er een suite voor mij gereedgemaakt. Een piepkleine villa van twee kamers staat tot mijn beschikking, met uitzicht op de vijver en een verbrokkelde rotspartij. 'Mr. Cheng zegt dat je het hotel niet mag verlaten,' vertaalt Wu. Het grote bed in mijn slaapkamer lijkt jaren niet beslapen, er hangt een grote klamboe omheen en het dek van tijk ruikt naar motteballen. In de aangrenzende kamer staat een televisie maar die ontvangt niet veel. Ik wandel twee keer rond de vijver, gadegeslagen door de vele kamermeisjes die opeens zijn opgedoken. Ik zit gevangen in een Chinese tuin.

Wu moet zich melden bij de politie. Als hij een uur later terugkomt is hij woest. 'Beesten zijn het,' zegt hij. Als plaatsvervanger van de buitenlandse in overtreding had hij een hoop beledigingen en verwensingen naar zijn hoofd gekregen. 'Hoe denken ze zich te kunnen ontwikkelen als ze bezoekers zo behandelen?'

Ze hadden hem stevig aan de tand gevoeld over zijn werk, zijn eenheid en over zijn verhouding met mij. Werd hij betaald, wilden ze weten. Nee, had Wu gelogen, hij werd niet betaald, hij reisde mee als vriend. Dat had nog meer verwarring veroorzaakt. Dat is toch verboden? Wu had uiteengezet dat vriendschappen die begrip voor elkaars cultuur bevorderen tegenwoordig zelfs aangemoedigd werden door de centrale regering. Van die troef hadden ze niet terug gehad. 'De zaak zou verder bestudeerd worden.'

Ik begin me nu toch zorgen te maken. Een paar jaar geleden werd een Amerikaanse journalist in het gezelschap van een bevriende Chinees in verboden gebied gearresteerd. De Amerikaan werd het land uitgezet, de Chinees kreeg een paar jaar dwangarbeid. Als ik dat aan Wu vertel zegt hij: 'Ik kom uit Kanton, voor ons is het anders dan voor iemand uit Peking. Ik mag overal reizen in mijn eigen land.'

Ik ontmoette Wu weer op het moment dat er in Peking duizenden mensen op de been waren. Wu stond vierkant achter de acties, hij was er stellig van overtuigd dat de studenten het zouden winnen van de stokoude leiders. Later, na het bloedbad, zag ik hem weer. Hij schudde voortdurend zijn hoofd in ongeloof; dat het zo zou aflopen was nooit in hem opgekomen. Hij had veel naar radiostations uit Hongkong geluisterd en was op de hoogte van alle informatie die in het Westen bekend was. Wu leek zich te schamen; hoe kon zijn land, zijn regering, zich zo te schande maken?

Toch geloofde hij de hoge dodencijfers niet. 'Onze regering vertelt niet alles en de *Voice of America* overdrijft,' zei hij meer tegen zichzelf dan tegen mij. 'De waarheid moet in het midden liggen.' Ik sprak hem niet tegen. 'Er is geen verandering mogelijk zonder medewerking van de communistische partij,' concludeerde hij ten slotte. 'Soms moeten we gehoorzaam zijn aan onze regering. En uiteindelijk is deze regering niet zo slecht. Deng Xiaoping heeft ons veel vooruitgang gebracht.'

De ochtend verstrijkt. Ik lees een boek over een stel dienaren van de voc die een reis door China maakten in de zeventiende eeuw. Ze reisden natuurlijk over de oude handelsroute en verbleven onderweg een paar dagen in Dayu. Daar moesten ze wachten totdat een plaatselijke mandarijn schepen voor hen in orde gemaakt had waarmee ze de Gan-rivier konden afzakken. Het duurde de Nederlanders allemaal veel te lang en toen ze klaagden tegen de mandarijn schaamde die zich zo diep dat hij een mes trok; hij had zich ook van kant gemaakt, ware het niet dat de Nederlanders hem ervan weerhielden. Ik vertel het verhaal aan Wu die smakelijk begint te lachen.

'Die man was niet echt van plan zichzelf te doden. Hij deed alsof.' Wu schudt het hoofd om zoveel Hollandse goedgelovigheid.

Om twaalf uur komt Mr. Cheng ons ophalen. 'We gaan eten,' zegt hij korzelig en gaat ons voor naar het restaurant van het complex. Er is in een aparte kamer een tafel voor ons gedekt. We krijgen vis in zoetzure saus voorgezet, gezouten eend, ingemaakte zwarte eieren en verschillende gebakken paddestoelen. Alle schalen zijn versierd met bloemen die gesneden zijn uit groenten. 'Prachtig,' zeg ik.

'Het spijt ons dat we in Dayu niets beters te bieden hebben aan onze gasten, onze stad is arm,' is het antwoord van Mr. Cheng.

Hij zit nog steeds verschrikkelijk met mij in zijn maag. 'Ik ben bij de openbare veiligheidsdienst geweest,' vertelt hij somber, 'en daar waren ze niet erg, eh... welwillend.'

'Ik vind het zo vervelend dat ik u in moeilijkheden breng,' laat ik Wu vertalen. 'Het was niet mijn bedoeling de wetten van Dayu met voeten te treden. Het is een vervelend, groot misverstand.' Die woorden kikkeren Mr. Cheng een beetje op. Als ik dat nou eens op schrift stel, stelt hij voor, 'dan zijn we een stuk dichter bij de oplossing.'

De bedoeling is mij meteen duidelijk: ik moet een ouderwetse 'zelfkritiek' schrijven zoals ook gebruikelijk was tijdens de Culturele Revolutie. Mensen die nooit een vlieg kwaad hadden gedaan, moesten opschrijven dat ze eigenlijk vijanden van de staat waren. Steeds opnieuw in andere bewoordingen, totdat het de bewakers beviel. Van oude beleefdheidsvorm tot perversie. 'Met alle plezier, Mr. Cheng,' zeg ik, 'maar ik schrijf helaas geen Chinees.' Mr. Cheng wuift dat bezwaar weg, bij de veiligheidsdienst zit wel iemand die het kan vertalen.

Ik zet me achter het kolossale bureau in mijn kamer, waar alleen het gekwaak van de kikkers in de vijver te horen is, en ga aan de slag. 'Tot mijn grote schande,' begin ik, '...mijn nederige excuses... noch ik, noch een van mijn landgenoten zal ooit weer zonder de benodigde papieren in Dayu opduiken. . . Hoogachtend, uw nederige Hollandse bezoeker Kalolien.' Wu gaat met het epistel naar de veiligheidspolitie. Alle kamermeisjes zijn verdwenen, het is doodstil in het hotel. Langzaam wordt het donker boven de vijver.

Om zes uur 's morgens zet een meisje met veel gekletter een emmer heet water in mijn badkamer, stromend heet water is er niet in het hotel. Een half uur later staat Mr. Cheng voor de deur. Hij lijkt iets opgewekter dan gisteren. In zijn hand houdt hij een kaartje geklemd. *Alien's permit* staat erop gedrukt, binnenin staat de naam Dayu met de hand geschreven. Wu is er nog niet, ik kan de uitgebreide uitleg van Mr. Cheng niet volgen. Maar één ding is zeker: er is een document, de zaak is dus rond.

Om zeven uur verschijnt Wu met gezwollen ogen, vet haar en een gekwelde blik in de ogen. Hij heeft haast geen oog dicht kunnen doen, klaagt hij. Hij lag op een zaal met wel tien jonge mannen. Toen de laatste terugkwam van zijn werk was de eerste weer bezig te vertrekken.

Een half uur later melden zich twee verlegen mannen, historici. Mr. Cheng heeft hun opdracht gegeven ons een rondleiding te geven. We zien prachtige stenen huizen langs de rivier met golvende daken uit de Qing-dynastie, we lopen langs de resten van de oude stadsmuur en zien vanuit de verte een pagode uit het jaar 1000. 'Nou,' zeg ik, 'in die tijd woonden de Nederlanders nog in grotten.' Dat vrolijkt de twee mannen op.

'Maar,' zegt een van de historici na een minuut of vijf, 'als dat het geval is, dan moet kort daarna veel gebeurd zijn, want in de zeventiende eeuw kwamen Nederlanders per schip naar China.' De haven van Dayu is inmiddels verzand, van de scheepvaart is weinig overgebleven.

Bij de lunch treffen we Mr. Cheng weer. Het gesprek gaat over Nederland. Beroemde Nederlandse exportartikelen moet ik noemen. 'Landbouwprodukten,' zeg ik, 'die exporteren we over de hele wereld.' Ze zijn niet onder de indruk.

'Dat is iets ouderwets,' zegt Wu, 'iets moderns willen ze horen, iets industrieels.'

'Gloeilampen,' zeg ik, 'Philips, een heel groot Nederlands bedrijf, maakt er miljoenen.'

Dat vinden ze meer de richting op gaan, maar het is wel een heel klein produkt.

'Jullie maken toch ook schepen,' zegt Wu, die radeloos begint te worden en onze eer wil ophouden. 'Hele grote tankers heb ik gehoord.'

'Die tijden zijn voorbij,' kan ik niet nalaten te zeggen, 'de schepen worden tegenwoordig in Azië gemaakt, onder andere hier in China.'

De mannen kijken alsof ze een boemerang in hun gezicht krijgen.

'Misschien kan uw land investeren in Dayu,' zegt een van de historici, 'we willen westerse technologie.' Ik beloof te doen wat ik kan en we nemen vriendelijk afscheid. 'Dank u dat u naar ons nederige Dayu bent gekomen zo kort nadat de deuren opengingen,' zegt een van hen.

Mr. Cheng brengt ons naar het busstation. We moeten doorrijden naar Ganzhou, de hoofdstad van de streek, bindt hij ons op het hart, als we onderweg uitstappen worden we gearresteerd. Vlak voor de bus vertrekt geeft hij mijn paspoort terug en vraagt de 'alien's permit' terug. Hij wacht niet om ons na te zwaaien, hij is al weer onderweg naar algemene zaken en publieke veiligheid om de laatste formaliteiten te vervullen. Dan kan het dossier-Kalolien gesloten worden.

WIECHER HULST

HET VERBORGEN KONINKRIJK

De bus van Keylong naar Darcha kon pas vertrekken nadat de chauffeur een houtvuurtje had gestookt onder de carburator om de verstijfde dieselolie vloeibaar te maken. De passagiers zaten er op hun hurken omheen om zich te warmen. Nu en dan kroop iemand onder de motorkap om zijn sigaret aan te steken aan de knetterende vlammen. Na een kwartiertje waren motor en passagiers voldoende opgewarmd. De chauffeur gaf ronkend gas en de bus reed luid knallend de bevroren bergen in, onder het uitstoten van een grote zwarte rookpluim.

De ongeplaveide weg was grillig uitgehouwen in bijna loodrechte hellingen aan de rechteroever van een breed, stenig rivierbed waarin zich een enorme gletsjer omlaagstortte. Karavanen van kittige bergpaardjes vervoerden zakken zoete aardappelen en bundels sprokkelhout. Hier en daar stak een herder met een kudde klingelende geiten de weg over. Onze medepassagiers waren zwijgende maar glimlachende bergbewoners, hun korte lichamen gehuld in wijde pijen van donkerrode grove wol. Op twee oude vrouwen na waren ze voor het eindpunt uitgestapt. Darcha ligt op 3300 meter hoogte in een ruim dal, daar waar de rivieren Kadoe Tsjoe en Bhaga Tsjoe samenvloeien. Het bleek een onbeduidende vlek met ten hoogste een dozijn huizen van gedroogde modder, waarvan er een is ingericht als *trekking hotel* voor bergwandelaars. Verder dan hier ging de bus niet. Wie verder naar het noorden wilde, moest lopen. Daar, achter de onmetelijke pieken van de Hoge Himalaya, lag ons reisdoel: Zanskar.

Als gevolg van dynastieke twisten was het koninkrijk Tibet in de tiende eeuw in een aantal min of meer onafhankelijke staatjes uiteengevallen. In West-Tibet ontstonden vier monarchieën: Lahaul, Spiti, Ladakh en Zanskar. Vooral Zanskar verwierf zich door zijn geïsoleerde ligging grote faam. Eeuwenlang werd het aangezien voor Shangri-La, Het verborgen koninkrijk. Mystici verheerlijkten het, goudzoekers gingen ernaar op zoek. Marco Polo probeerde het te vinden, maar hij faalde. De vier Westtibetaanse koninkrijkjes bleven tot 1834 onafhankelijk. In dat jaar werden ze veroverd door maharadja Gulab Singh van Jammu en Kasjmir. Sindsdien behoren ze geografisch en politiek bij

India. In etnisch, cultureel en religieus opzicht bleven ze Tibetaans; er worden nog steeds Tibetaanse dialecten gesproken. In zeker opzicht zijn ze zelfs Tibetaanser dan Tibet zelf, omdat daar veel van de oude boeddhistische kloostercultuur is verwoest tijdens de Culturele Revolutie.

In internationaal gezelschap zou ik de Himalaya oversteken. Rahul was een Bengaalse fotograaf die een fotoboek over het Tibetaanse kloosterleven wilde maken, Werner een civiel ingenieur uit Genève die alle bergen en dalen van Zwitserland had belopen en nu aan de Himalaya was begonnen. Tijdens een wandeling in de omgeving van Darcha vonden we Karma, de paardenman van het gehucht Yolha Gaon, bereid om ons over de 5100 meter hoge pas Shingo-La tot in het zuiden van het Zanskar-dal te voeren. Zijn paarden Labloek en Tsjangmo zouden onze rugzakken en tenten torsen, plus nog zo'n honderd kilo aan kookgerei, petroleum, brandhout, rijst en dal (linzen). Karma had achttien jaar in het Indiase leger gediend en kende de wereld. Vooral het 'dak' ervan: de Himalaya had voor hem weinig geheimen, maar hij sprak er met diep ontzag over.

Door het geleidelijk versmallende dal van de wild schuimende Kadoe Tsjoe slingerde een smal pad geleidelijk omhoog. De eerste dag passeerden we twee gehuchten, Rarek en Sjika. Ze waren uitgestorven. Vrijwel alle dorpelingen waren in de velden bezig met het oogsten van gerst, peulen en zoete aardappelen. Nog even, en de zes maanden lange winter zou losbarsten. Ze hadden zich daar goed op voorbereid. Hun huizen kreunden onder het gewicht van gedroogde yakmest, sprokkelhout en hooi, die als brandstof en veevoer moesten dienen.

Ons pad voerde langs de rechteroever van de Kadoe Tsjoe gestaag omhoog. De eerste dag al begon ik het hoogteverschil te voelen. Iedere versnelling in het tempo, elke stijging in de hellingsgraad wreekte zich ogenblikkelijk met hartkloppingen en panisch luchthappen. We maakten bivak in Takpatsjen, een stenige weide waar een muurtje van los op elkaar gestapelde stenen beschutting bood tegen de ijskoude valwind, die opstak zodra de zon achter de bergen verdween. Paardedrollen, lege conservenblikjes en half verkoold hout verrieden, dat andere trekkers ons voor waren gegaan.

De volgende middag moesten we de Kadoe Tsjoe doorwaden om onze weg in het nauwe dal van de Zoemdo Tsjoe te kunnen vervolgen. Gelijk met ons staken uit tegenovergestelde richting drie Australiërs over, die in Zanskar waren geweest. Het water was ijskoud en sneed bijkans mijn enkels af. Werner, Rahul en de Australiërs hadden de grootste moeite met de oversteek. Een van de Australiërs, een meisje van een jaar of twintig, ging languit kopje onder en kwam huilend aan de overkant, verstijfd van de kou.

Hier kwam mijn wadloperservaring goed van pas. Ik trok mijn bergschoenen uit en danste in mijn linnen koengfoe-schoentjes van steen tot steen naar de andere oever. Daar had ik ruimschoots de gelegenheid Rahul te fotograferen terwijl hij verbeten probeerde zichzelf, maar vooral zijn beide camera's, in veiligheid te brengen. De bespieder bespied. 'Verdomme,' zei hij even later, 'dat had ik moeten fotograferen, man.'

Niet iedereen is wadloper, dat blijkt maar weer. Bergwandelaar ook niet, trouwens. Al gauw bleek Werner de ongekroonde bergkoning van ons gezelschap. Alsof hij een wandeling door het Vondelpark maakte, zo lichtvoetig huppelde hij naar boven, terwijl Rahul en ik hijgend en kreunend achter hem aan zeulden. Maar de wrede schoonheid van de Himalaya vergoedde alle ongemakken. Hoe hoger we kwamen, hoe dunner de lucht werd en hoe scherper mijn zintuiglijke waarneming leek te worden. Was die lucht werkelijk zo blauw, als een koepel van lapis lazuli? Waren die bergen werkelijk zo bruin, groen oker, paars en sepia, of was dat zinsbegoocheling? Of was ik gewoon stoned door zuurstofgebrek?

Ik begon te begrijpen wat die Tibetaanse boeddhisten had bezield om hun kloosters zo schier onbereikbaar hoog achter de diamanten keten van de Himalaya neer te zetten: dit was het grensgebied waar illusie en werkelijkheid samenvloeiden, en de tijd zijn betekenis verloor.

De derde dag bereikten we de Sjingo-La, na een tocht van ruim een uur over de met steengruis besprenkelde gletsjer van de Zoemdo Tsjoe. De pas werd gemarkeerd door twee stapels stenen, waartussen aan een soort waslijn boeddhistische gebedsvlaggen waren opgehangen, met daarop de eindeloos te herhalen mantra 'Om Mani Padme Hoem' (Om juweel in de lotusbloem hoem).

De hele Himalaya lag nu aan onze voeten. Alleen een stuk of vijf besneeuwde pieken in de verte leken nog hoger te reiken. Tientallen eeuwen lang hadden de elementen hier samengespannen om de grootste illusie te scheppen die de werkelijkheid kan bieden: schoonheid. Ik was uitgeput, maar tevreden. Naar het noorden, als een diepe voor in onafzienbaar graniet, lag Zanskar.

De volgende middag bereikten we het eerste Zanskar-dorp: Kargiak. Het was in wijde omtrek gemarkeerd met tientallen witgeschilderde *tsjortens*, puntvormige monumenten die overal in Zanskar menselijke bewoning aangeven. Een *tsjorten* is een zinnebeeldige voorstelling van

Boeddha's leer der Vier Edele Waarheden over de oorzaak van het lijden, dat door bewandeling van het Achtvoudig Pad der zelftucht kan worden opgeheven. Wie dat Pad volgt, kan de ketenen slaken, die hem aan het Rad van Geboorte en Wedergeboorte binden en zo het *Mahaparinirwana* binnengaan, het Eeuwig Ontwaken tot Verlichting. Kargiak staat ten onrechte niet in het *Guinness Book of Records*. Op ruim 4300 meter boven de zeespiegel is het vermoedelijk het hoogst gelegen boerendorp ter wereld. Bij onze komst was het dorsen en wannen van de *né* (gerst) in volle gang. Spannen van vier of vijf yaks draaiden cirkels rondom een spil en trapten zo de rijpe korrels uit de aren. In rafelige lompen gehulde mannen en vrouwen scheidden het kaf van het koren door met eggen het gedorste graan op te werpen, waarbij de wind een handje hielp door de lege aren weg te blazen.

Kargiak bleek zowaar twee 'hotels' te hebben, ten dienste van het ontluikende trekkerswezen in Zanskar. Het ene was vernoemd naar de Goemboe Ramdjak, een indrukwekkende granieten pegel van zeker driehonderd meter hoog, die wij onderweg in het dal van de Kargiak Tsjoe hadden gezien. Het andere heette eenvoudig Welcome. Beide boden elementair onderdak: piepkleine kamertjes met wanden van klei en yakmest en een aarden vloer waarop de vermoeide reiziger zich à raison van vijf roepies (*f* 1,30) in zijn eigen slaapzak mocht uitstrekken.

Tegen de avond van de vijfde dag bereikten we het dorp Yal. We vonden onderdak bij een boerenfamilie in een huis met zeker vijftien kamers. In een ervan mochten we voor samen twintig roepies, of vijf gulden, op de grond slapen. Er stond geen kachel, het was er steenkoud. Rahul en Werner probeerden op de primus een maaltijd van rijst en linzen te bereiden – we hadden al een week niets anders gegeten – en ik ging bij de familie in de keuken kijken.

Daar was het warm. Vier generaties zaten om een ouderwetse potkachel met drie ronde gaten erin, waarop pannen met water en yakmelk stonden te stomen. Grootvader, vader en enkele ooms voerden een murmelende conversatie waar de jongere mannen stil naar luisterden. Kinderen kropen in het rond, kibbelden en speelden krijgertje, terwijl de vrouwen haakten en wol sponnen. Moeder vulde nu en dan de kachel bij met droge yakmest, blies het vuurtje aan of verzette de pannen. Ik liep vol met loom geluk.

Na enige tijd ging de familie eten. *Tsampa*, geroosterd gerstemeel, werd vermengd met water, melk, suiker en boter, met de rechterhand tot ballen gekneed en smakkend naar binnen gewerkt. Niemand bemoeide zich met mij. Zo kon ik in stilte het boerengezinsleven van Zanskar gadeslaan.

Schok der herkenning: een bijna ondergesneeuwde herinnering kwam weer boven. De jaren veertig, niet lang na de oorlog. Mijn moeder had mij op de fiets naar Jipsingboermussel gestuurd, waar een neef van haar een boerderij bezat, om melk en boter te halen. De familie zat in de schemerdonkere keuken om de kachel, met kousevoeten op de kachelstang. Aan het plafond hingen worsten en hammen. 'Dou klompen uut en goa zitten, mienjong,' zei de boerin. 'Doe wolst zeker wel ain plak stoede mit wörst.' Ik bleef lang luisteren naar het murmelend gesprek van de boer en zijn knechts, terwijl de boerin het vuur gaande hield.

Het was mij op mijn reizen vaker opgevallen: boeren leven overal ter wereld volgens een vast patroon, en de overeenkomsten zijn vaak kenmerkender dan de verschillen.

In Yal nam Karma afscheid van ons. De afgelopen twee dagen was er veel sneeuw gevallen op de Sjingo-La, en hij had haast. Gezeten op Labloek draafde hij weg, met Tsjangmo half onwillig achter zich aan.

Met nu weer onze eigen rugzakken op de rug liepen wij door naar het klooster Phoegtal, dat bekendstaat als het Juweel van Zanskar. We sloegen een bergkam om en bleven als door de bliksem getroffen staan. Tientallen rechthoekige huisjes waren als een reusachtige witte bijenkorf tegen een honderden meters hoge loodrechte helling geplakt, hoog boven de diepblauwe Lingti Tsjoe, die hier door een cirkelvormig dal stroomt. Lange rijen spierwitte *tsjortens* omzoomden het pad, dat eerst geleidelijk hellend en daarna in scherpe haarspeldbochten naar het klooster liep.

Een enorme adelaar zweefde majestueus en geluidloos voor het klooster langs. Grillig gevormde roestbruine en zandkleurige erosiepieken staken er torenhoog bovenuit. We lieten onze rugzakken vallen en staarden minutenlang perplex naar dit uitzinnige monument.

De monnik heette lama Yeshindü. Na enig onderhandelen was hij wel bereid ons voor twintig roepies twee belendende cellen te verhuren, de ene met een kachel, de andere zonder, inclusief vrije verstrekking van brandhout. Lama Yeshindü zagen we verder nauwelijks meer. De andere monniken evenmin. Nu en dan schoot er een door ons blikveld met een pak zware stenen op zijn rug, bestemd voor een nieuwe cel die aan de noordkant van het klooster werd gebouwd. Verder was het doodstil.

De dag na onze aankomst in Phoegtal troffen we de abt. Lama Tenzing heette hij. Tot ons geluk bleek hij Hindi te spreken, wat een uitzondering is in Zanskar, zodat Rahul met hem kon praten. Lama Tenzing nodigde ons uit voor de thee.

De cel van lama Tenzing was zo mogelijk nog kleiner dan de onze. In de hoek stond een houten kribbe, nauwelijks groter dan een kinderledikant. Lama Tenzing was niet groot, maar ook met zijn postuur zou hij hier uitsluitend in kunnen slapen met zijn knieën onder zijn kin. Zou hij ook een speelgoedkonijn hebben, vroeg ik me af.

De abt toonde zich een goed gastheer. Met zijn rechterhand kneedde hij onze *tsampa* tot kleffe ballen, en uit een enorme thermoskan schonk hij voortreffelijke zoute boterthee, de nationale drank van Groot-Tibet. Op Rahul liet hij een eindeloze stroom Hindi-klanken los, waarvan de Engelse vertaling ons met enige vertraging bereikte.

In Phoegtal woonden vijfenzestig monniken van de Geloegpa- of geelmutsensekte, vernam ik. Maar op het ogenblik waren er maar tien in huis. Alle anderen waren in hun geboortedorpen om zoals ieder jaar bij de oogst te helpen en familiezaken te regelen.

Achtenveertig jaar was lama Tenzing, en twintig jaar had hij in Phoegtal gezeten. Pas dit jaar was hij tot abt benoemd. Door wie? 'Door de lama's.' Hoe, en op grond van welke overwegingen? Nu moest lama Tenzing lang nadenken. Het antwoord diende zelfs de schijn van ijdelheid te vermijden, want ijdelheid bindt de mens aan *samsara*, het rad van geboorte en wedergeboorte, en dat betekent uitstel van Verlichting.

Ten slotte zei hij: 'De lama's kiezen iemand tot abt omdat zij denken dat die het goed kan doen, maar zij kunnen zich heel goed vergissen.' Dat was goed gevonden. Hoe wordt iemand lama, wilde ik nog weten. 'Dat beslissen onze ouders. Ieder gezin levert ten minste één kind aan de *gompa's*.' En als zo'n kind daar geen zin in heeft? 'Men moet zijn ouders gehoorzamen.'

Tegenover Phoegtal Gompa ligt aan de overzijde van de Lingti Tsjoe het dorp Joegar. Ook hier was alles op de winter voorbereid. Alle daken waren zwaar beladen met sprokkelhout, yakmest en hooi. In het veld was gerststro opgestapeld in manshoge koepelvormige bulten.

We vroegen een Engels sprekende jongen om *tsjang*. Hij nam ons mee naar een groot huis, dat werd bewaakt door een waanzinnig blaffende hond die pas in zijn hok verdween toen er een paar keien naar zijn kop werden gesmeten. Dorzje heette de jongen, hij was twintig. Nog drie weken, zei hij, dan zou de winter invallen. In de Lingti-vallei zou er dan een meter sneeuw liggen, en communicatie met de buitenwereld was er niet, behalve met de dorpen in de buurt.

Wat doen jullie zoal in de winter, vroegen wij. '*Tsjang* drinken,' zei Dorzje, 'en naar de festivals gaan.' Alle religieuze hoogtijdagen in Zanskar vallen in de winter, als de vallei geïsoleerd is en er geen pottekijkers zijn. En hoe zit het met de vrijerij, wilden wij weten, contact met de meisjes, hoe maak je dat in Zanskar? 'Dat maken wij niet,' zei Dorzje, 'dat doen de meisjes. Als er een feest is, komen de meisjes naar de jongens toe, niet omgekeerd. Dat is wel makkelijk.'

Hij keek tevreden. Zelf was hij net vier maanden getrouwd, met een meisje uit Poerni. Zij was nu bij hem in het huis van zijn ouders komen wonen; dat was zo de gewoonte in Zanskar.

Engels had Dorzje geleerd op de middelbare school in Kargil, een stadje in Ladakh, in het noorden. Hij was trouwens ook in Leh geweest, en zelfs één keer in Srinagar! Dorzje *had been around*, dat was duidelijk. Wilde hij nu de wereld in om carrière te maken? 'Nee, ik ben hier geboren, en hier wil ik sterven.'

Een wandeling van vier dagen bracht ons door het dal van de Lingti Tsjoe naar Padoem, de hoofdstad van Zanskar. 'Hoofdstad' is een wat weidse term voor een dorp met zevenhonderd inwoners, maar Padoem is nu eenmaal het administratieve centrum van het subdistrict Zanskar in de deelstaat Jammu en Kasjmir, en heeft mitsdien recht op dat etiket. Van de zevenhonderd inwoners van Padoem zijn er driehonderd islamiet. De meesten van hen zijn Balti's, maar er zijn ook enkele tientallen Kasjmiris onder, en die delen de lakens uit. Het civiel bestuur van de *tribal area* Zanskar wordt grotendeels door Kasjmiris bemand.

De winter begon in te vallen, het werd elke dag merkbaar kouder. De omringende bergen sneeuwden onder en het werd tijd te vertrekken vóór de passen geblokkeerd zouden zijn. Werner en Rahul besloten om te voet verder te trekken naar het klooster Lamayuru in het noordoosten, maar een blessure aan mijn linkerbeen deed mij daarvan afzien. Van iemand hoorde ik dat er een bus uit Kargil was gekomen, over de nieuwe maar nog ongeplaveide weg naar de Indus-vallei. 'De tweede in een jaar,' zei hij droog. 'Verleden jaar oktober was hier ook een bus, maar die is op de terugweg in een ravijn gestort. Achtendertig doden. Toen hebben ze de dienstregeling even gestaakt.'

Het was geen bemoedigend bericht, maar ik ging toch maar even kijken bij de *Secundary High School*, waar de bus zou staan. Toen ik daar aankwam, was hij alweer vertrokken. Gaat er één keer per jaar een bus, mis je die nog! Erg rouwig was ik er niet om, maar het werd nu wel een probleem om Zanskar uit te komen.

Gelukkig hoorde ik dat er een *government truck* was in het dorp Pepiting, de allerlaatste dit jaar. Hij zou de volgende dag naar Kargil vertrekken met medeneming van alle regeringsfunctionarissen die niet per se in Zanskar hoefden te overwinteren. De Kasjmiri's dus. In Zanskar zouden ze weer een half jaar lang onder elkaar zijn.

Om half acht de volgende ochtend verliet ik Zanskar met de laatste truck van het jaar. De laadbak was afgeladen vol met Zanskari-gezinnen die de winter bij familie in Ladakh of Kasjmir gingen doorbrengen. Ik zat met zeven Kasjmiri's in de cabine. Ze waren uitgelaten en zongen het ene lied na het andere.

Tegen mij zeiden ze: 'Je hebt geluk gehad dat je nog met ons mee kon. Over een week is Zanskar dichtgesneeuwd. Dan kan geen enkele auto meer de passen over. Maar je moet terugkomen. Over een jaar of vijf, dan zul je eens wat zien! Dan is er een dagelijkse busdienst naar Padoem, over een mooie asfaltweg. In Padoem is er dan elektriciteit en warm en koud stromend water en je kunt er logeren in een *first class hotel.*'

Ik weet niet zeker of ik dat zal doen.

IVAN WOLFFERS

DE SCHOONHEID VAN
DE DROEFENIS

Na een forse regenbui is de zon weer te voorschijn gekomen en in een
vreemd citroengeel licht gaat ze aan het eind van de dag onder. In het
dorp paraderen de vaders met hun dochters van dertien jaar door de
straten. De huid van de meisjes lijkt wel licht te geven en het gouden
knopje in de tere neusvleugel fonkelt. De donkere met *kohl* omrande
ogen kijken ernstig om zich heen alsof de meisjes zich bewust zijn van
het belang van hun schoonheid op die namiddag. Dit prachtige licht
na een regenbui aan het eind van de dag wordt bruidslicht genoemd
en de vaders lopen niet voor niets juist dan met hun dochters te pron-
ken. Het is een ideaal moment om afspraken te maken over een mogelijk toekomstig huwelijk. Er zijn ook dagen dat het licht van de zon het
landschap koperrood of goudgeel kleurt. De vele kleuren van het zonlicht vallen elke bezoeker dan ook op. Rabindranath Tagore, de West-
bengaalse schrijver die in 1913 de Nobelprijs voor literatuur kreeg, be-
zong dit gouden Bangladesh, dat hij op zijn wandelingen van dorp naar
dorp doorkruiste. Als ik die dorpen bezoek zingen de schoolkinderen
met hun dunne armpjes met ogen vol geloof in een mooie toekomst
over hun gouden land, terwijl ze onder de groenrode vlag van hun land
staan: de felle zon boven het groen van de rijstvelden.

We kennen Bangladesh vooral vanwege overstromingen, vloedgol-
ven, omgeslagen veerboten, treinongelukken, epidemieën en hongers-
nood. Goud licht? Bruidslicht? Welnee, de foto's die wij van Bangladesh zien zijn zwartwit en *kohl* omrande ogen kijken de fotograaf aan,
die een plaatje wil maken van een kind dat honger heeft. Dat is het cli-
chébeeld van Bangladesh waaraan ik zonder veel moeite nog veel zou
kunnen toevoegen dat de zwartwit indruk van Bangladesh alleen maar
zou versterken. Maar net zoals Nederland niet alleen maar een land
van boeren, koeien en molens is, zo is Bangladesh meer dan een stel
armoedzaaiers op het dak van hun woning, gevlucht voor het kolkende
water en wachtend op de wonderbaarlijke redding.

In de afgelopen tien jaar heb ik Bangladesh een keer of zeven bezocht en ben het gaan beschouwen als een van de interessantste landen
om in te reizen. Bovendien kan het nauwelijks exclusiever, want behal-

ve wat ontwikkelingswerkers en mensen die de volgende dag weer verder vliegen en die maar een nacht in de hoofdstad Dacca moeten blijven, kom je er nauwelijks andere bezoekers tegen. Degenen die Bangladesh mijden omdat ze menen het zwartwit beeld van hun krant daar
te vinden, hebben ongelijk. Toen ik in 1978 voor de eerste keer in Dacca
aankwam werd ik eveneens door vooroordelen gehinderd. In de hun
familieleden opwachtende Bengalezen achter de hekken van het vliegveld meende ik een hunkerende mensenmassa te zien die vertwijfeld
naar de vertrekkende en arriverende rijke mensen keek, en het uit-
zwaaien en begroeten interpreteerde ik als bedelen. Zo maakte ik aanvankelijk menige vergissing, waardoor ik niet toekwam aan het waar-
deren van de ware schoonheid van Bangladesh. En die is er. Overal...
Soms is het zelfs aanwezig pal naast de eveneens onmiskenbare armoede.

De knulligheid van de armoede werkt soms zelfs vertederend. De
portier van het Sheraton hotel heeft een pak aan met een hoge hoed.
In de witte handschoenen, die hij draagt en waarmee hij gretig de
handvatten van autoportieren van twintig jaar geleden grijpt, zitten
gaten waardoor zijn donkere vingers te zien zijn. Als het hard regent
stroomt het water ook wel eens langs de binnenkant van de ramen in
het Sheraton hotel. Vlak bij het hotel is een monument te vinden dat
aan een regionale internationale ontmoeting moet herinneren. Omdat
het budget voor het gedenkteken laag werd gehouden, mist het allure
en heeft het nog het meeste weg van een hertje van kunstvezel dat in
een goedkoop pretpark niet zou misstaan. Telkens als ik het zie moet
ik erom lachen.

Dacca en Chittagong zijn de enige steden van betekenis. De oude ge-
deelten van die steden zijn een bezoek waard. Het is niet goed om een
stad met de grandeur als Delhi, Calcutta of Bombay te verwachten,
Bangladesh is vanouds een landbouwgebied en de steden houden daarom altijd iets provinciaals. Natuurlijk besef ik dat het er maar aan ligt
wat je gewend bent. De Bengalezen komen van het platteland naar
Dacca en kijken hun ogen in deze wereldstad uit. Ze houden niet op
erover te praten en ik vraag me af wat er in hun hoofd om zou gaan
indien ze eens steden als Amsterdam, Parijs of New York zouden zien.
Ze vertellen dat ze het meest onder de indruk zijn van al die lichtjes
in Dacca, terwijl ikzelf juist steeds het gevoel heb dat men in plaats van
vijftien watt lampen eindelijk eens vijfenzeventig watt zou moeten
gaan gebruiken, want het ziet er allemaal zo donker uit in Dacca.

De dorpelingen zijn ook verbijsterd door de grote bioscoop, terwijl
wij daar nauwelijks van onder de indruk raken. Ik geef toe dat ik net

als zij van de geschilderde filmadvertenties houd. In felle kleuren is de wat te dikke held geschilderd en de heldin op de achtergrond met stevige rode vlek op het voorhoofd draagt een sari die glanzende bruine armen en buik zichtbaar laten. In letters die ik niet begrijp wordt de titel van het drama aangegeven. Een paar keer heb ik me niet kunnen bedwingen en ik ben de bioscoop ingegaan. Is het bekijken van plaatselijke films niet een van de beste methoden om te ontdekken wat de mensen van het land bezighoudt? De westerse dromen worden in Hollywood gemaakt en de Bengaalse dromen komen vooral uit Calcutta, net over de grens.

Het leukst van de Indiase en Bengaalse film vind ik het taboe op de kus. Aziaten zijn geen zoeners. Ze vinden het vies en pas onder invloed van Amerikaanse films leerden ze de kus kennen. Aziaten ruiken hoogstens aan elkaar en zo'n zoen waarbij men met de tong elkaars mond binnendringt, vindt men onzedelijk. Daarom is het tonen van een kus in films zelfs verboden. Salman Rushdie, die in *Midnight's Children* onder andere over de filmindustrie in Bombay schrijft, creëerde in dat boek een schitterende scène waarin de regisseur toch in staat was het verbod op kussen te ontduiken door de geliefden steeds heftiger kussen op een peer te laten drukken, die ze aan elkaar doorgaven. Sinds ik dat gelezen heb, kan ik geen Indiase film meer zien zonder in de lach te schieten. Bovendien blijkt bij het bekijken van een Indiase of Bengaalse film telkens weer dat ik de smaak van de mensen daar niet deel, hoe mooi de geschilderde aankondiging buiten ook is.

Het drama is altijd nogal uitgesponnen. Er wordt veel gehuild, terwijl men in het dagelijks leven juist niet zo scheutig is met het tonen van gevoelens. Een sterfscène duurt tien tot vijftien minuten en met een met kogels doorboord lichaam kan de held zijn laatste lied nog zingen. Als het een beetje meezit zal de vrouwelijke hoofdrolspeelster daarbij dansen. Hardop lachen in de bioscoop om dergelijke scènes is uiterst onverstandig, want voor de plaatselijke kijkers is het allemaal erg serieus.

Buiten de bioscoop wacht de menigte riksjarijders die zich verdringen om de bioscoopbezoekers naar huis te brengen. Ik heb een enorm zwak voor dat vreemde vervoermiddel en laat me er graag in rondrijden.

Officieel zijn er vijfenveertigduizend riksja's in Dacca, maar mensen die er verstand van hebben beweren dat het ware aantal tussen de honderdvijftig- en tweehonderdduizend in moet liggen. Alle officieel geregistreerde nummers rijden vier- of vijfmaal rond.

Ik weet dat de riksjarijders elkaar zo beconcurreren dat er geen behoorlijk leven mee is op te bouwen. Tegelijkertijd zie ik de schoonheid van die schitterende vervoermiddelen. Ik kan uren naar de fietstaxi's kijken en met hun berijders praten. Ze zijn prachtig beschilderd met scènes uit de films die de mensen graag zien. Glimmend koper is erin verwerkt en een enkeling heeft geprobeerd een radio in de riksja te plaatsen. Later heeft hij die weer moeten verkopen toen hij geld nodig had.

Eenmaal zag ik voor mijn ogen een riksja de grond in verdwijnen. Het was in Oud-Dacca en de jeep waarin ik werd rondgereden was omgeven door tientallen riksja's die gretig klaar stonden om, zodra het licht dat op rood stond groen zou worden, in beweging te komen. Een spatbord van de riksja was achter de bumper van onze jeep gekomen en toen de auto iets optrok krulde het achterwiel van de fietstaxi naar het asfalt toe en het vervoermiddel zakte plechtig weg. De chauffeur van de jeep beval me onmiddellijk weg te duiken omdat het anders te veel ging kosten. Voor een gulden of vijf schadevergoeding had hij de zaak al snel geregeld, want het is gebruikelijk dat in zo'n geval de sterkste de zaak betaalt voor de zwakkere, maar wat heet zwakkere als er zo'n twintig boze riksjarijders om de jeepchauffeur heen staan. Ik kon mijn nieuwsgierigheid niet bedwingen en opende mijn portier een beetje om te zien waar de riksja was gebleven, want ik had hem vanuit mijn hoge zitplaats alleen maar zien zakken. Onmiddellijk moest mijn chauffeur een tweemaal zo hoge schadevergoeding betalen.

Dat is de stad, die niet onaantrekkelijk is, maar toch allure mist omdat er bijna niets verkocht wordt dat leuk is voor iemand die buiten Bangladesh komt en na een of twee dagen voel ik meestal al behoefte naar het platteland te gaan en juist dat is in Bangladesh zo mooi. Zelfs de provinciestadjes zoals Sylhet en Cox's Bazaar, de plaats waar de Britten in koloniale dagen een dagje aan het strand plachten door te brengen, tonen de charme van het platteland.

Bangladesh is meestal erg groen. Dat zal wel komen omdat er genoeg water is. Net als Nederland is het een rivierdelta maar wij hebben via dijken gezorgd dat het land droog blijft. Daar zijn de Bengalezen nooit aan toegekomen. Als 's zomers de zon boven de Himalaya staat en de sneeuw smelt, als bovendien de regentijd in juni begint, dan stijgt het water in de Ganges, Brahmaputra en hun zijarmen soms vijf, zes meter en wat in de winter nog een glooiend groen landschap was, verandert in een watervlakte waaruit hier en daar eilandjes opsteken. De dorpen zijn als de Friese terpen, waar de Bengalezen zich bij hoog water terugtrekken.

Vervoer over de weg is onmogelijk geworden en er varen honderden bootjes met en zonder zeilen. Nooit ben ik erin geslaagd dat beeld bevredigend op de foto vast te leggen. Er is geen foto groot genoeg om de weidsheid van de watervlakte weer te geven waaruit tientallen terpen als eilandjes opsteken en waar het krioelt van mensen tussen hooibergen en huizen. En ook op het water is het vol. Breugheliaans.

De fotograaf die met z'n zwartwit rolletje op zo'n moment Bangladesh bezoekt, zal ongetwijfeld terugkomen met opnamen van wateroverlast, maar meestal lachen de Bengalezen als ze elkaar met water nat spatten en waar de kinderen in oude binnenbanden dobberen op de plaats waar eerst nog het rijstveld te zien was.

Wie door de dorpen op het platteland van Bangladesh loopt heeft een paar stappen terug in de tijd gedaan. Ik moet zelf telkens weer denken aan de middeleeuwen. Hier en daar staat wel een Japanse bromfiets en een transistorradio, maar dat blijft nog steeds een uitzondering.

De huizen in de dorpen worden gemaakt uit blokken klei die de mensen uit de grond halen en vervolgens laten drogen. Als die blokken droog genoeg zijn wordt een tweede laag aangebracht en ten slotte zal een dak van stro het huis voltooien. De rijke dorpelingen kopen daarvoor liever golfplaat, dat fel blinkt als de zon erop schijnt. Van modder met koeiepoep wordt een brij gemaakt waarmee de muren gepleisterd worden. Huizen van leem zijn het en alleen dat woord al stemt me weemoedig.

In die lemen huizen wonen de vrouwen die de moslimmannen angstvallig verborgen houden. Steeds meer hindoes hebben het land verlaten en vandaag de dag behoort negentig procent van de bevolking tot het islamitische geloof. Soms vind je onder de bedden van de hindoes die hun eigen dorpen hebben, oude tempelschatten en huisgoden, die de uitgeweken familieleden hebben achtergelaten. De vrouwen dragen gouden neusringen en oorbellen als hun mannen rijk genoeg zijn en ze hun zonen geschonken hebben. Ze hebben hun kinderen op de heup en zijn gekleed in felgekleurde sari's. Met een stok jagen ze af en toe de kippen weg die rijst proberen te pikken die te drogen is gelegd.

Als ik aan Bangladesh denk, zie ik in gedachten die schitterende dorpen. Ik herinner me de wandelingen die uren duurden voor ik in zo'n dorp kwam, waar ik onder een enorme banyanboom uitrustte en de dorpelingen me lauwe buffelmelk brachten of een bordje *dhoi*, hun fantastische yoghurt.

Ik weet heel goed dat van de tien kinderen die in zo'n dorp geboren worden er misschien zeven ouder dan vijf jaar zullen worden, maar dat ontneemt die dorpen hun schoonheid niet. Er wordt gelachen en in de verte hoor ik een vrouw een liefdeslied zingen. 'O regen val toch niet te hard, anders maak je mijn minnaar nog wakker. Laat hem nog even slapen, voor hij weer op het land gaat werken.'

Sommige mensen zeggen dat ik de yoghurt niet moet eten omdat de dorpelingen dat beter aan hun ondervoede kinderen kunnen geven, maar in het dorp zullen de mensen boos zijn als ik niets eet: omdat gastvrijheid in Bangladesh erg belangrijk is. Ik weet dat een nacht in het Sheraton hotel net zoveel kost als het onderhoud van een klein gezin gedurende drie maanden, maar wanneer ik op zo'n manier alleen maar naar dit land mag kijken, maken de kleuren uiteindelijk plaats voor het zwartwit van de catastrofes uit de krant.

Op een dag neemt Ahmed, een bevriende Bengalees, me mee, want hij gaat trouwen. Ik vergezel hem en zijn broers op hun reis naar het huis van de bruid. De broers dragen grote koffers en ook ik krijg er een in de hand geduwd. Op dat moment heb ik geen idee wat erin zit. De bruid woont ver weg. Eerst gaan we een paar uur met een bus, die zich niet al te snel verplaatst en overal stopt om passagiers in te laten stappen of omdat er water over de oververhitte motor moet worden gegooid. 'Stap als laatste binnen,' sist Ahmed, 'anders moet ik veel te veel betalen.'

In de overvolle bus voel ik telkens iets op mijn hoofd vallen. Als ik ten slotte omhoogkijk zie ik dat een van de buspassagiers – in het gedrang van lichamen en armen kan ik niet eens zien wie het precies is – twee kippen omhooghoudt opdat ze in het gedrang niet dood worden gedrukt. Dus dat is wat er steeds op mijn hoofd valt. Ik zeg 'shit' en mijn metgezellen lachen vrolijk, want het zal geluk brengen.

Na de busrit volgt nog een traject dat per boot moet worden afgelegd. In een vaartuig met een groot zeil worden we over de brede rivier gezet. Statig drijven vele van zulke prachtige boten over het water. Ter plekke neem ik me voor ooit – later – zo'n boot te huren en er de Ganges mee af te zakken. Ik heb een heel lijstje van die wensreizen, die ik na een vervroegd pensioen maar eens moet gaan doen: te voet van Noord- naar Zuid-Sulawesi, per fiets door Mongolië, met een klein motorjacht van eiland naar eiland rondom Irian Jaya.

Na een reis van ongeveer vijf uur komen we bij het huis van de bruid. Het smalle pad naar de *bari* of boerderij laat maar één wandelaar toe en in een optocht komt Ahmed, de bruidegom, met zijn mannelijke familieleden en mij aanlopen. Elk van ons heeft z'n koffer in de hand. De broers nemen achter een tafel plaats en de koffers worden voor hen neergezet. De inhoud wordt vervolgens aandachtig door de broers van de bruid gecontroleerd. Ze bevatten de sari's en het polshorloge dat Ahmed zijn bruid wil geven. Als alles goed is bevonden wordt de imam geroepen. Hij leest de islamitische gebeden en sluit het huwelijk. Daarbij is de bruid niet aanwezig. Die is met de vrouwen in een ander deel van de *bari* te vinden en soms horen we daar gelach vandaan komen.

Het bruiloftsmaal begint en nog steeds zijn er geen vrouwelijke aanwezigen. Grote schalen met gele rijst worden gebracht en we eten met onze handen. Ik heb altijd bewondering gehad voor de Indiërs en Bengalezen die met zo'n gemak met hun handen eten. Veel van mijn vrienden in India, die arts of advocaat geworden zijn, houden me telkens weer voor dat er niets gaat boven het eten met je handen. Het voegt volgens hen iets toe aan de smaak. Ik doe meestal mijn best, maar omdat het eten nogal pikant is, moet ik halverwege naar mijn zakdoek grijpen en daar kan ik met mijn olie en rijstkorrels overdekte hand nu net nooit bij zonder van mijn broek een knoeiboel te maken. Indiërs en Bengalezen hoeven op zulke momenten echter nooit hun neus te snuiten en draaien met het grootste gemak balletjes van de rijst, die ze achteloos in hun mond gooien.

Pas na de maaltijd krijgt Ahmed z'n bruid te zien. Hij moet haar uit het huis halen, waar de vrouwen al die tijd zaten, en tilt haar over de drempel. Ahmed is nogal tenger gebouwd en zijn bruid is geheel volgens de Bengaalse schoonheidsidealen lekker dik. Ahmed slaagt er daarom maar nauwelijks in om deze ceremonie naar believen uit te voeren en zodra het kan zet hij haar weer neer.

De jonggehuwden krijgen vervolgens een lepel yoghurt te eten en er wordt rijst en gras over hun hoofd gegooid. Dat heeft natuurlijk allemaal met vruchtbaarheid te maken. Met Ahmeds bruid in ons gezelschap maken we vervolgens de reis in omgekeerde richting.

Het is al donker als we aan het eind van de dag bij het dorp van Ahmed aankomen. Bij de weg waar we uit de bus stappen worden we al opgewacht door enkele van Ahmeds familieleden. Ze hebben fakkels in de handen en in optocht gaan we door het donker naar zijn dorp. Ik heb geen idee waar ik loop en hoe ver het nog is, maar het kan me ook niet schelen. Ik ben in een middeleeuws sprookje terechtgekomen en maak een van Sheherezades vertellingen uit *Duizend-en-één-nacht* mee. In het dorp heeft men olielampjes zoals ik ze uit mijn kinderboeken ken: aardewerken schuitjes met daarin een brandend peertje dat warm en goudgeel licht verspreidt. Tien keer zo mooi als het elektrische licht in de hoofdstad, waar de dorpelingen allemaal zo verrukt van zijn. Er wordt gezongen met hoge stemmen en op een gegeven moment begint men elkaar met water te gooien. Ook ik krijg van achteren een plens water over me heen geworpen. Als ik mij razendsnel omdraai zie ik in het schijnsel van het olielicht een ovaal meisjesgezicht, dat met kerrie lichter gemaakt is, waarin twee donkere ogen fonkelen. Voor ik haar goed kan bekijken is ze al in het donker verdwenen.

Nog diezelfde nacht reis ik terug naar de stad omdat ik de volgende morgen een belangrijke bespreking heb, waar ik niet kan ontbreken. Met tegenzin verlaat ik het dorp. Als we de buitenwijken van Dacca naderen zie ik de vele flats die niet afgebouwd worden omdat er geen geld voor is. Als half afgemaakte driedimensionale betonskeletten staan ze in de velden. Daklozen hebben in de onderste verdiepingen kampvuren gemaakt waar ze bij zitten of liggen.

Het is niet mijn bedoeling de armoede te verheerlijken en aandacht te vragen voor de roos op de mestvaalt, maar elke keer dat ik Bangladesh bezocht werd ik opnieuw verrast door de enorme schoonheid van het land. Reizen wordt pas werkelijk interessant wanneer men achter de clichés van een land wil kijken, wanneer de eigen oordelen over hoe de wereld in elkaar zit door elkaar worden gegooid en we gedwongen zijn om de ogen te openen. Dan zien we dat de wereld steeds nieuw is en telkens anders. O, dat beeld van de zwartwit foto's uit de kranten kun je in Bangladesh vinden, maar ook al dat andere: het bruidslicht, de oude moskeeën met de grijsaards op hun knieën gericht naar Mekka, de meisjes met hun fonkelstenen in een neusvleugel, de zeilschepen op de Ganges en de olielampen op de lemen wallen van de dorpen.

KEES RUYS

GULLIVERS REIZEN

Elke snelheid die hoger ligt dan die van lopen werkt vervreemdend op de menselijke geest. Fietsen, autorijden, treinen, vliegen – hoe sneller het gaat, des te meer de hersens achterlopen op de actualiteit. Je bent steeds minder waar je bent, ofwel: je bent op meer dan één plaats tegelijk. Terwijl het lichaam vast per Jumbo is vooruitgereisd, verblijft de geest nog grotendeels daar waarvandaan men is vertrokken, en zal daar – moeten – blijven tot het toestel is geland.

Een vliegtuig is een tijdmachine, die willekeurig welke beschavingen, of tijdperken, naadloos aan elkaar verbindt, tot buren maakt, en zo een wereldkaart creëert, die hoogst persoonlijk is en varieert met elke reis.

Op deze reis bijvoorbeeld liggen Nederland en Indonesië, Singapore, Sri Lanka, India – weer – Nederland in één rechte lijn achter elkaar. Men passeert de grens bij Lobith en men staat in Indonesië. Vanuit Jakarta stapt men dan op Orchard Road, in Singapore, en komt, almaar rechtdoor lopend, via Galle Road in Colombo in New Delhi, om vanuit India ten slotte op de Dam te stappen.

Gullivers reizen. Het kan spectaculairder (van Amsterdam via Nuka Hiva, Oelaanbaatar, Groenland, Kisangani en New York naar Tokio, bijvoorbeeld), maar Singapore-Colombo vormt op zich al een schokkend burenpaar.

Men zal zeggen: onzin, je bent onderweg; je hebt toch urenlang de tijd je in te stellen? Maar tussen Singapore en Colombo is er niets dat me van Singapore ontdoet of me op Colombo voorbereidt dan het interieur van de machine zelf, veel wolken en wat slapende autochtonen van het te bezoeken land. Er is geen landschap dat verandert, noch een taal, klimaat, gewoonten; er is niets. Ik heb een dia gezien van Singapore, het beeld schuift weg, en daar zie ik Colombo.

Ik zie Colombo en mijn geest ziet overal Chinezen tussen lopen; hoort kassa's, elektronica, ruikt wierook. Leest '*Courtasy begins with you*', op de zijkant van een bus waar iets in het Singalees op staat geschreven. Voelt zich nog altijd op zijn hoede als er iemand lacht. Loopt in de open ruimte van Colombo nog altijd wat gebogen onder opgepoetste torenflats.

Maar ook is hij nog in Maleisië – in Tanjung Kling, en in Malakka, waar hij twee dagen terug nog Nederlandse namen las, op grafstenen. En in Jakarta, Solo, Pasir Putih, waar hij een week daarvoor nog dacht nooit meer vandaan te gaan, of: *kunnen*. Hij is daar overal wanneer hij van de vliegtuigtrap afdaalt, beslagen raakt en duizelt; wanneer hij als in trance een bus in stapt, een geur ruikt die hij nooit geroken heeft, een definitieve indruk krijgt die in een kluis gaat, opgeslagen wordt, voor later, voor als zijn geest hem eindelijk heeft ingehaald, *aanwezig* is waar hij dat is.

Tegen die tijd is hij al niet meer in dit land. Hij is dan alweer dagen bij de buren – India – en ligt op bed in een beduimelde hotelkamer in Delhi, zijn ogen dicht, geduldig wachtend tot de neergestorte puzzelstukken in zijn hoofd weer hun aparte, eigen plaatjes vormen.

Nu. Ik zie, een paar uur voor vertrek, Hotel Majestic terug: vergane glorie op haar laatste benen. Ik schuil er voor een stad, een staat; voor Keerzijde en Lichtend Voorbeeld Singapore – de computerprogrammeur van Zuidoost-Azië.

Alleen de eerste keer ging ik voor mijn plezier, daarna steeds weer omdat het moest. Ook nu: alle wegen door de lucht leiden erheen.

Hotel Majestic toont zijn ware aard door *klein* te doen: ik moet mijn kamer uit, of voor een nieuwe dag betalen. *'Only one hour not possible. You pay,'* zegt de Chinese met het sterke halve brilletje dat haar on-Chinese ogen geeft, en voor wie ik eerder een slof Dunhill had gekocht omdat ze heel onstuimig had gelachen (een mirakel dat beloond moet worden in dit land).

Mijn bagage mag wel even op de gang, zegt ze, maar als ik daar mijn tassen verder orden komt de *gangman* van zijn stretcher af en gaat vervelend in mijn buurt bewegen – een Chinese variant op iemand wegkijken. Ook mag ik slechts bij de gratie Gods onder een douche, en als ik wegga hangt mijn uitgestoken hand secondenlang in het luchtledige. Daar heb je je dan thuis gevoeld.

– En moet je dan vandaan voor een verhuizing naar een ander land. Een wankeler begin is nauwelijks mogelijk. Je moet daar tijd voor kunnen nemen, in beslotenheid. Nog even kunnen liggen op een bed dat al het jouwe niet meer is, en luisteren; nog eenmaal in een spiegel kunnen kijken, uit een raam. Je moet afscheid kunnen nemen van een land.

Dat wordt me niet gegund. De vliegreis naar Sri Lanka is al voor het opstijgen begonnen.

Onderweg naar Changi Airport zie ik vooral de taximeter, tel mijn geld en vraag me af waarom er onophoudelijk een elektronisch piepertje weerklinkt. Ik vraag het niet; de chauffeur lijkt even onbenaderbaar als de stad waarin hij woont. Maar als we bij het vliegveld komen – en hij afremt – houdt het op. Dan weet ik het: het is een ingebouwd alarm voor snelheidsoverschrijding. *Big eye is watching you in Singapore.*

Het laatste dat ik van het land zie vat het samen: een kwiek maar seksloos, ogenschijnlijk tegen haar eigen wil bewegend meisje met een T-shirt waarop – sierlijk – '*Anarchy*' geschreven staat. Alice in Wonderland.

In de *waitinghall* in Singapore verleden tijd. Ik word omringd door een groep driftig plakkende en knopende Srilankezen, die het *one piece handluggage only*-gebod zo ruim hebben genomen als me maar mogelijk lijkt, en zich met draagbaar gemaakte kisten naar de toegangspoort begeven. Wanneer er één niet door de deur kan en wordt afgekeurd, ontstaat er prompt een halve burgeroorlog die de vlucht met drie kwartier vertraagt.

Tijdens de vier uur in de hemel luister ik naar Indonesische muziek en besef dat het lafheid is geweest dat ik er ben weggegaan; dat ik van *haar* ben weggegaan – Sukama – zoals het laf was dat ik haar heb aangesproken, ooit, me in haar wereld heb begeven met een ticket in mijn achterzak. Haar wereld is de enige voor haar. Ik heb er meerdere, die blijven leven als ik elders ben; die meer gaan leven, zelfs. Voor mij gaf weggaan een nieuw saldo op mijn conto van verzamelde herinneringen; voor haar was het mijn dood.

Ik zweef boven het grootste eiland van haar land, dat ze niet kent, en denk aan haar. Zie haar een deur uit gaan, beneden, en het strand op lopen van een dorpje in Oost-Java. Ze houdt eerst nog haar *sarung* om, want in haar land loopt niemand in bikini. Wie het wel doet, loopt in haar ondergoed. Of: naakt.

Haar trots is groter dan haar schaamte: dat zij er één bezit. Dat ze – zo – anders is dan anderen. Dat ze zo al een halve buitenlander is. – Nog maar een halve Indonesische.

Ze gooit de *sarung* op het zand en springt in zee; draait zich dan om, naar mij. Ik zie haar staan, verklonken met een wereld die geen ogenblikken kent, die eeuwig is zolang ze leeft.

Ze ziet mij niet. Ze ziet een man die haar zal trouwen, mee zal nemen naar zijn land, waar alles beter is, en niet een man die daar alleen maar over droomt, zich voorhoudt dat het menens is, ditmaal, dat hij een leven heeft gevonden dat tekorten buitensluit, en daarmee twijfel, denken, *weten*. Die dat alleen maar droomt, en steeds zal blijven dromen; die op een vliegtuig stapt en pijn voelt als bewijs dat hij bestaat; dat hij heeft liefgehad, zelfs *tragisch* is omdat hij niet kan blijven, nergens, opgejaagd zoals hij is door zoiets decadents als ontevredenheid, of romantiek, en daardoor sporen achterlaat die dieper zijn dan hij zich wil herinneren. Want hij heeft haast, en haast en ballast zijn geen vrienden.

Dus is hij haar al deels vergeten als hij landt, en uitstapt, door iets nieuws breekt wat Sri Lanka heet en hem terugstort op zichzelf, hem terugstort in een heden dat voor even net zo eeuwig is als dat van haar.
– Zolang hij blijft bewegen. Blijft bewegen.
Beweging is zijn stilstand in het leven.

Een etmaal in Sri Lanka; het is belachelijk, maar er is geen keus.

De aankomsthal is een hangar. Ik rook een kreteksigaret en krijg van een Australiër de tip die heel snel uit te doen. Kretek heet 'hasjiesj' buiten Indonesië.

Het is hier nacht, en koel. *'Lake Lodge is one of the finest places in town,'* zegt een beambte van het *tourist office*, en belt op.

Namen geven dingen glans die dingen zelf niet hebben. *Lake Lodge*: ik denk aan Engeland, het Lake District; aan hout, geborgenheid en water.

Ik stap in een bus die even 'taxi' heet en luister naar de man die hem bestuurt. Een Singalees. Hij beseft niet dat ik hier niet ben, en houdt een lange monoloog over de problemen in zijn land. De Tamils zijn de boosdoeners, zegt hij. Ver in de minderheid, maar agressiever dan de – boeddhistische – Singalezen: *'If you know Buddha, you know us. We want to live in peace.'*

Tamils in gestolen uniformen van het – Singalese – leger moordden in het oosten een half dorp uit – *'their own people...!'* – om de publieke opinie in het buitenland te keren, beweert hij. *'But now, no danger...'*

Als ik naar buiten kijk, kan ik me dat ook nauwelijks voorstellen. Colombo is een dorp in slaap, en lijkt te spinnen.

We passeren een zwartgeblakerd stuk terrein. Hij vertelt dat hij daar een jaar geleden in de rij stond om te tanken, en toen plotseling besloot om door te rijden. Hij was er nog niet uit, of het hele complex explodeerde. *'Fifteen people killed; Tamil attack. I still don't understand why I drove off. Why am I still alive?'*

We rijden een zijstraat in, een steeg, en dan een oprijlaantje, waar ik word opgewacht door iemand in livrei. Een nieuwe geur. Een nieuw tehuis. Ik ben er maar ik ben er niet. Hals over kop. Mijn lichaam verricht de handelingen: het praat, betaalt, vraagt thee, probeert een mens te zijn en loopt achter zijn tassen aan een kamer in. Staat stijf in vrieslucht die zijn zintuigen beroert. Die *mij* daarmee beroert: 'Ik sta in een kamer in Colombo en ik zweet.'

De achtbaan komt tot stilstand. Ik ga zitten, op het eenenzeventigste bed in twintig weken, en duizel van de beelden in mijn geest. Een *clip*. Ik zie Tanjung Kling terug, en het is heden: het miezerige strandje en het hotel van karton dat langzaam scheefzakt in een hitte zonder bomen. Ik zie een roestend industrieterrein. Voel angst: een schorpioen die uit mijn opgerolde handdoek valt, op bed. *'Why am I still alive?'* En tegelijk denk ik: *The last Emperor*, en zie *the sparkling world of Singapore* in een koele bioscoopzaal terug. En hoor weer het digitale piepen van horloges, in het donker. Een sterrenhemel die je horen kunt.

En weer denk ik: Sukama, en zie Sukama in haar kamertje in Probolinggo die op aarde staat. Haar voeten voelen steentjes als ze op haar bedrand zit. Haar voeten voelen steentjes, nu.

Ik houd haar vast terwijl ik uitpak, douche, mijn lichaam insmeer met *haar* muggenolie en nog even luister naar geluiden uit Sri Lanka.

Uit een van mijn tassen kruipt een kakkerlak. Een verstekeling uit Tanjung Kling of Singapore. Hij is hier net zo vreemd als ik. Maar kakkerlakken hebben geen bewustzijn.

Sri Lanka is een ander land dan Nederland. Ik word wakker van het piepen van mijn wekker, en hoor ingehouden lachen in de kamer naast me. Aziaten worden wakker van het licht.

Er is zo veel te doen, vandaag, dat ik het liefst zou blijven slapen: een visum regelen voor India, de Maldiven van mijn route laten schrappen, een ticket kopen naar New Delhi en één terug vanuit Trivandrum; naar het postkantoor voor eventuele brieven en een telegram, en ondertussen voor het donker wordt een indruk krijgen van het land waar ik – als alles lukt – vanavond weer vandaan zal gaan.

Na een vorstelijk ontbijt in een oase van Oudengelse beschaving begeef ik me als eerste naar de Indiase *High-Commission* aan de Galle Road. De hitte is er vroeger bij dan ik gehoopt had. Wandelen wordt hordenlopen in de tropen.

Ik passeer een lange stalen kooi waarin tientallen mannen zich verdringen voor een bioscooploket. *Show begins as soon it's full.* Op de foto's de vertrouwde taferelen: mierzoete liefde, wreedheid, heroïek.

Galle Road is de kilometerslange eindstreep van Sri Lanka. Aktentassen en mismaakte lichamen. Krokodilleleren schoenen tussen blote voeten. Astrologen op een kleedje langs de weg, voor iedereen: het leven staat hier in de sterren.

Voor een eethuis ligt een naakte man. Twee kleine meisjes met oedeembuiken brengen hem een limonadeflesje. Een vrouw stapt over hem heen, en scheldt.

Als ik bij de ambassade aankom ben ik uitgeput. *'What do you want?'* *'Open your bag.'* *'You leave your camera.'* Ik word uitvoerig met een piepend apparaat bewerkt, dan gefouilleerd en ten slotte door een boog vol elektronica geloodst. Ik sta een uur in de verkeerde rij, nog eens een half uur in de juiste en verneem aldaar: *'Where is the letter from your embassy? You bring it before twelve o'clock.'*

Dat poog ik met een *bajaj*, driewielig voertuigje dat zoemt, na moeizaam onderhandelen over de prijs. Halverwege gaat het regenen. Een open sluis. De ruitenwisser doet het niet. De jongen trekt en duwt hem eigenhandig heen en weer, zijn neus tegen het glas gedrukt.

Ambassades zijn het buitenland. Dit is de mijne. Er zit een bel op Nederland. Ik wacht on-Hollands lang en zie eruit alsof ik uit een sloot getrokken ben wanneer er iemand aan het hek verschijnt. Geen Hollander, een man met fraaie tulband en veel argwaan.

Het interieur van Nederland is Prodentfris. Ik krijg een stoel, lees folders over molens, Deltawerken en de tulp en voel me vreselijk aanwezig. Een keurig interieur werkt als een galerie op mensen.

De brief kost achtentwintig gulden, zegt de man die ondertekent. Hij verklaart hiermee dat ik een Nederlander ben, dat ik geen strafblad heb, of Aids, en dat ik niet voornemens ben om honden, mitrailleurs of heroïne mee te smokkelen. Ik ben, kortom, een prettig mens.

De *bajaj*-jongen brengt me terug, beweert dat hij geen *fifteen* rupees krijgt, maar *fifty*, en is verbaasd dat ik hem dat meteen betaal.

Ik kan mijn paspoort in de middag afhalen, zingt de Indiër van achter zijn loket. Het maakt me bang. Waarom? Ik heb nog maar weinig weerstand over. Ik ben ziek. Bijna alles wat ik doe, kost moeite of doet pijn. Mijn eigen schuld, natuurlijk. Wie in een week vijf grenzen overschrijdt, is dom.

– En nog gaat het niet snel genoeg. Wat wil ik dan? Naar huis?

Nee, niet naar huis. Juist niet. Hoe dichterbij dat komt, hoe somberder ik word. 'Thuis' is het tegendeel van ruimte. Een plaats waar aangevreten dromen worden opgeslagen. *De* aangevreten droom, want het is steeds dezelfde: dat ik een plek zal vinden om te blijven, eens en voor altijd. Een plek om te verdwijnen.

En nog, *nog* denk ik dat het kan, hier, ergens, op de valreep.

Nee. Hier niet. Wanneer ik buiten kom, bekruipt me angst: dat ik hier nooit meer weg zal komen. En *als* het lukt ben ik nog even ver: in India. Ik weet nu al dat ik daar niets te zoeken heb.

Waarom ga ik dan niet terug naar Java? Als *het* ergens is geweest, dan is het daar, bij haar, onder een slapende vulkaan.

Misschien: als ik maar blijf, en blijf, en me ontdoe van ruimte, veelheid waar ik toch nooit uit zal kiezen – zou de Plek dan niet vanzelf ontstaan, iets vanzelfsprekends worden als mijn benen, eetlust, ademen?

Wat zou ik missen? Mensen? Boeken? Weerklank?

Sukama kan niet lezen. En ik schrijf alles op. Wat is nu armoede? Dat je de dingen aan moet raken om ze – weer – te kennen? Of dat je aldoor denkt, en schrijft, en foto's maakt; de wereld anders maakt om ervan te kunnen houden?

Is er ooit een woord bedacht waarmee je aan kunt raken?

Toch ga ik niet terug: omdat ik laf ben, en verwend. Omdat ik benen heb die willen lopen. – Die hier zelfs moeten lopen, want wie hier stilstaat en niet uit Sri Lanka komt, wordt ingesloten, opgeslokt, gewurgd: door armoede.

Ik ben de laatste buitenlander in Sri Lanka en ik kom hier nooit meer weg als ik niet ren. *'Buy stamps, sir?' 'Like massage?' 'Change money, sir?'* Vervuilde jongetjes, op elke twintig meter één, die meeloopt, dwingt, en smeekt, en dan wordt afgelost door nieuwe energie: *'You homo, sir? I am good boy. So please...' 'Buy opium? Like hashish? Coke?'*

Dan breekt de Galle Road open voor de zee. Ik snel erlangs, en adem. Zilt. De helderheid van Portugal op foto's. *Lovers* onder paraplu's in het gras. *Lovers* op hun blote voetjes, naast me, voor me, overal; voor mij alleen maar jongetjes: *'You take me home, mister, to Belgium.' 'Where do you stay?' 'Make love with me, tonight, sir... First we disco!'*

Ik hoor ze maar ik hoor ze niet. Ik adem. Ren. Ik doe hardnekkig of ik niet besta; alsof ik net zo stom ben als de jongen die ook nog eens spastisch naar me toe beweegt, en me een schrift voorhoudt – *'Donations for the poor'* – waarin talloze buitenlanders onder vermelding van hun personalia bedragen van rond tachtig gulden hebben neergeschreven: *'really true donations'.*

'You take taxi, sir? Whole afternoon, two hundred rupees.' 'Please listen, sir. I am official boy for you. No Aids.'

Zwermen kraaien, overal. De film van Hitchcock, even. Ik zie een man een vrouwenborst betasten met zijn blik op mij. De paraplu die hen verbergen moet waait om.

Een oude man wil me masseren: *'Only ten dollars, sir. You sportsman?'* Een jongetje spreekt Hollands, toont een foto van een man: 'Leo sijn naam. Ik daar, woont, in Venlo. En in Rumon. Three maan. Ik alles krijg. *You see: walkman, clothes, gold watch. I wait.* Hij kom, in july.' Leo zal een jaar of zestig zijn, de jongen zeventien. Hij verkoopt postzegels, zegt hij, maar niet aan mij: 'For jou ik alles doe. Gratis. Waar jou hotel, sir?' Ook hij vindt me een echte homo, en geeft het niet op, ondanks een concurrent die voor een *'Special Tropic Institute for Hostess'* werkzaam is: *'Best body-massage in Asia. Give me address, I bring you girl.'*

Een man als een skelet staat onbeweeglijk in de menigte. Hij praat tegen een muur. Op het bord dat voor zijn voeten ligt, staat: *'Please help me. My house burn down in Tamil attack. My family very hurt. Please donate some money, thank you.'*

Met piepende adem kom ik dan eindelijk bij Colombo Fort, administratief hart van het land, waar alles lukt als je betaalt, ook dit (waarvan ik me hoor zeggen dat het heel belangrijk is): een vlucht naar Delhi boeken via Bombay, een vlucht vanuit Trivandrum terug, en dan een vlucht óver de Maldiven heen naar huis.

'Everything alright, sir?' vraagt het meisje dat me na een uur de tickets geeft. Ik weet niet of ze mij bedoelt, of de transactie. Het liefst zou ik haar vragen of er ergens niet een lege ruimte is waar ik op haar schoot mag liggen.

Mannen met mitrailleurs op straat. En blinden. *'You buy stamp, sir? Very nice.'*

Bij het postkantoor nadert een man die juicht als hij me ziet. *'My friend!'* roept hij. *'You don't remember me? How possible!? From airport, sir. We talk!'*

Ik voel zijn hand, zijn arm. Ik ken hem niet. Ik hoor een blijdschap die te groot is om onecht te zijn. Even voel ik een soort dankbaarheid, maar als hij vraagt of ik bereid ben om hem *'for one hour'* geld te lenen knapt er iets, en slaat mijn arm opzij, tegen zijn borst, en ren ik weg, dwars door de menigte, en kom terecht in een lokaal waar ik kan zitten – 'Self-service restaurant Pagoda' – , waar ik kan eten, rusten, doodgewoon; waar ik een mens kan zijn die zomaar ergens is.

Mijn handen pakken aan, dragen het blad naar een tafel. Ik ga zitten, pak mijn lepel op, en eet, probeer te proeven. Dan komt er iemand voor me staan, is er een opgeheven hand, een stem, die zegt dat dit het restaurantgedeelte is, en dat ik 'daarheen' moet – waar mensen op een kluwen eten, staande, zich verdedigend met ruggen, ellebogen, blikken.

'Please move, sir. This is restaurant.'

'Yes,' zeg ik, maar sta niet op, al wil ik het. Ik sluit even mijn ogen. – Niet meer hier. Denk even aan een landschap waarin ik was, en aan een regel, uit een gedicht: 'De wolken' van Martinus Nijhoff. En aan mijn ouders, in de tuin. Een grasmaaier. En tuinslang die daar zomaar ligt. Een kamer aan een baai waar ik haar zeg, als ze met schelpen speelt die ze verzameld heeft: 'Ik zal je alles laten zien. We zullen gaan, en nergens blijven. We zullen samen zijn. We zullen nooit meer hoeven dromen van een leven.'

Ze luistert niet, want woorden zijn geen dingen. Ook ziet ze de lichtjes niet die ik in taal te voorschijn tover uit vergane tijd: de lichtjes op een heuvel in Japan, jaren geleden; lichtjes van vuurvliegjes op haren, handen, op kimono's, verdwijnend in een nacht waar kalmte vleugels draagt.

Ze hoort me niet. Ze luistert naar een schelp – *'Please move, sir!'* – , en ze zegt: 'Heeft iedereen in Nederland een eigen auto?'

'Ru-ys....? One letter, sir.'

Ik pak hem aan, en berg hem weg zonder te kijken. Er is maar één persoon die weet dat ik hier ben. Ik loop naar buiten, waar een louche uitziende man me zegt te weten wat ik wil: hij zag mijn blik toen ik mijn lege pakje sigaretten opende. Hij gaat me voor, duwt mensen weg en brengt me bij een winkeltje waar bergen sigaretten liggen opgestapeld. Ik koop twee pakjes Benson en geef hem er één. 'Oké,' zegt hij, en pakt mijn arm, en slaat een steeg in, loopt een trap op en een deur door en brengt me in een donkere gelegenheid die me doet denken aan cafés uit de romans van Marguerite Duras. Aan dialogen die van heimwee zijn gemaakt.

Ik vraag me nauwelijks af wat er gebeurt, of wat hij wil. We drinken, zeggen niets. We zitten in een hoek, en het is donker. In de verte klinken stemmen, flessen. Iemand spuugt. Dikke rook beweegt onder een roestige propeller.

Voordat hij iets zal zeggen vraag ik om twee nieuwe flessen bier. Hij kijkt op, kijkt neer. Hij rookt. Een hond vol schurft ploft neer onder ons tafeltje.

'Sailor,' zegt hij.

Ik knik. Op zijn gezicht staan duizend kusten.

'Drink,' zegt hij. Hij drinkt de fles bijna in één teug leeg en roept de ober; *schreeuwt.*

Tussen beiden hangt iets onmiskenbaars. Opeens besef ik dat er iets gebeuren zal.

Ik weet het maar ik weet het niet. Ik drink.

'You business?' zegt de stem. Ik zie zijn ogen niet.

'No,' zeg ik. *'Traveller...'*

Hij knikt, langdurig. Blikt dan zenuwachtig om zich heen, naar mij; staat op. De ober doet een stap naar voren.

Nu, denk ik. Ik overweeg te vragen hoeveel hij wil hebben.

Hij draait zich om, voelt in zijn zak, neemt er iets uit. Twee mannen komen bij hem staan. Hij schreeuwt. Ze lachen, ongemakkelijk, doen een stap terug.

'Marseille...,' zegt de man en legt een foto op mijn tafeltje. Ik pak hem op en zie een mooie jonge man in een matrozenpak, met naast zich een blond meisje.

'This... me!' roept hij. *'And this... Françoise! You from France?!'* Hij schreeuwt, maar nu ik zijn ogen zie, zie ik waarom. Hij overschreeuwt zijn kwetsbaarheid.

Ik schud mijn hoofd. Hij neemt de foto terug, geeft me een hand, bedankt me zelfs, en gaat. Laat me alleen in een café waar niets vijandig is. Waar je alleen gelaten wordt als je dat wilt. Waar men een kaars neerzet als iemand er wil lezen.

Ik lees er om alleen te kunnen zijn. Ik lees niet wat ze schrijft. Ik zie de woorden zoals zij ze ziet: als tekeningetjes. Zie haar paniek wanneer ik haar het alfabet wil leren. 'Ben ik soms niet goed genoeg?'

Ze heeft de woorden zelf getekend, met het puntje van haar tong tussen haar tanden als ze overneemt wat ze haar zus heeft opgegeven. Haar zinnen zijn één woord, zonder een spatie. Na een halve bladzij is ze moe – 'Doe jij het maar' – en loopt op slippers door het bos naar de rivier, een handdoek om haar schouders en een emmer in haar hand. Ze zingt.

Heel gauw zal ze weer zingen.

Wanneer ik buiten kom is dat in een nieuwe ruimte. Ik ben hier nooit geweest. Er is een boulevard, waarlangs men loopt; *flaneert.* De lucht is blauw. Verliefden zitten onder witte paraplu's. Ze lachen. Er zijn vogels, overal. Er zijn meisjes in de zee, die pootjebaden. Ik koop een mapje postzegels; geef het weer weg.

Op straat, vlak voor de ambassade, krijg ik mijn paspoort terug. Er is niets aan de hand. Alles wat gedaan moest worden, is gedaan. Over een paar uur vlieg ik naar New Delhi.

Als ik in de etalage van een reisbureau een foto van een badende olifant bekijk, kan ik geen reden meer bedenken voor mijn haast, en voel ik het verlangen om te blijven, om vanavond naar het binnenland te gaan; een trein, een dorp, mensen die ik nog niet ken.

De zon staat laag. De straten lopen leeg. Ik wandel terug naar huis, en zie dan weer het dorp ontstaan waarin ik gisteravond aankwam. Wegen worden straten. Straten worden paden. Paden worden teruggegeven aan de kikkers.

Het zal zo gaan regenen. Aan de hemel schrijft een sportvliegtuigje poëzie.

DUCO VAN WEERLEE

BALINESE BABBELS

EEN MONSTER IN DE LENDENEN

Het had geregend en dus liep ik heel voorzichtig over het sawadijkje, maar bij de laatste stap gleed ik toch nog uit. Een pijnscheut in de lendenen zou wel een verrekte spier opleveren, maar ik had het te druk met weg te komen naar Java voordat de massale slachtpartij vanwege *Galungan* zou aanvangen, om aan zo'n luttele blessure aandacht te besteden. Op weg naar het busstation zag ik ze al zeulen met zwijnen, ondersteboven hangend aan de draagstok.

In Java was de atmosfeer vrij van varkensbloed, maar het monster dat zijn tanden in mijn zij had gezet, verkrampte een zenuwstreng en veranderde mij in een gekromd oudje met een houten rug. Ik kon me uitsluitend per *becak* vervoeren, rechtop lopen was er niet bij. Ik werd er doodmoe van en flink korzelig.

Na vier dagen keerden we terug naar Bali. Hier en daar hing nog een lijkenlucht vanwege slachtafval dat was bedorven voordat de honden zich er ongans aan hadden kunnen vreten. Ik kende een *dukun* in Petulu, maar het bleek dat er ook een wonderdokter vlak naast mij woonde. De grootvader van Congtit, een lieflijke twaalfjarige die vaak foto's bij me komt bestuderen. Je moet een bloemenoffertje meebrengen met twee Chinese muntjes en een briefje van vijfhonderd of duizend rupiah, dat is alles.

De eigenlijke prijs bleek mijn westerse ongeduld, want er was slechts één man voor me, maar die was zo onmatig in zijn hypochondrie dat ik sterke aandrang voelde om vloekend op te stappen, zere rug of niet. Ik kreeg wel alle gelegenheid om het gore interieur op te nemen van de behandelkamer, een schuurtje naast de boerderij. Terwijl mijn voorganger met zijn zere been liggende, zittende en staande werd gegrepen in alle hoeken en gaten, overwoog ik dat het nog lang zou duren voordat de Balinese *dukun* zou worden opgenomen in enig westers ziekenfondspakket. Mijn eigen vertrouwen groeide toen ik zag hoe de genezer niet alleen het zere, maar ook het gezonde been in de houdgreep nam.

Er werd tijdens en na de behandeling veel gepraat, maar op een gegeven moment mocht de man zijn broek aantrekken, en toen ving het ceremoniële gedeelte aan. De *dukun* waste zijn handen en opende de offergave. Wierook werd ontstoken en de genezer verzonk in gebed, terwijl de patiënt vroom afwachtte wat de goden of geesten de *dukun* influisterden. Dat was heel wat, want tergend lang voltrok zich een tweede samenspraak.

De vriendelijke glimlach van de genezer ten spijt nam hij me – toen het zere been eindelijk uitgezeurd was – uiterst fors onder handen. *'Ringan?'* vroeg hij telkens nadrukkelijk, en zijn kleinzoon die net van school was thuisgekomen en zich als tolk had opgeworpen, herhaalde met zijn stralendste glimlach: *'Ringan?'* Ik kende dat woord niet en bromde maar iets vaags, waarna er nog wat krachtiger in mij werd gepookt. Het zweet brak me uit, maar daarmee verliet blijkbaar ook het monster mijn lendenen, want na een laatste forse ruk en wat gekraak kon ik opstaan en voor het eerst in een week mijn rug rechten. Grootvader en kleinzoon straalden. En toen werd er wierook gebrand en gebeden. Ik zag hoe de rolletjes vuil zich op mijn vette huid hadden afgezet en ik kreeg bloemetjeswater, gedeeltelijk om op mijn hoofd en borst te smeren, gedeeltelijk om op te slurpen. Verder zou het aanbeveling verdienen bij de eerstvolgende volle maan, vooral als ik werd geplaagd door ergernis of frustratie, te offeren en te baden bij de rivier.

Over een paar dagen is het *Kuningan*, weer zo'n Balinees feest. Dan worden er slechts enkele varkens geslacht, heeft men mij beloofd. Wel veel kippen en eenden, maar om de een of andere reden heb ik daar minder moeite mee.

MUGGENJAGERS ZIJN GEK

Er zit een buitenmodel sprinkhaan op de donkergroene stang van mijn fiets te deinen. Zijn moeder had ik eerder op bezoek. Die zette toen een klodder nakomelingschap af op mijn raamlijst, de bewoner belastend met de keuze: respect of poetsen. Van insekten tot apen, van libellen tot vuurmieren, van schurftmijt tot reiger, het zijn vooral zo véél dieren waarmee je te maken hebt. De bijters en de prikkers vermijd je of bestrijd je, maar wat doe je met de grote muis (zoals de rat hier heet) die op zoek naar voedsel voor zijn piepende kleintjes snoept van je nieuwe stuk toiletzeep? Of die gedegenereerde toeristenaap die op mijn schouder klimt, mijn bril afpakt en weigert hem terug te geven als ik hem niks lekkers te eten geef?

Mijn fietstochtje kan ik wel even uitstellen in de hoop dat de sprink-haan het benul opbrengt naar een echte tak te verhuizen, maar toen ik op een nacht wakker werd omdat iemand zijn kleine tandjes zette in mijn grote teen, heb ik het personeel toestemming gegeven de jacht te openen. Eén rat stortte neer in de mandiebak en zwom daar met zijn neusje en kraaloogjes radeloos rond totdat een glimlachende Balinees hem aan zijn staart opviste en druipend ronddroeg over het erf.

De klamboe en de flitspuit zijn iets van vroeger, tegenwoordig ge-bruikt men smeulend gif, de zogenaamde *mosquito coll*. Wie jacht maakt op muggen is gek. Je kunt wel aan de gang blijven en je wordt er alleen maar warm en zenuwachtig van, terwijl de wanden van de meeste on-derkomens niet bestand zijn tegen een mep met een stevige krant. Li-bellen worden gevangen door kleine meisjes met een hengel aan het eind waarvan iets zoetigs en kleverigs zit. Geroosterd moeten ze een delicatesse zijn. Iets dergelijks geldt voor de kleine rijstaaltjes waarop ook door krijtwitte reigers, bedaard rondstappend in de sawa, vlijtig jacht wordt gemaakt. Agressief worden Balinezen pas als ze een slang waarnemen, al is het nog zo'n onschuldige. Die jagen ze kirrend en krijsend op om hem met zijn allen dood te meppen.

Een exotisch type waarvoor ik een zwak heb is de tokeh, ook wel gek-ko geheten. Een bologig draakje dat zich in het duister laat kennen door het geluid waaraan het zijn naam ontleent. Als je nog niet slaapt, hoor je hoe het zich eerst oppompt om vervolgens zijn balgje te ont-lasten door de lucht uit te stoten in een serie van vier of vijf signalen. Sommige halen er zeven of acht en dan mag je een wens doen. In het algemeen geldt de aanwezigheid van dit schichtige diertje, westerlin-gen bekend uit het werk van M.C. Escher, als gelukbrengend. Het sig-naal van de tokeh neemt af naarmate zijn lucht opraakt en het laatste kreetje klinkt als gekreun. Jonge exemplaren brengen nog geen geluid voort, maar produceren wel uitwerpselen. Elke ochtend vind ik de combinatie van een kleverig, donkerbruin keuteltje en een wit belletje met een sterke salpeterlucht. Een soort tweecomponentenshit. Mis-schien ben ik wel zo aan mijn gekko's gehecht, omdat ze figureren in mijn dromen. Menigmaal word ik uit mijn sluimer gewekt door de kra-kende stem van een oude hoorspelacteur die mij roept vanuit een goed resonerende ruimte: 'Du-co, Du-co enzovoort.'

Met pluimvee heb ik niet veel, al ken ik twee sympathiek gehandi-capte kippen. De ene heeft slechts één poot om op te hippen, de andere een stijf gewricht en mag dus mank heten. Eenden hebben iets doms en koddigs, die moeten gehoed worden, want anders gaat het mis. Pas in de pastorale omgeving van mijn dorp heb ik begrepen waarom de eendenhoeder aan het eind van zijn staf een witte lap bindt. Dat moet een heldhaftige pioniereend voorstellen, een *pelopor*. Terwijl de staf zelf dient als een barrière, een halve bedding, geeft de hoeder met de lap de richting aan waarheen het domme volkje moet dribbelen. Ze durven niets uit zichzelf, maar de leider volgen ze blindelings.

Ten slotte zijn er dan nog de honden, de verschoppelingen van de natie, ziek, ondervoed, mottig en luidruchtig. Laat ik er hier één gedenken. Hij was oud en onverschillig, wellicht ook doof, want hij had geen oog voor de vrachtauto, beladen met bouwmaterialen, die hem achteropkwam. Juist toen het voorwiel hem bereikte, week hij uit voor een hoop zwart zand op de rijweg. In *slow motion* zag ik hoe het voorwiel over zijn weke buik wentelde en deze deed barsten als een wijnzak. Daarna vermorzelde, twee seconden later, het achterwiel wat er nog over was van zijn ruggegraat. Hoewel finaal in tweeën sidderden de spieren en trokken de ledematen van de beide delen. Het leek zelfs of hij kwispelde.

JOHN JANSEN VAN GALEN

STERKE BENEN

Op de top stond een verveloze schuilhut en een bordje met de tekst: *Hmong village. Accomodation. Food + Drink.* Ik zette de fiets neer en liep het dorp in. Rond een vlakte van aangestampt zand stonden schamele hutten. Voor de school was een motorfiets geparkeerd, de Thaise vlag hing lusteloos aan de vlaggemast. Bergbewoners liepen zonder op of om te kijken langs mij heen, de platte gezichten met die kleine oogjes volkomen onbewogen. Er was geen spoor van accommodatie, food of drink. Toen ik bij de schuilhut terugkwam, zat een man op zijn hurken intens naar de achteras te staren. Om ons heen lagen de valleien glorieus in het zonlicht, dat weer doorgebroken was.

De afdaling was niet het pretje dat je ervan verwacht. De steile weg van rotsachtig gesteente dwong ons steeds in de remmen te blijven knijpen, achter me hoorde ik het ijle gegier van Corries achterrem in de bochten.

Toen we eindelijk beneden waren begon de weg opnieuw te stijgen en de hoop dat we de laatste heuvel nu wel gehad hadden bleek elke keer ijdel. De zogenaamde *highway* ging over berg en dal en er leek geen einde aan te komen. Het was over tweeën toen we ten slotte Chiang Kong bereikten; over een afstand van vierenvijftig kilometer hadden we ruim zes uur gedaan.

De kaart van Thailand gaf dikke strepen te zien, dat waren hoofdwegen, en veel dunne strepen, dat waren zandwegen, maar vooral veel dubbele lijntjes, dat waren 'gedeeltelijk' geasfalteerde, meestal dus niet-geasfalteerde wegen. Nu was dat in het algemeen niet zo'n probleem; we hadden in Nederland in Corries delicate Benotto een stevig achterwiel laten monteren waarin niet gemakkelijk een slag zou komen en mijn Koga Myata was van nature al tamelijk robuust; bovendien waren die ongeplaveide wegen doorgaans van een soort gravel dat op vlakke stukken en bij droog weer de vergelijking met asfalt kon doorstaan. Maar in het bijzonder was het wel een probleem, want het was geen droog weer en de *highways* hadden weinig vlakke stukken.

Doodop reden we de parkeerplaats van het CK *Restaurant – Welcome Tourist* op. Op het podium in de eetzaal stond, omgeven door felgetint fluorescerend licht, een zanger die – begeleid door de slepende klanken van een elektronisch orgel – een smachtend lied zong. De dienster bracht een grote fles Singha-bier en ik wist nog net te voorkomen dat ze die op z'n Thais zou uitschenken, met zo min mogelijk schuim.

Monniken daalden af naar de rivier om zich, in hun dunne oranje pijen, te baden. Een lange vrachtschuit van lichtblauw hout voer stroomopwaarts, de vlag van de Pathet Lao in de mast.

We werden soezerig. Onze nabeschouwing kwam erop neer dat het een zware etappe was geweest en wel veruit de zwaarste van onze Tour de Thaïlande tot nog toe. Het zou ook – wat we toen niet konden weten – veruit de zwaarste blijven.

Tien dagen eerder waren we aangekomen in het luxehotel te Chiang Mai, dat in het reisarrangement inbegrepen was. Twee piccolo's hadden de enorme dozen waarin de fietsen verpakt waren onze kamer binnengemanoeuvreerd en in spanning hadden we ze geopend. Nog geen spaak bleek gekrenkt! Opgelucht maakte ik een ommetje, terwijl Corrie de sturen weer in de juiste stand zette, de trappers monteerde en de bandjes oppompte, waarna we de fietsjes voor de ogen van het verbaasde personeel op de nek door de lounge droegen om een proefrit te gaan maken.

Die dozen hadden we pas op het laatste moment aangeschaft. De man van het reisbureautje Vlieg & Fiets had uitdrukkelijk aangeraden de fietsen in zogenaamd bubbeltjesplastic te verpakken. Zulke fietsdozen, had hij gewaarschuwd, worden maar al te gemakkelijk plat neergelegd als basis voor een flinke stapel zware koffers. Maar toen we aan de balie van Thai Airways verschenen, was de *station manager* eraan te pas gekomen om ons erop te wijzen dat de maatschappij geen verantwoording op zich nam voor fietsen die niet in een doos zaten. Je bleek ze gewoon op Schiphol te kunnen kopen.

In Bangkok hadden we overnacht om de volgende dag door te vliegen naar Chiang Mai; de fietsen waren liefderijk ondergebracht in het Airport Hotel. De eerste fietsdag besteedden we aan een trainingsritje, zestien kilometer steil omhoog naar de tempel van Doi Suthep. 'Dit is zwaar, maar als u dit kunt... kunt u verder alles,' had de man van Vlieg & Fiets beloofd en we kónden het; later zouden we hem ervan verdenken dat hij de route naar Chiang Kong nooit zelf gefietst had, anders zou hij deze lichtvaardige belofte niet gedaan hebben.

Vroeg op een zaterdagochtend verlieten we Chiang Mai om een half uur later tot de slotsom te komen, dat een fietsvakantie in Thailand op een algeheel misverstand moet berusten. Het verkeer raasde ons tegemoet in de richting van de stad, die de tweede van het land is, en regelmatig stormden twee autobussen over de volle breedte van de weg in gloeiende vaart op de nietsvermoedende wielrijder af, die niks anders meer te doen staat dan een goed heenkomen te zoeken in de berm. Gelukkig waren die bermen nogal breed en stevig; remsporen gaven aan dat de Thais hun gemotoriseerde tegenliggers eveneens vaak tot deze toevlucht drijven. Nog gelukkiger werd het snel stiller op de weg; na een uur reden we door de paradijselijke rust van uitgestrekte sawa's, alleen opgeschrikt door de uitroep: *'Where you go'* van onder breedgerande hoeden. Het is niet nodig daarop te antwoorden met een routebeschrijving, het is een groet, een rechtstreekse vertaling van de traditionele Thaise wens aan de reiziger. Meestal zwaaiden we terug, hoewel we later leerden dat gewapper met je ledematen in dit land *not done* is; een glimlach volstaat en voldoet altijd. *Das land des Lächelns.*

Een man op een bromfiets kwam naast Corrie rijden en vroeg: *'Why bike?'* *'We like it,'* zei ze en ongeloof tekende zijn gezicht. Spoedig zouden we beseffen dat wij voor deze mensen een vorm van krankzinnigheid ten toon spreidden: lui die genoeg geld hebben om zich een airco-limousine te permitteren maar er de voorkeur aan geven te fietsen! *'Strong woman,'* zei de man op de bromfiets ten slotte, waarderend op Corries benen wijzend.

We zaaiden veel verbijstering in de weken die volgden. Meestal reed ik een eindje vooruit, ook als we een dorp naderden. De dorpelingen die bijeen waren bij de tempel, voor de winkel of onder de grote teakboom staakten hun gesprek en staarden mij stomverbaasd aan. Pas als ik al voorbij was durfden ze iets te roepen: *'Where you go?'* *'Very strong!'* Ze stonden mij nog na te kijken als onverhoeds Corrie hun blikveld binnenfietste. De monden vielen open en niet zelden barstte zo'n heel groepje in een nerveus gegiechel uit, vooral als we besloten even aan te leggen en we de fietsen parkeerden. Maar de wetten van de gastvrijheid hernamen spoedig hun gelding, wij werden vriendelijk welkom geheten en koffie zou men maken.

Na drie dagen stonden we aan de Mae Kok. Als je de brug overstak en de rivier langswandelde, stuitte je binnen een half uur op de grenspost: een paar hutjes van bamboe en bananeblad. Lusteloos zaten de soldaten onder het afdakje, waaraan hun stenguns hingen te bungelen, die de grens met Birma moesten afschermen. Ze waren zichtbaar blij met de afleiding van ons bezoek en we mochten onze namen in hun schoolschrift schrijven. Daarna deden zij het, in ons alfabet, en wij verbaasden ons erover dat zulke jonge dienstplichtigen blijkbaar zowel het Thaise als het Latijnse alfabet beheersten. Twee dagen later in Mae

Sai zouden we nog meer opkijken: het is alleen door een brug gescheiden van Birma, waar weer een ander alfabet heerst en er woont bovendien een grote Chinese minderheid, zodat alle aanduidingen er in drie soorten schrift te lezen staan.

Om zo ver te komen hadden we een tocht over de rivier moeten maken, die maar matig beviel. Langs de Mae Kok liepen in de richting van Chiang Rai alleen onverharde wegen en ons was de bootverbinding aangeraden als een bijzondere attractie. Tot onze ergernis zagen we al meteen dat uitsluitend toeristen er gebruik van maakten. Wel vier gezelschappen van witmensen gingen scheep in lange korjalen, waar je met je knieën opgetrokken overdwars net in kon zitten. In de punt werd de bagage opgestapeld en los daarbovenop de fietsen, een wankele affaire die ons het zweet in de handpalmen joeg, telkens als we door kolkende stroomversnellingen laveerden.

Dat was allemaal nog tot daaraan toe geweest, als men de boot niet te vol geladen had, zodat elke keer het buiswater over ons heen hoosde; en als bovendien de zon zich niet juist op dat moment achter de wolken had teruggetrokken, zodat wij het in onze natte shirtjes lelijk koud kregen. Tot tweemaal toe werd er aangelegd bij een dorp, zogenaamd omdat de politie voor onze veiligheid de paspoortnummers moest noteren, in werkelijkheid om de bergbewoners gelegenheid te geven hun dubieuze souvenirs aan ons op te dringen.

Huiverend klauterden we in Chiang Rai de kade op om binnen een half uur vast te stellen, dat alle goede hotels (hoezo, in november?) *fully booked*' waren. We namen onze intrek in het Krung Thep, dat de akoestiek had van een kazerne en waar men 'straks' warm water bleef beloven.

In Ngao was geen hotel, dat wil zeggen, het was gesloten. We waren daar al op geattendeerd, maar wilden er ons met eigen ogen van vergewissen. Het was pas tien uur in de ochtend. Met het oog op de grote kans dat je in Ngao niet kon overnachten hadden we al in de vroegte Phayao verlaten, zestig kilometer naar het noorden.

Het was de dag na Loy Krathong. Overal op straat lagen nog de bloemblaadjes, waaruit de Thais zo kunstig hun drijvende bloemoffertjes opbouwen. Na zonsondergang hadden ze er kaarsen in ontstoken en ze aan de oevers van het meer van stapel laten lopen, talloze vlammetjes waren weerspiegeld in de zachte rimpeling van het duistere wateroppervlak, tekenen van hoop op vergeving van zonden en veel heil en zegen in het komende jaar.

In het stalletje waar we ontbeten werd de dienster lastig gevallen door een dronken jongeman, die kennelijk nog niet geslapen had. Ze lachte verontschuldigend naar ons. We hadden wel geluk dat we, nog een beetje katerig, juist op Loy Krathong in Phayao waren gearriveerd. De dag tevoren hadden we in Phan overnacht en daar was het laat geworden. Toen we op een terras wilden gaan eten kwam prompt een man bij ons zitten, die we maar met moeite duidelijk konden maken dat we op zijn gezelschap geen prijs stelden. Daarop was hij verdwenen om na een kwartiertje terug te komen met drie andere mannen. Ze waren allemaal van de Bangkok Bank waar we die middag geld hadden gewisseld, wat kennelijk een band schiep. Het was een avond geworden van veel bier en steeds dezelfde Engelse frases (*'We friends!'* *'We all agree!'* *'Never mind'*), die was geëindigd in een *singsong*, een duistere tent langs de hoofdweg waar meisjes in minirokjes oude successen van Elvis Presley zongen. We zouden ons nog lang blijven afvragen wat zulke mannen bezielt om zo aan te pappen met wildvreemden met wie ze niet eens konden praten.

Maar nu was het tien uur in de ochtend, het hotel in Ngao bleek dicht en de volgende pleisterplaats lag tachtig kilometer verder. We hadden met die mogelijkheid al dagenlang rekening gehouden en steeds tegen elkaar gezegd dat we in ieder geval nog een eindweegs in de richting van Lampang zouden fietsen om dan de rest van het traject met fiets en al maar in een busje af te leggen. Het was een mooie dag en een stille weg, die gestaag en ten slotte nog even steil omhoog voerde door de bossen naar de waterscheiding. In dat laatste steile stuk zwoegden we gelijk op met een tankwagen. Vrolijk stak de chauffeur ons door het raampje een hand toe: hij zou ons wel trekken. Het leek ons eerlijk gezegd te riskant en even later reden we hem voorbij, hij stond praktisch stil.

De pas lag onder twee vervaarlijke rotspunten, er stonden tientallen heiligenhuisjes om de berggeesten gunstig te stemmen. Ze stemden in elk geval ons gunstig, want van hieraf ging het omlaag, freewheelend in de koelte van je eigen luchtverplaatsing. De bidons waren leeg en er scheen hier nergens iemand te wonen, want zo gauw er ergens in Thailand iemand woont, wordt er ook eten en drinken verkocht. Het zou tot twaalf kilometer onder de top duren eer we een verveloos stalletje zagen. Een debiele man luisterde er naar de radio, zijn vrouw had een wanstaltige krop en hoewel verre van kieskeurig beliefden we van hen niks anders dan water en een paar kleine banaantjes, die de honger prima stillen. We durfden elkaar er niet op te wijzen, maar het was nog maar dertig kilometer naar Lampang.

Toen we daar ten slotte, moe maar tevreden na een rit van honderd-

veertig kilometer in de ondergaande zon aan het zwembad zaten, zei
Corrie: 'Ik ben nooit van plan geweest met een busje te gaan.' 'Ik ook
niet.' Hadden we trouwens op die weg wel ooit busjes zien rijden? Of
hadden we er zelfs niet naar uitgekeken? We besloten een rustdag in
te lassen – konden we mooi naar de middeleeuwse tempelvesting
Lampang Luang fietsen.

Het werkt verslavend, amper behouden teruggekeerd (de karretjes
geen schrammetje, dank u wel, en ook niet – zoals anderen overkwam
– de bandjes doorgesneden om te zien of daar soms de drugs verstopt
waren) zat ik over de *Times Wereld Atlas* gebogen om te ontdekken welke warme landen je nog meer mooi per fiets zou kunnen bereizen. Maleisië, India, Florida? En nog geen zes weken nadat we de fietsjes na
hun thuiskomst uit Thailand ontpakt hadden, gingen ze alweer in de
vliegdozen, op weg naar Suriname.

CEES NOOTEBOOM

WAAR EEN VOLK ONTSTOND
GING EEN VOLK TEN ONDER

Ik weet niet of iedereen een lievelingssterrenbeeld heeft, maar ik heb
er een. Het is Orion, de blinde jager. In de zomer, in Spanje, als ik
wakker word in die vreemde, lege uren voor de dag aanbreekt, loop
ik vaak de tuin in om te zien of hij er al is. Heel stil is het dan op het
eiland waar ik woon. Ik verbeeld me dat ik in de verte de zee hoor,
maar daarachter is er nog een ander geluid, het geluid van de klok van
de wereld. Daar moet je hele fijne oren voor hebben, maar ik denk dat
ik hem hoor, die langzame wenteling van de wereld en het o zo zachte
kraken van het sterrengewelf daarboven.

Vaak zijn er geen wolken, en als het 't goede uur is verschijnt de jager op zijn eeuwige afspraak, met Sirius, zijn hond. Ik zie zijn machtige schouders, zijn zwaard, de drie diamanten in zijn ceintuur. Hij is
er, hij zal er altijd zijn, dwars op weg naar de opkomende zon die nog
verborgen is. Verblind was hij ooit door koning Oinopion, en nu had
het orakel tegen hem gezegd dat hij naar het oosten moest gaan. Op
zijn schouders droeg hij een jonge man uit de smidse van Hephaistos,
die hem de weg zou wijzen tot waar hij van zonnegod Helios het licht
in zijn ogen zou terugkrijgen.

Maar Artemis doodt hem, de jager, met haar pijlen, en verandert
hem in een ster, een jager bestaande uit sterren, de man die ik overal
ter wereld het eerste zoek als ik naar de nachtelijke hemel kijk. Poussin
heeft hem een keer geschilderd. Jong is hij daar, krachtig, een reus. Hij
schrijdt met reusachtige, verende passen door een romantisch, bergachtig landschap, op weg naar de lichtende oceaan. Op zijn schouders
een levende pop, zijn gids. In de wolken de goddelijke jageres. Zij staat
op die wolken, zij leunt erop met haar elleboog, zij zijn gemaakt uit
de stof van dromen, waarop een godin kan lopen. De mensen in het
landschap zijn klein, zoals het hoort onder levende sterren. De bomen
zijn wild, wijd, groen, het licht glanst op zijn koperen pijlenkoker. On-
verstoorbaar, alsof hij niet blind was, vervolgt hij zijn weg, en dat doet
hij altijd.

Ook nu, maar wat is dat voor nu? In zijn leven is er geen toeval meer, in het mijne nog wel, en dit is er een, een van mijn toevallige nu's, een ochtend in september, het vijfde uur van die ochtend. Ik heb eindeloos lang gevlogen, de duisternis beneden mij moet Australië zijn, ik zoek mijn Orion, maar ik heb alleen maar mijn vliegtuigraampje, dat beslagen lijkt door de verwasemde vrieskou van de onherbergzame bovenwereld. En toch zie ik hem, maar nu is er iets vreemds, iets wat ik had moeten weten: ik zie hem omgekeerd, ik hang onder aan de wereld en ben mijn eigen tegenvoeter geworden. Ik zou mij nu moeten omdraaien om mijn horizontale as om hem te kunnen zien zoals hij zich altijd aan mij voordoet. Maar het maakt niets uit, zijn vertrouwde vorm is mij genoeg, ik weet dat hij er is. Helder straalt hij nu, zijn omtrek is van karbonkels geworden. Ik weet dat hij ook hier op weg is naar de zon die hem zijn ogen terug zal geven, en niet alleen hem, maar ook mij. Als er onder mij land is zal ik het zien, en dan zie ik het. Eerst nog als iets wat oneindig grauw is, korstig, een land van schaduwen, een zicht van bijna niets. Dan wordt het door het nieuwe licht uit zijn duisternis getrokken en begint het zichzelf te tekenen.

Die eerste aanblik is onvergetelijk. Het moet ergens boven Victoria of New South Wales geweest zijn. De aarde, ik kan het niet anders zeggen, ging open en verborg zich tegelijkertijd, want wat ik zag was een kloof in bergachtig land, een wijde, zwartgerande opening, gevuld met een witschijnend wolkendek. Als daar tekens van mensen waren kon ik ze niet zien, dan waren ze versluierd door de lumineuze, opgebolde nevels. Leeg land dus, zoals toen, tweehonderd jaar geleden. Leeg en niet leeg. Niet leeg omdat er mensen woonden die nu Aboriginals genoemd worden, een naam die ze zichzelf niet gaven. En toch leeg, omdat het er maar tweehonderdduizend waren, op een continent zo groot als Amerika.

Soms geeft vliegen dat, heel even: de illusie van het ontdekken. Door het uur of de route lijkt het dan of dat land daar beneden nog door niemand gezien is, of je de eerste bent. Dat gevoel gaat pas weg bij het eerste lichtje, de eerste weg, de eerste rechte lijnen, tekens van mensen in het landschap. Maar zo was het natuurlijk nooit voor de eerste ontdekkers, of dat nu de Aboriginals waren van veertigduizend jaar geleden of die vreeswekkende laatkomers: wat zij zagen uit hun lage kano's of hun hoge houten schepen was altijd een omtrek, een contour, een vage veeg van land, een blauwe vorm van rotsen of bergen in de verte, dat geheimzinnigste van alles na een lange zeereis, nieuw land. Wordt dat land nu ontdekt of wilde het ontdekt worden? Als het eens zo was dat het land de ontdekkers ontdekte? Daarvoor hoef je tenslotte alleen maar je gedachten om te draaien. Iemand denkt dat het land er moet zijn en gaat het zoeken. Als hij het vindt, wie heeft dan wie gevonden? En vervolgens: het land dat daar ligt is een gegeven. De ontdekkers brengen de rivieren, de bergen, de wilde dieren, de woestijnen niet mee. Die zijn er al, en door hun aanwezigheid dwingen ze de zogenaamde ontdekkers ze te ontdekken, en niet alleen dat, maar ook om zich aan te passen. Dit gegeven is uitgewerkt in een prachtig, dwars boek over de ontdekking van Australië, *The Road to Botany Bay*, en ik kan me er niet aan onttrekken. Dan wordt de geschiedenis er niet een van een imperiale chronologie waarin de nieuwe bewoners het land aan zich onderwerpen, maar eerder omgekeerd, het land, de geografische ruimte van dat land, dwingt de ontdekkers, die historisch bepaald zijn door het land waar ze vandaan komen, een nieuwe, ruimtelijke verhouding aan te gaan met hun nieuwgevonden wereld, die hen daarna voorgoed zal bepalen. Zo ging het met de Aboriginals, zo gaat het met de nieuwe bewoners. Het conflict bestaat daar waar de nieuwe Zuidlanders zich in de ruimtelijkheid van het land mengen. Dat hebben de Aboriginals nooit gedaan. Ze hebben gejaagd en verzameld, zij zijn zelf het land geworden. Ze hebben niet bebouwd of ontgonnen, ze hebben het land niet veranderd. Je zou kunnen zeggen dat ze er op geleefd hebben als een oogst die zichzelf steeds weer opnieuw zaaide, en dat tienduizenden jaren lang, vanaf de droomtijd tot het einde, en dat einde was het begin van de anderen. Later op deze reis zal ik ze zien, de Aboriginals, en ik zal ze vooral geheimzinnig vinden, onbegrijpelijk vanwege hun ouderdom, het teken van een oneindig verwijderde afstamming dat ze met zich meedragen, een oudheid waarnaast je je vluchtig en oppervlakkig voelt. Dat zijn zonder twijfel literaire sentimenten, maar ik ontsnap er niet aan. De foto's van hun beschilderde lichamen, het concept van de droomtijd en de poëzie die daarbij hoort, de extreme complicaties van hun maatschappij waarbij die van het Japanse keizerlijk hof verbleken, de geheimzinnige geestelijke codering van hun beschilderingen, en de wetenschap dat die nomadische samenleving onberoerd zo ondenkbaar lang in een uit eeuwige lucht vervaardigde tijdsbel bestaan heeft, dat, en de vernietiging daarna die je dagelijks in Australië waar kunt nemen, de verloren, dwalende, dronken figuren die nergens bij lijken te horen, het laat je niet meer los vanaf het ogenblik dat je er bent.

Nu ben ik voor mezelf uit gehold. Orion is verbleekt, verdwenen, hij is er nog maar ik zie hem niet meer. Dat geeft niet, ik zal hem deze reis bijna dagelijks zien, steeds omgekeerd, steeds zichzelf, op weg met zijn blinde tred boven de woestijn, boven een open plek in het tropisch regenwoud. Ik ga nu landen en ruil de sereniteit van daarboven in voor het anekdotische van de aankomst. Iedereen is moe, geïrriteerd, gespannen. Douane, controle, alles, tot en met de belettering van het vliegveld, doet plotseling onherstelbaar Engels aan. Dat voelt aan als teleurstelling, het is te gewoon, te weinig elders, dit ken ik al. Ook buiten lijkt het nu op een of ander Engeland. Links rijden, baksteen, getemd landschap, het geluid van de taal.

Een uur later zit ik op een stille hotelkamer naar een rudimentaire kaart van Sydney te kijken. Groen, dat betekent, zoals altijd, de parken en de tuinen, blauw het water, bleekroze het bebouwde oppervlak. Ik zoek Botany Bay, maar kan het niet vinden. Cook was er in 1770 geland en had de plaats geschikt bevonden voor kolonisatie. In 1788 is het zo ver. Dan landt de Eerste Vloot met 1044 mensen, onder wie 568 veroordeelde mannen, 191 vrouwen. De reis heeft een eeuwigheid geduurd, via Rio de Janeiro, de hele wereld over. Veroordeelden, *convicts*. Daarbij heb ik altijd gedacht aan misdadigers, maar nu weet ik beter. In die dagen stond op honderdzestig vergrijpen de doodstraf. Als alles een misdaad is heb je te veel gevangenen. Voor het stelen van schoengespen kon je al zeven jaar verbanning krijgen. De toestand in Engeland was slecht. De koloniale oorlog met Amerika was verloren, vanwege de aversie tegen slavernij konden de gevangenen niet meer naar Amerika getransporteerd worden, waar ze eerder door koppelbazen aan plantage-eigenaren verkocht waren, er was honger, men was bang voor opstanden, en aan de andere kant van de wereld lag Nieuw-Holland, een eiland zo groot als een werelddeel, zo leeg als een landkaart met niets erop, Cook had alleen maar contouren aangeraakt. Daarheen voeren nu die schepen met bannelingen, hoeren, sukkels die een brood gestolen hadden en echt rapalje. Er werd gelachen in Londen over het idee van een kolonie van dieven. Van Aboriginals wist men niet veel meer dan dat Cook ze gezien had. Maar hij had ze niet alleen gezien, hij had ze ook bewonderd. 'Voor sommigen,' schreef hij, 'mogen ze de ellendigste mensen op aarde lijken, maar in werkelijkheid zijn ze veel gelukkiger dan wij Europeanen; omdat ze geen notie hebben van de overbodige maar noodzakelijke gemakken waar wij in Europa zo op uit zijn, kan het ze ook niets schelen dat ze die niet kennen. Zij leven in een Rust die niet verstoord wordt door Ongelijkheid: volgens hun eigen zeggen leveren de Aarde en de Zee hun alles wat een mens nodig heeft om te leven; zij hebben geen enkele behoefte aan prachtige huizen, allerlei spullen et cetera, zij leven in een prachtig en prettig klimaat en de lucht is er gezond, zodat ze maar weinig behoefte hebben aan kleding, want diegenen aan wie we kleding gegeven hebben lieten die zorgeloos achter op het strand of in het woud als iets wat ze niet nodig hadden. Kort gezegd, zij schenen geen waarde te hechten aan wat we ze ook gaven, noch wilden ze afstand doen van iets van hun bezittingen in ruil voor iets wat wij hun wilden geven, en dit betekent, naar mijn mening, dat ze vinden dat ze alles wat in het Leven noodzakelijk is al hebben en dus geen behoefte hebben aan dingen die overbodig zijn.'

In het blauwe labyrint van waterwegen heb ik nu Botany Bay gevonden. Hij ligt ten zuiden van de plek waar ik nu ben. Het is misschien de vermoeidheid van de vlucht, maar ik merk dat ik een beetje dom naar de kaart zit te kijken.

Op 13 mei 1787 was de vloot met gevangenen vertrokken, op 20 januari van het volgend jaar, midden in de Australische zomer, liggen alle schepen voor anker in Botany Bay. Diezelfde reis duurt nu zoiets van zevenentwintig uur, dat is de domheid waarmee ik naar die kaart kijk, de blauwe inhammen, de groene landtongen. In mijn hoofd speelt zich een cinerama af, maar dan een waarbij ik me ook geuren probeer voor te stellen. Wat dachten die mensen? Weggerukt uit hun omgeving, bijna een jaar lang op een paar benauwde schepen. Nu lag daar het vreemde Zuidland, stil, leeg, de contouren van iets verborgens, hun nieuwe leven, maar dan wel een waarin ze nog steeds gestraften zouden zijn, gevangenen, een onderklasse.

Kaarten krijgen iets dwaas als je er zo naar kijkt, en die dwaasheid zal zich nog verhevigen in de volgende dagen, omdat ik tussen al die huizen, wolkenkrabbers, veerboten, bruggen, oorlogsschepen, villa's, namen, nog steeds aan dat begin moet denken van tweehonderd jaar geleden. Wat nu een naam heeft had er toen nog geen, wat er toen lag was *natuur*, land, landschap dat zich voorschreef als omgeving, als lot. Alles moet vreemd geweest zijn, de bomen, de geuren, het onaangetaste, het onbewoonde. Het is misschien de laatste keer in de wereldgeschiedenis dat zoiets gebeurd is, en de gedachte is onweerstaanbaar: nooit meer kan dit. Zelfs als mensen ooit de maan zullen koloniseren is die al lang van tevoren *gezien*, in kaart gebracht. Maar waar is hier, in het Zuidland, de bron van de rivieren? Waar wonen de bewoners die niet wonen maar over het oneindige land trekken, bewegende volkeren? Wat is er achter de bergen? In de decennia die volgen zullen

de nieuwkomers alles 'ontdekken' wat de Aboriginals in hun veertigduizend jaar gevonden hebben en onveranderd gelaten. Geen tempels,
geen piramides, geen steden, alleen maar tekens van een letterlijk op-
pervlakkige aanwezigheid, schilderingen op rotswanden, voorwerpen,
sporen van paden door het lege landschap dat twee eeuwen daarna nog
steeds niet vol is, niet af, want ook nu nog benoemen de nieuwe namen
ontzaglijke leegtes, dagen kun je er reizen en haast niemand zien.

Maar zo ver ben ik nog niet, ik heb nu alleen nog maar mijn verbazing, het gevoel waarmee ik naar buiten ga, de straat op, iemand die
maar wat loopt, die een heuvel afdaalt, oorlogsschepen ziet, gemeerd
aan een kade, dan het water dat op de kaart zo blauw is, een o zo groene heuvel die langzaam naar boven kruipt, een roodkleurige kathedraal die net zo goed in Engeland had kunnen liggen, een stad in de
verte, en dan weer een afdaling, een haven in het midden van die stad,
de plek die de eerste gouverneur, Arthur Phillip, had uitgekozen, veertien mijl van Botany Bay, omdat het hem daar niet beviel.

Port Jackson toen, Sydney Cove, gewoon Sydney nu, een miljoe-
nenstad aan honderd inhammen, druk, een metropool aan de andere
kant van de wereld, heldere zeelucht waait erdoorheen, raakt aan de
afstammelingen, de pas tweehonderd jaar oude nieuwkomers, de Zuidlanders. Wie geschiedenis wil zien zal haar altijd zien, die ziet onder
het asfalt het nieuw betreden land, ziet de hoge zeilschepen in de haven, ziet aan de gebouwen die er nu staan, de 'oude' gebouwen, hoe
die nieuwkomers niet anders konden dan het land van herkomst opnieuw opbouwen, ze brachten hun afkomst mee en die zag eruit als een
decor, een replica van datgene wat ze achtergelaten hadden, pas later
zou een eigen taal van vormen komen. Ze zetten hun bakstenen gebouwen tussen mensen die al die tienduizenden jaren nooit iets gebouwd
hadden omdat ze dat niet wilden, ze verbouwden hun granen en gewassen tussen mensen die al die eeuwen nooit iets verbouwd hadden
omdat ze dat niet nodig hadden. Daarmee drongen ze die mensen weg
uit het gebouwde, het verbouwde: ze weken, trokken zich terug, verdwenen, zwierven, hielden zich elders op, zichtbaar en onzichtbaar.
Paradoxaal is dat ze de nieuwkomers hielpen, stromen wezen, sporen
aanduidden, landschappen beschreven, en daarmee hun verdrijving
bevestigden. Waar ik nu ben zijn ze niet meer zichtbaar, tenzij als uitzondering, plotselinge, zeer zichtbare verschijningen in de menigte.
En die menigte? Omdat ik hier nog te kort ben, en misschien omdat
ik zelf niet Engels ben doet die mij Engels aan. Een Engelsman zou
eerder de verschillen zien. Die kan ik eigenlijk alleen maar horen: dit

is een ander, ruwer Engels, het lijkt soms een beetje op *cockney*, of misschien is het gewoon wilder, vrijer, minder gemaniëreerd dan sommig Engels. Een Engelsman heet hier een *pom*, dat klinkt niet vleiend, maar ook niet te kwaadaardig. Het Engelse dat ik denk te zien komt door de context: tegen de achtergrond van een beeld van koningin Victoria en linksrijdende auto's gaan de associaties hun eigen gang. Vietnamezen, Sikhs, Grieken, Italianen, Japanners, natuurlijk, maar ook dat is in Londen niet ongebruikelijk.

Ik denk dat ik naar het zuiden loop, maar zowel op de kaart als in werkelijkheid loop ik naar het noorden. In een etalage zie ik de omgekeerde wereld: een wereldkaart met Australië bovenin, *on top*. Waarom niet? Wat is boven en onder op een draaiende bol? Ik ben niet intelligent genoeg om te bespeuren of ik in de waarheid van die kaart nu naar het zuiden of het noorden loop, maar ik loop naar Circular Quay, naar het water, waar de Opera moet zijn en waar de ferry's vertrekken. Ik heb gevlogen, nu wil ik varen.

Uit de verte zie ik de Opera al. Sommige gebouwen doen dat met je: ze zetten je stil. *He froze in his tracks*, heet dat in avonturenromans, en het is zo. Ik merk dat ik stilsta, in mijn sporen bevroren. Honderd keer heb ik dat gebouw op foto's gezien, ik kende het dus toch al? Maar nu is het ruimte geworden, het heeft zich uit het platte vlak van de foto weggebeeldhouwd en staat daar te blazen met zijn zeilen en vleugels. Een zwaan, heb ik gehoord, een zeilboot, maar het zeildoek, de vleugels zijn van glanzend wit steen, ik kan het aanraken als ik dichterbij kom. Dit is een akropolis voor komende eeuwen, een mythisch gebouw, een *persoon*. Elkaar opvolgende monnikskappen, een duivelse onregelmatigheid die er als schoonheid uitziet, het vaart en het vliegt, het is een hybride, een amfibie die ook nog weg zou kunnen zweven, ik draai eromheen met de begerigheid van de aanbidder. Als ik het eindelijk los kan laten is het alleen maar omdat ik het nog een keer wil zien, en dan vanaf het water.

De ferry ligt te stampen en deinen aan de kade, de wind is wild. September, het vroege voorjaar. Iedereen heeft zijn voeten op de reling, als we wegvaren zie ik achter me steeds meer wolkenkrabbers. Kades, andere wiegende schepen, het water roerig, meeuwen, zeilers, sleepboten, een stad aan zee. De Opera heeft zijn vizieren omhooggeschoven, in het tegenlicht is het gezicht onder die puntige, glanzende helmen een vraatzuchtige, blinde plek, een muil die de lichtzinnige zeilboten die erlangs varen zou kunnen verzwelgen. Mijn kaart geeft namen aan het water, aan de oevers, Parramatta River, Goat Island, Kirribilli Point, Woollomoolo Bay, en ik proef die namen, bitterzoet, zoet vanwege de klank, bitter vanwege degenen die die namen bedacht hebben en die er nu niet meer wonen. Het geluid van hun taal mocht blijven als een exotische herinnering, een versiering van het heden die het verleden moet verzoeten. Naast me zit een minimale tiener, haar smalle voetjes in Chinese schoentjes over het water uitgestrekt. Ze leest een strip en rookt als een filmster. De ferry vaart naar Manly, daar zal ik de bus nemen op een onduidelijke missie. Ik heb het verste punt uitgezocht, misschien haal ik het nog voor het donker. Bussen en treinen zijn mijn televisie. Achter het bewegende scherm trekken de romans voorbij, de namen op gebouwen en etalages zijn de ondertitels. Steeds opnieuw baaien en inhammen, af en toe een zucht van de oceaan, wegdeinend de zuidelijke helft van Sydney, de grote ijzeren havenbrug, verschuivende panelen. Wat verbaast aan de geschiedenis van dit land is dat het zo vlug gegaan is. Je begint met een schip vol slachtoffers, soldaten en ambtenaren, en twee eeuwen later heb je een land, dan zijn de bergen benoemd, de kadasters volgeschreven, de eerste vestingen zijn monumenten, de onderzoekers en gouverneurs straatnamen, de kerkhoven zijn geruimd, de planken in de bibliotheek staan vol met historie. Muiterijen, opstanden van gevangenen, sadistische wraaknemingen, briljante, domme en corrupte politici, fracties, brieven aan het moederland, haat tussen gerehabiliteerde gevangenen en een volgende generatie van nieuwkomers, tussen Engelsen en geminachte Ieren, tussen nieuwe landeigenaren en de afstammelingen van 'misdadigers'. En de anderen? Zij hadden geen geschreven geschiedenis. Zij waren, in de eeuwige herhaling van hun identieke seizoenen, hun eigen geschiedenis geworden. Zij leefden in hun legendes en mythes van de droomtijd en droomden en schilderden en dansten in hun steeds verborgener gebied van de Voorouderlijke Wezens, zij leefden op heilige plaatsen die de ander alleen maar kon schenden en dan nog zonder te begrijpen dat hij iets schond. Deze volkeren waren gedoemd om elkaar niet te begrijpen. Het is de eeuwige paradox: dat het ondenkbaar is dat het niet gebeurd zou zijn, dat dit Zuidland, waar een Nederlander voor het eerst in 1616 zijn geschreven taal op een lege kust achterliet, leeg zou zijn gebleven. Leeg? De taal verraadt de verkeerde gedachtengang. Het was toch niet leeg? Zij waren er toch? Misschien is het zo dat aanwezigheid die het land onberoerd laat het nooit kan opnemen tegen de zwaartekracht die de essentie van de geschiedenis lijkt, niet zozeer de onontkoombare loop van de marxisten als wel de zuigkracht van het vacuüm. Onontkoombaar is tenslotte een dooddoener, een bewijs na afloop, geen voorspelling.

Als de ferry's op ferry's lijken, de blanken op blanken en de huizen op huizen, wat is dan het andere? Dat zijn de bomen, de planten, de enkele vogel die ik tot nu toe gezien heb. De bus heeft me bij zijn eindpunt achtergelaten, ik ben veel te ver doorgereden, de eerste nevels sluipen al over het landschap, het duister klit aan de bomen, *gumtrees*, eucalyptusachtigen, witte spookstammen, geestverschijningen in de eerste lichten van de auto's. Er komen twee jongetjes voorbij in schooluniformen, groene banden om hun platte strohoeden, wonderlijk. Ik loop door Noveli Street, daar kan ik niets bij verzinnen. Een golfbaan, vreemd gezang uit een clubhuis. Alles wordt onwennig. Ik vind een kam, en daarna een zonnebril met spiegelglazen. Ik zet hem op en zie een verduisterde oude man met een spaniel. Tweed, pochet, iets zeer noordelijks, hij valt uit de subtropen waar we samen in wandelen. Hij kijkt verbaasd in mijn spiegels. Het is toch donker? Pas als hij weg is zet ik mijn bril af en kijk naar mezelf, een vreemdeling. Dan hoor ik het geluid van een klein vliegtuig. Ik ben aan water gekomen en zit op de in elkaar bijtende wortels van een boom die me omhult als duizend paraplu's. Over het water roeien twee mannen. Zij hebben hun mens verloren, zijn alleen nog maar twee schimmen. Het vliegtuigje scheert nu over de Afrikaanse paraplu's boven mij, ik zie de lichtstraal van het cyclopische oog dat op die twee mannen in de roeiboot gericht is, het lijkt een spionagefilm. Regelrecht vliegt het op die twee mannen af, op het glinsterende, fluisterende watervlak, en dan ineens, als ik denk dat het neer zal storten, verzwolgen worden, zie ik dat het een watervliegtuig is. Het landt, en in de duisternis, die nu zeer snel valt, zie ik hoe ze in de weer zijn met touwen en ankers, en dan zijn het drie mannen die er wegroeien, droombeelden in het laatste licht.

Sydney, Melbourne, Brisbane. De namen zijn beelden geworden, sommige heb ik uitgewist, sommige heb ik bewaard. Ik was er voor een paar literaire bijeenkomsten ter gelegenheid van het tweehonderdjarig bestaan van Australië. In Nederland hadden sommige daar het etiket *feest* opgeplakt, maar dat zijn mensen die niet weten hoe het op literaire festivals toegaat. Een symposium over vertalingen, een panel over minderheden, een vergadering over passie en politiek, kleine congregaties van goedwillenden, geïmmigreerde Grieken, verbannen Roemenen, gevluchte Vietnamezen, gesprekken over On/Enigheden met Aboriginal-dichters, feministen, bannelingen, vertalers, Nederlanders, het gescharrel van mensen met Goede Bedoelingen, laat de wereld maar aan ons over dan komt het in orde, maar nu eerst even de Toren van Babel, nachtelijke gesprekken, het reciteren van onoplosbare problemen, het luisteren naar goede en slechte gedichten, naar de tragiek van anderen, naar hun als uitdaging vermomde wanhoop. Kleine zaaltjes, toehoorders die nog het meest lijken op leden van een geheim kerkgenootschap, dat soort dingen. Ik luister naar de woorden, de accenten, zie hoe ze naar het mijne luisteren, lees mijn gedichten in die taal die ze anders maakt en probeer door de sluiers van diezelfde taal de gedichten van de anderen te horen, hoor stemmen uit Tonga, Nieuw-Guinea, uit ververwijderde streken van het Zuidland waar ik nu ben, krijg adressen van Aboriginal-dichters, zal iemand op Fiji opzoeken, vertel mijn verhaal aan kleine, verborgen radiostations, geef boeken weg, krijg boeken. Het heeft iets clandestiens, deze bijeenkomsten, er heerst een afspraak: dat waar wij mee bezig zijn niet hetzelfde is als waar men buiten mee bezig is, dit is het apocriefe, verplaatsbare koninkrijk van de uitzondering, de minderheden, en buiten, in Brisbane, Melbourne, Sydney, woedt het grote leven van de echte mensen, zij die niet bij elkaar hoeven te komen omdat ze altijd al bij elkaar zijn.

Alchemie van de dubbellevens, want op de uren dat we niet vergaderen, lezen, luisteren naar elkaars klachten en gejubel, vervallen we zelf aan die steden, veranderen we onherkenbaar in voor elkaar onzichtbare anderen, voorbijgangers, slenteraars, bezoekers, vreemdelingen, tegenvoeters. Nieuwe vrienden nemen ons mee naar stranden, terrassen, tentoonstellingen, restaurants, verklaren ons de zeden, de geschiedenis, de draaikolken onder het oppervlak, leggen ons uit hoe we de krant moeten lezen, wat het gewicht van sommige namen is, de codes van het gedrag, de zinnebeelden van de gelijkheid. Men zit niet achter in een taxi, maar naast de chauffeur, anders ben je een snob. Frasen laat je achterwege, men wil rechtlijnigheid. Maar de meeste lessen krijg ik, zoals altijd, van het lopen, het lopen en kijken. In het gedrag zweemt de vrijheid van een nieuwe wereld, dat is heel aangenaam. Ik lees *The Australian* elke dag, alsof ik nooit iets anders gedaan heb, de debatten voor en tegen grotere Aziatische immigratie, corruptie in Brisbane, wie is er wel en wie is er geen Aboriginal, ik ben hier nu, ik lees het, zoals ik de bomen lees, de baobabs, de jacaranda's, de advertenties tegen Aids in de bussen, de koloniale grafstenen in de kerken, en al die tijd weet ik dat ik er nog niet echt ben, dat ik alleen de rand heb aangeraakt. Het andere land is wat ik op de kaart zie, de huiveringwekkende afstanden, de witte plekken van de woestijnen, de namen van het hoge noorden, dat waar ik nog heen wil.

Maar nee, het is nog steeds niet zo ver. Het kijken, voor wie het goed doet, is een moreel principe, je kunt ermee zien hoe een land zich aan zichzelf uiteenzet, zijn verleden verteert, zijn omgang met het omringende bepaalt, zijn toekomst uitzet. Het zijn fragmenten die samen een beeld schrijven. In de koelte van de St.-Jameskerk in Sydney lees ik de boodschappen van de verdwenenen. The Lord Bertrand Gordon, 3d Son of Charles, 10th Marquis of Huntley, 1850-1869 – *'for what is your life? It is even a vapour that appeareth for a little while, and than vanisht away.'* En zeven passen verder: *'In memory of John Gilbert, ornithologist, who was speared by the blacks on the 29th of June, 1845, during the first overland expedition to Port Essington by Dr. Ludwig Leichhardt and his entrepid companions.'* Doden die nog wat zeggen. Ik kan grafstenen beter lezen dan documentaires.

Wat je van het algemene weet wordt door het bijzondere verlicht, zodat het onontkoombaar voor je staat. *'Edmund Berley Kennedy, after having completed the survey of the river Victoria [. . .] destructive effects of consequent diseases, by which the expedition, originally consisting of 13 persons was reduced to three. He was slain by the aborigines in the vicinity of Escape river, 1848, falling a sacrifice in the 31st year of his life. Survivors were William Carron, botanist, William Goddard, and Jackey Jackey, an aboriginal of Merton District, who was Mr. Kennedy's sole companion in his conflict with the savages, and though he himself was wounded, tended his leader with a courage and devotion worthy of remembrance, supporting him in his last moments, and making his grave on the spot where he fell.'*

Stemmen hoor ik zo in die klassieke kerk, boodschappen uit een vorige eeuw. Een dag later, in Brisbane, zie ik, op de wereldtentoonstelling, de trein van de toekomst hoog boven mijn hoofd rijden, als een futuristische pijl van Pruisisch blauw tegen de nachtelijke hemel geschreven. Hier laat Japan, dat al meer dan een voet op dit continent heeft, zich zien in al zijn macht en majesteit, en ook daar wordt een dialectiek geschreven tussen toen en een nu, tussen het geritualiseerde verleden van het kabuki-theater en het honderdvoudig herhaalde seriële beeldscherm dat het publiek in een kring van elektronisch licht insluit. Japan, het woord is hier nooit ver weg, het hangt als een schaduw over het zuigende vacuüm van Zuidland en over de verre, kleine eilanden in de Stille Oceaan. Ook die hebben hier hun paviljoens, de metaforen van een verdwijnende wereld die het altijd zal moeten verliezen, versierde hutten met dansers en zangers, smeden en beeldhouwers. Bij die sombere gedachten past het weer van die avond, een noodlotsstorm die met bliksems en zwepen van regen over de Expo slaat. Nederland bestaat niet, het is op deze wereldtentoonstelling niet te zien, wij zijn er al bijna niet meer.

Melbourne is de laatste stad die ik bezoek voor ik de oceanische rand zal verlaten. Sydney is de grote wereld met zijn menigtes en de nachtelijke toverij van veelkleurig licht, Brisbane zoemt van het nieuwe met zijn straattheater, spiegelende gebouwen, in neon geschilderde, in elkaar geweven *highways*, Melbourne is het oude, het deftige, het mijmert als een Den Haag over vroeger in parken en strenge klassieke gebouwen, donkere bars, plechtige straten met antiquairs en boekwinkels. In alle drie die steden heb ik me prettig gevoeld, maar nu is het tijd om het land te gaan zien, het land van de anderen. In Sydney heb ik, op de vloer van de New South Wales Library, de teksten in mijn eigen taal gelezen: 'int Osten het groote landt van Nouo Guinea met het erste bekende Zuytlant weesende een landt end altesaem aen malkanderen vast als bij deese gestippelde passagie by d' jachten Zeemeeuw...,' en op de bronzen deuren van hetzelfde gebouw zag ik reliëfs van Aboriginals, naakte mannen met speren die eenzaam de binnen opgeslagen wijsheid bewaken, in Brisbane zag ik een tentoonstelling van hun kunst en een wonderlijke Tsjech met een baard als een kapucijner monnik die met oude, zwarte mannen in het geblakerde land stond bij een rotstekening. Droog was dat landschap, het leek zo oud als de wereld zelf. Spinnig gras, ruïnes van rotsen, bomen als gerafelde staketsels. De oude mannen stonden in een kring om de man met de baard heen, ze wezen en zeiden dingen die ik niet kon verstaan. Arnhemland, daar speelde zich dat af. Ik zocht het op op de kaart, het was aan de andere kant van het continent, in het noorden van Zuidland, daar waar het ooit aan Nieuw-Guinea vastzat, duizenden kilometers van waar ik me nu bevond, in de hitte van de noordelijke tropen. Daar wilde ik naar toe.

VERANTWOORDING

ALLE VERHALEN VERSCHENEN IN 1989

- 'Hoe Bamberg te bereiken' van Bob den Uyl in: *de Volkskrant*, 28 januari
- 'Tussen Scylla en Charybdis' van Chris van der Heijden in: *Haagse Post*, 16 september
- 'Droomreis' van Bas Heijne in: NRC *Handelsblad*, 13 mei
- 'Oponthoud bij Arras' van Frans Pointl in: *Maatstaf*, nr 11/12
- 'Tussen Heine en Wagner' van Jan Blokker in: *de Volkskrant*, 6 mei
- 'Te voet van Compostela naar Amsterdam' van Herman Vuijsje in: NRC *Handelsblad*, 15 juli en 26 augustus
- 'Nogmaals. De Brouillard!' van Siep Stuurman in: *Berggids* nr 6
- 'Long may this spirit last!' van Simon Vinkenoog in: *Haagse Post*, 1 juli
- 'De naaimachine van Ingrid Bergman' van Rob Klinkenberg in: *Avenue*, juni
- 'Incident op Sardinië' van Monika Sauwer in: *Cosmopolitan*, augustus
- 'Valkocentrisme' van Lieve Joris in: *Haagse Post*, 9 september
- 'Sierra Leone' van Jan Donkers in: *Avenue*, maart
- 'Uitgekleed' van Adriaan van Dis in: *Propria Cures*, 18 februari
- 'Ik was een zwarte...' van Herman de Coninck in: *Nieuw Wereldtijdschrift*, april/mei
- 'Zichtbaar', 'Mens en muis' en 'Bloot' van Ariane Amsberg in: *Algemeen Dagblad*, 9, 16 en 23 mei
- 'Reisbrieven uit de Sahara' van Sierk van Hout in: *Avenue*, juli
- 'Enkele reis Kisangani' van Linda Polman in: NRC *Handelsblad*, 28 oktober
- 'Helena van Troje' van Gerrit Jan Zwier in: *Schipholland*, 21 maart
- 'Mississippi' van Frank van Dixhoorn in: *Avenue*, februari
- 'Handel in koffie' van J. Rentes de Carvalho in: *de Volkskrant*, 28 oktober
- 'Tussen grote vissen' van Carolijn Visser in: *Intermagazine*, november
- 'Het verborgen koninkrijk' van Wiecher Hulst in: *Intermagazine*, januari

- 'De schoonheid van de droefenis' van Ivan Wolffers in: *Man*, april
- 'Gullivers reizen' van Kees Ruys in: *Tirade*, juli/augustus
- 'Balinese babbels' van Duco van Weerlee in: *de Volkskrant*, 11 november en 23 december
- 'Sterke benen' van John Jansen van Galen in: *Intermagazine*, maart
- 'Waar een volk ontstond, ging een volk ten onder' van Cees Nooteboom in: *Avenue*, september

GEWOON OMDAT IK GING
DE BESTE REISVERHALEN VAN 1988